全国城市轨道交通专业高职高专规划教材

Chengshi Guidao Jiaotong Anquan Guanli
城市轨道交通安全管理

张新宇　王富饶　**主　编**
冯俊杰　肖　昆　陈惠哲　**副主编**
张志革[沈阳地铁运营分公司]　**主　审**

人民交通出版社

内 容 提 要

本书是全国城市轨道交通专业高职高专规划教材,主要内容包括:安全管理概述、安全文化、城市轨道交通运营安全保障和管理运作、城市轨道交通运营安全系统分析、城市轨道交通运营安全系统评价、城市轨道交通运营安全技术、城市轨道交通应急救援、伤害急救常识、安全生产、员工安全保障、安全生产法律法规以及城市轨道交通运营事故案例分析。

本书可作为高职、中职院校城市轨道交通专业及相关专业的教学用书,也可以作为城市轨道交通从业人员特别是新员工的安全教育培训用书。

* 本书配有多媒体助教课件,任课教师可通过加入职教轨道教学研讨群(QQ 群:129327355)索取。

图书在版编目(CIP)数据

城市轨道交通安全管理/张新宇,王富饶主编. —
北京:人民交通出版社,2012.9
全国城市轨道交通专业高职高专规划教材
ISBN 978-7-114-10086-4

Ⅰ.①城… Ⅱ.①张…②王… Ⅲ.①城市铁路–交通运输安全–交通运输管理–高等职业教育–教材 Ⅳ.
①U239.5

中国版本图书馆 CIP 数据核字(2012)第 219616 号

全国城市轨道交通专业高职高专规划教材
书　　名:城市轨道交通安全管理
著 作 者:张新宇　王富饶
责任编辑:任雪莲
出版发行:人民交通出版社股份有限公司
地　　址:(100011)北京市朝阳区安定门外外馆斜街 3 号
网　　址:http://www.ccpress.com.cn
销售电话:(010)59757973
总 经 销:人民交通出版社股份有限公司发行部
经　　销:各地新华书店
印　　刷:北京市密东印刷有限公司
开　　本:787×1092　1/16
印　　张:12
字　　数:277 千
版　　次:2012 年 9 月　第 1 版
印　　次:2019 年 11 月　第 9 次印刷
书　　号:ISBN 978-7-114-10086-4
定　　价:30.00 元

(有印刷、装订质量问题的图书由本社负责调换)

全国城市轨道交通专业高职高专规划教材
编审委员会

主　　任： 施建年（北京交通运输职业学院）

副 主 任： （按姓氏笔画排序）
　　　　　王　彤（辽宁省交通高等专科学校）
　　　　　李加林（广东交通职业技术学院）
　　　　　杨金华（云南交通职业技术学院）

特邀专家： （按姓氏笔画排序）
　　　　　尹相勇（北京交通大学交通运输学院）　　　王　英（北京京港地铁有限公司）
　　　　　史小俊（苏州轨道交通有限公司）　　　　　刘卫民（长春市轨道交通集团有限公司）
　　　　　佟关林（北京市地铁运营有限公司）　　　　周庆灏（上海申通地铁集团有限公司）
　　　　　林伟光（北京京港地铁有限公司）　　　　　郑树森（香港铁路有限公司）
　　　　　徐树亮（南京地下铁道有限责任公司）　　　徐新玉（苏州大学城市轨道交通学院）

委　　员： （按姓氏笔画排序）
　　　　　万国荣（广西交通职业技术学院）　　　　　王　华（四川交通职业技术学院）
　　　　　王劲松（广东交通职业技术学院）　　　　　王建立（北京铁路电气化学校）
　　　　　王　越（辽宁铁道职业技术学院）　　　　　田　文（湖北交通职业技术学院）
　　　　　邝青梅（广东省交通运输技师学院）　　　　刘　奇（西安铁路职业技术学院）
　　　　　刘　杰（北京市电气工程学校）　　　　　　刘柱军（黑龙江第二技师学院）
　　　　　吕建清（青岛港湾职业技术学院）　　　　　江　薇（武汉市交通学校）
　　　　　张洪革（辽宁省交通高等专科学校）　　　　张　莹（湖南铁道职业技术学院）
　　　　　张　燕（成都市工业职业技术学校）　　　　李士涛（南京交通职业技术学院）
　　　　　李中秋（河北交通职业技术学院）　　　　　李　军（北京交通运输职业学院）
　　　　　李志成（安徽交通职业技术学院）　　　　　李　季（北京市自动化工程学校）
　　　　　杨亚芬（云南交通职业技术学院）　　　　　汪成林（武汉铁路职业技术学院）
　　　　　汪武芽（江西交通职业技术学院）　　　　　沈　艳（哈尔滨铁道职业技术学院）
　　　　　单　侠（北京市外事学校）　　　　　　　　周秀民（吉林交通职业技术学院）
　　　　　罗建华（北京地铁技术学校）　　　　　　　范玉红（南通航运职业技术学院）
　　　　　俞素平（福建船政交通职业学院）　　　　　耿幸福（南京铁道职业技术学院）
　　　　　郭凯明（甘肃交通职业技术学院）　　　　　都娟丽（西安科技商贸职业学院）
　　　　　阎国强（上海交通职业技术学院）　　　　　谭　恒（广州市交通运输职业学校）

秘　　书： 袁　方（人民交通出版社）

出版说明

21世纪初,随着我国城市轨道交通建设进入快速发展时期,各地职业院校面临这一大好形势,纷纷开设了城市轨道交通相关专业。为了满足我国城市轨道交通专业高职高专教育对教材建设的需求,我们在人民交通出版社2009年推出的"全国职业教育城市轨道交通专业规划教材"基础上,协同中国交通教育研究会职业教育分会城市轨道交通专业委员会,组织北京交通运输职业学院、南京铁道职业技术学院、上海交通职业技术学院、湖南铁道职业技术学院、广东交通职业技术学院、辽宁省交通高等专科学校等一线资深教师组成的编写团队,同时组建由北京交通大学交通运输学院、苏州大学城市轨道交通学院、香港地铁、北京地铁、京港地铁、上海地铁、南京地铁等资深专家组成的主审团队,联合编写审定了"全国城市轨道交通专业高职高专规划教材"。

为了做好教材编写工作,促进和规范城市轨道交通行业职业教育教材体系的建设,打造更为精品的城市轨道交通专业教材,我们根据目前职业教育"校企合作,工学结合"的教学改革形势,在多方面征求各院校的意见后,于2012年推出以下16种教材:

《城市轨道交通概论(第2版)》

《城市轨道交通客运服务英语(第2版)》

《城市轨道交通客运组织(第2版)》

《城市轨道交通行车组织(第2版)》

《城市轨道交通运营安全(第2版)》

《城市轨道交通票务管理(第2版)》

《城市轨道交通车站设备(第2版)》
《城市轨道交通客运服务(第2版)》
《城市轨道交通通信信号(第2版)》
《城市轨道交通车辆构造》
《城市轨道交通导论》
《城市轨道交通运营组织》
《城市轨道交通通信与信号系统》
《城市轨道交通安全管理》
《城市轨道交通设备管理》
《城市轨道交通调度指挥》

本套教材具有以下特点:

1. 体现了工学结合的优势。教材编写过程努力做到了校企结合,将北京、上海、广州、南京等地先进的地铁运营管理经验吸收进来,极大地丰富了教材内容。

2. 突出了职业教育的特色。教材内容的组织围绕职业能力的形成,侧重于实际工作岗位操作技能的培养。

3. 遵循了形式服务于内容的原则。教材对理论的阐述以应用为目的,以够用为尺度。语言简洁明了,通俗易懂;版式生动活泼、图文并茂。

4. 整套教材配有教学课件,读者可于人民交通出版社网站免费下载;单元后附有复习思考题,部分单元还附有实训内容。

5. 整套教材配有课程标准,以便师生教学参考。

希望本套教材的出版对职业院校城市轨道交通专业教材体系建设有所裨益。

全国城市轨道交通专业高职高专规划教材
编审委员会
2012 年 7 月

前言

生产和安全是人类生存和发展的两大基本需求,"生产必须安全,安全为了生产"已成为人们认识和改造客观世界的共同准则。

截至2010年年底,国内已建成通车的城市轨道交通线路运营里程已突破1000km。城市轨道交通发展最快的京、沪、穗三地的运营里程均已突破百公里。到2015年前后,我国建成和在建轨道交通线路将达到158条,总里程将超过4189km。目前全国有将近50个城市具备了轨道交通的建设需求和条件。实践证明,发展城市轨道交通是解决大城市交通问题的必由之路,对拉动城市经济的持续发展将起到重要的作用。

运输安全对经济、社会和科学技术的发展起着重要保证作用。尤其是在社会主义市场经济体制逐步完善和发展的历史进程中,城市轨道交通运营安全水平直接关系到与其他运输方式的竞争实力和经济效益。因此,确保城市轨道交通的运营安全,是与社会主义现代化建设息息相关的永恒主题。

城市轨道交通作用的发挥,依靠系统的安全和高效运营。然而,城市轨道交通系统设备先进、结构复杂,高新技术的应用越来越普遍,要保障这样庞大系统的安全和高效运营,必须依靠与之相协调的高素质的人员。

安全生产的根本就是人的安全意识,因此要加强安全教育,普及安全常识。为了满足安全教育的需要,按照"安全重在管理"的客观规律,面对安全管理中的深层次问题,在理论与实际相结合的基础上,本书的编写,对提高安全教育质量和劳动者、管理者的安全素质,具有重要意义和作用。

本书的编写是在多轮教学实践的基础上完成的,并配有配套的电子课件,便于任课教师开展相关教学。

  本书由辽宁省交通高等专科学校张新宇、王富饶担任主编,辽宁铁道职业技术学院运输系冯俊杰、吉林交通职业技术学院肖昆、哈尔滨铁道职业技术学院陈惠哲担任副主编,本书由沈阳地铁运营分公司张志革担任主审。参编人员包括哈尔滨铁道职业技术学院孙霞以及辽宁省交通高等专科学校慕威、薛亮、王青林、韩海玲。

  本书的编写得到了人民交通出版社的大力支持和鼓励。本书在编写的过程中参阅了大量国内外著作和有关文献,有的文献可能由于疏忽遗漏未能在参考文献中列出,在此谨向本书直接或间接引用的研究成果的作者表示深切的谢意。

  由于作者水平有限,经验不足,加上城市轨道交通技术日新月异,书中难免有一些错误和不足之处,恳请读者批评指正。

编 者
2012 年 6 月

目录 MULU

第一章 安全管理概述 1
第一节 安全管理基础知识 1
第二节 城市轨道交通运营安全系统管理概述 5
第三节 安全在城市轨道交通运营中的地位 7
思考题 8

第二章 安全文化 9
第一节 安全文化概述 9
第二节 安全文化在安全生产工作中的地位和作用 11
第三节 安全文化建设 12
思考题 15

第三章 城市轨道交通运营安全保障和管理运作 16
第一节 城市轨道交通运营安全影响因素 16
第二节 城市轨道交通运营安全保障系统 21
第三节 运营安全心理保障 25
第四节 运营安全管理方针 29
第五节 运营安全管理手段 31
思考题 33

第四章 城市轨道交通运营安全系统分析 34
第一节 城市轨道交通运营安全系统分析概述 34
第二节 安全检查表 36
第三节 事件树分析 39
第四节 事故树分析基础 42
思考题 47

第五章 城市轨道交通运营安全系统评价 48
第一节 城市轨道交通运营安全系统评价概述 48
第二节 城市轨道交通运营安全系统评价方法 50
第三节 车辆系统安全评价 57
第四节 供电系统安全评价 58
第五节 机电设备安全评价 62
第六节 消防系统安全评价 64
第七节 线路与轨道系统安全评价 66

第八节　通信系统安全评价 ············· 67
　　第九节　信号设备安全评价 ············· 69
　　第十节　环境监控系统安全评价 ············· 69
　　第十一节　自动售检票系统安全评价 ············· 70
　　思考题 ············· 71

第六章　城市轨道交通运营安全技术
　　第一节　行车安全 ············· 72
　　第二节　电气安全 ············· 82
　　第三节　消防安全 ············· 94
　　思考题 ············· 101

第七章　城市轨道交通应急救援
　　第一节　城市轨道交通应急管理体系 ············· 102
　　第二节　应急设备及事故应急处理 ············· 106
　　思考题 ············· 111

第八章　伤害急救常识
　　第一节　机械伤害急救要点 ············· 112
　　第二节　机械伤害的现场急救技术 ············· 113
　　第三节　触电伤害的急救方法 ············· 114
　　第四节　其他伤害的急救方法 ············· 115
　　思考题 ············· 116

第九章　安全生产
　　第一节　职业健康安全管理体系 ············· 117
　　第二节　企业安全管理 ············· 120
　　第三节　现场安全管理 ············· 127
　　第四节　城市轨道交通危险源与职业危害 ············· 133
　　思考题 ············· 142

第十章　员工安全保障
　　第一节　安全教育与培训 ············· 143
　　第二节　劳动保护 ············· 147
　　思考题 ············· 149

第十一章　安全生产法律法规
　　第一节　概述 ············· 150
　　第二节　安全生产法 ············· 151
　　第三节　安全生产相关法律法规 ············· 155
　　第四节　城市轨道交通安全相关法律法规 ············· 169
　　思考题 ············· 173

第十二章　城市轨道交通运营事故案例分析
　　第一节　工伤事故 ············· 174
　　第二节　设备事故 ············· 175
　　第三节　消防事故 ············· 177
　　第四节　行车事故 ············· 178

参考文献 ············· 180

第一章　安全管理概述

第一节　安全管理基础知识

一、安全生产管理基本概念

1. 安全

安全泛指没有危险、不出事故的状态。目前常见的定义有下面几种：

安全是指客观事物的危险程度能够为人们普遍接受的状态；

安全是指没有引起死亡、伤害、职业病或财产损坏、损失或环境危害的条件；

安全是指不因人、机、媒介的相互作用而导致系统损失、人员伤害、任务受影响或造成时间损失。

生产过程中的安全指不发生工伤事故、职业病、设备或财产损失。

2. 安全生产

安全生产是指在符合物质条件和工作秩序的条件下进行的生产过程中，防止发生人身伤亡和财产损失等生产事故，消除或控制危险、有害因素，保障人身安全与健康，使设备和设施免受破坏，环境免遭破坏的总称。

3. 安全生产管理

安全生产管理就是针对人们在生产过程中的安全问题，运用有效的资源，发挥人们的智慧，通过人们的努力，进行有关决策、计划、组织和控制等活动，实现生产过程中人与机器设备、物料、环境的和谐，达到安全生产的目标。

安全生产管理的目标是：减少和控制危害，减少和控制事故，尽量避免生产过程中由于事故所造成的人身伤害、财产损失、环境污染及其他损失。安全生产管理包括安全生产法制管理、行政管理、监督检查、工艺技术管理、设备设施管理、作业环境和条件管理等。

安全生产管理的基本对象是企业员工，同时还涉及企业中的设备设施、物料、环境、财务、信息等各个方面。安全生产管理的内容包括：安全生产管理机构的设置与运作、安全生产责任制、安全生产管理制度、安全生产策略、安全培训教育、安全生产档案等。

4. 现场安全管理

现场安全管理是指生产经营单位按照国家有关安全生产法规和本单位的安全生产规章制度，以直接消除生产过程中出现的人的不安全行为和物的不安全状态为目的的一种最基层的、具有终结性的安全管理活动。

5.安全色

安全色是被赋予安全意义而具有特殊属性的颜色,用于表示禁止、警告、指令、指示等信息。其作用是:使人们能够迅速注意到影响安全、健康的对象或场所,提醒人们注意,防止发生事故。

安全色有红色、蓝色、黄色、绿色四种。

红色是表示危险、禁止、紧急停止的颜色。

蓝色是指令标志的颜色。

黄色是表示警告的颜色。

绿色是提示安全信息的颜色。

6.安全标志

安全标志由安全色、几何图形、图形符号或文字构成,表达特定的安全信息。

安全标志的作用:

(1)引起人们对不安全因素的注意;

(2)预防事故发生;

注意:安全标志不能代替安全操作规程和安全防护措施。

安全标志的类型:

(1)禁止标志(图1-1)。

几何图形:带斜杠的圆环、红色。

图形符号:黑色。

背景:白色。

图1-1 禁止标志

(2)警告标志(图1-2)。

几何图形:三角形边框、黑色。

图形符号:黑色。

背景、衬边:黄色。

图1-2 警告标志

(3)指令标志(图1-3)。
几何图形:圆形边框。
图形符号、衬边:白色。
背景:蓝色。

图1-3 指令标志

(4)提示标志(图1-4)。
几何图形:矩形。
图形符号、衬边:白色。
背景:绿色。

图1-4 提示标志

7.事故

我国《职业健康安全管理体系审核规范》中对事故的定义为:事故是指造成人员死亡、伤害、职业病、财产损失或其他损失的意外事件。从上述定义中可知,事故也包括职业病。但我国一般把事故和职业病分开描述。如果事件的后果是人员死亡、受伤或身体的损害就称为人员伤亡事故,如果没有造成人员伤亡就是非人员伤亡事故。

根据事故造成的人员伤亡或直接经济损失的严重程度,事故一般分为特别重大事故、重大事故、较大事故和一般事故四级。

8.事故隐患

事故隐患泛指生产系统中可导致事故发生的人的不安全行为,物的不安全状态和管理上的缺陷。综合事故性质分类和行业分类,考虑事故起因,可将事故隐患归纳为21类,即火灾、爆炸、中毒和窒息、水灾、坍塌、滑坡、泄漏、腐蚀、触电、坠落、机械伤害、煤与瓦斯突出、公路设施伤害、公路车辆伤害、铁路设施伤害、铁路车辆伤害、水上运输伤害、港口码头伤害、空中运输伤害、航空港伤害和其他类隐患。

9.职业病

《中华人民共和国职业病防治法》对职业病的定义为:职业病是指企业、事业单位和个体经济组织的劳动者在职业活动中,因接触粉尘、放射性物质和其他有毒、有害物质等因素而引起的疾病。我国法定职业病共有10类115种。

10. 危险

根据系统安全工程的观点,危险是指系统中存在导致发生不期望的后果的可能性超过了人们的承受程度。一般用危险度来表示危险的程度。在安全生产管理中,危险度用生产系统中事故发生的可能性与严重性表示。

危险与安全是相对的概念,按照系统安全工程的观点,无论安全还是危险都是相对的,安全性与危险性互为补数。

11. 危险源

从安全生产的角度解释,危险源是指可能造成人员伤害、疾病、财产损失、作业环境破坏或其他损失的根源或状态。所以,危险源可以是一次事故、一种环境、一种状态的载体,也可以是可能产生不期望的后果的人或物。

12. 重大危险源

从广义上讲,重大危险源就是可能导致重大事故发生的危险源。

《中华人民共和国安全生产法》对重大危险源的定义是:重大危险源是指长期或者临时的生产、搬运、使用或者储存危险物品,且危险物品的数量等于或者超过临界量的单元(包括场所和设施)。

二、现代安全生产管理理论

1. 安全生产管理发展历史

安全生产管理随着安全科学技术和管理科学的发展而发展。系统安全工程原理和方法的出现,使安全生产管理的内容、方法、原理都有了很大的拓展。

现代安全生产管理的理论、方法、模式是20世纪50年代被引进我国的。在20世纪60~70年代,我国开始吸收并研究事故致因理论、事故预防理论和现代安全生产管理思想。80~90年代,开始研究企业安全生产风险评价、危险源辨识和监控,一些企业管理者开始尝试安全生产风险管理。20世纪末,我国几乎与世界工业化国家同步研究并推行了职业健康安全管理体系。进入21世纪以来,我国有些学者提出了系统化的企业安全生产风险管理理论,认为企业安全生产管理是风险管理,管理的内容包括危险源辨识、风险评价、危险预警与监测管理、事故预防与风险控制管理及应急管理等。该理论将现代风险管理完全融入到安全生产管理之中。

2. 事故致因理论

1)海因里希因果连锁理论

1931年,美国的海因里希在《工业事故预防》一书中论述了事故发生的因果连锁理论,后人称之为海因里希因果连锁理论。

海因里希将事故因果连锁过程概括为以下五个因素:遗传及社会环境,人的缺点,人的不安全行为或物的不安全状态,事故,伤害。可用多米诺骨牌形象地描述该事故因果连锁关系,即一颗骨牌被碰倒了,则将发生连锁反应,其余的几颗会相继被碰倒。如果移去其中一颗骨牌,则连锁被破坏,事故过程被中止。

该理论把工业伤害事故的发生过程描述为具有一定因果关系事件的连锁,即人员伤亡的发生是事故的结果。事故的发生原因是人的不安全行为或物的不安全状态,人的不安全行为或物的不安全状态是由于人的缺点造成的,人的缺点是由于不良环境或先天的遗传因素造成的。企业安全工作的中心就是防止人的不安全行为,消除机械的或物质的不安全状态,中断事故连锁的进程,从而避免事故的发生。

海因里希法则阐明了事故发生频率与伤害严重程度之间的普遍规律,即一般情况下,事故发生后造成严重伤害的可能性很小,大量发生的是轻微伤害或无伤害,这也是人们为什么忽略安全问题的主要原因之一。

2）能量意外释放理论

1961年,吉布森提出事故是一种不正常的或不希望的能量释放,各种形式的能量是构成伤害的直接原因。因此,应该通过控制能量或控制作为能量达及人体的媒介——能量载体来预防伤害事故。1966年,哈登完善了能量意外释放理论,他认为在一定条件下,某种形式的能量能否产生造成人员伤亡事故的伤害,取决于能量的大小、接触能量时间的长短和频率以及力的集中程度。根据该理论,可以利用各种屏蔽来防止意外的能量转移,从而防止事故的发生。

3）系统安全理论

系统安全是指在系统生命周期内应用系统安全工程和系统安全管理方法,辨识系统中的危险源,并采取有效的控制措施使其危险性最小,从而使系统在规定的性能、时间和成本范围内达到最佳的安全程度。

系统安全理论认为,研究事故原因需运用系统论、控制论和信息论的方法,探索人—机—环境之间的相互作用、反馈和调整,辨识事故将要发生时系统的状态特性,特别是与人的感觉、记忆、理解和行为响应等有关的过程特性,从而分清事故的主次原因,使事故预防更为有效。

该理论包括许多区别于传统安全理论的创新：

（1）在事故致因理论方面,改变了人们只注重操作人员的不安全行为,而忽略硬件故障在事故致因理论中所起作用的传统观念,开始考虑如何通过改善物的系统可靠性来提高复杂系统的安全性,从而避免事故。

（2）没有任何一种事物是绝对安全的,任何事物中都潜伏着危险因素。

（3）不可能根除一切危险源,但可以减少现有危险源的危险性。

（4）由于人的认识能力有限,有时不能完全认识危险源及其风险。即使认识了现有的危险源,随着生产技术的发展,新技术、新工艺、新材料和新能源的出现,又会产生新的危险源。

3. 事故预防与控制的基本原则

事故预防与控制主要应从安全技术、安全教育和安全管理等方面入手,采取相应对策。安全技术对策着重解决物的不安全状态问题,安全教育对策和安全管理对策主要着眼于人的不安全行为问题。安全教育对策主要是使人知道哪里存在危险源,如何导致事故,事故的可能性和严重程度如何,对于可能的危险应该怎么做;安全管理措施则是要求必须怎么做。

第二节　城市轨道交通运营安全系统管理概述

一、城市轨道交通运营安全系统管理

1. 城市轨道交通运营安全系统管理的概念

随着城市轨道交通改革和发展步伐的加快,对确保运营安全的资金投入和科技含量也日益加大。为适应城市轨道交通发展对运营安全更高的要求,应用现代科学技术理论和方

法,加强安全系统管理已成为我国城市轨道交通安全管理现代化的重要标志和发展方向。

运营安全系统管理是运用安全系统分析和安全系统评价等技术理论及系统管理的思想和方法,即把构成运营系统的要素——人、机(设备)、材料、信息、资金、环境等有效地组织起来,实行整体、动态、定量的全方位管理,以求运营系统达到安全最佳状态。

所以,安全系统管理也就是安全最优化管理。从实际运作过程看,它所要解决的主要问题有:

(1)发现运营系统中的事故隐患;
(2)预测由于主客观原因引起运营系统危险的程度;
(3)设计和选用安全措施方案,制订安全目标;
(4)实行安全目标管理,组织实施安全防范举措,达到安全控制目的;
(5)对目标管理和措施效果进行分析和评价;
(6)加强信息管理,进行反馈调控等。

2. 运营安全系统管理的特点

建立在安全系统分析和安全系统评价基础上的安全系统管理是运营企业安全生产现代化管理的重要内容,其具有现代化管理的以下几个特点:

(1)管理系统化。

通过对运营生产系统要素进行整体研究、综合分析、组织控制,协调各要素之间、各子系统之间、各职能部门之间的关系,以达到运营系统安全的目标,实现系统安全最佳状态。

(2)管理方法定量化。

根据定量分析或定量与定性分析相结合所得结果,预测事故发生的途径,找出经济有利、合理可行的预防事故发生的良策,并运用计算机进行数据分析处理,实现计算机辅助管理。

(3)管理思想现代化。

在运用安全系统工程的思想和方法时,引入行为科学、安全心理学、人机工程学等有关知识,强化以人为本的管理意识,调动广大员工立足本员工作,调动安全生产的积极性。

二、运营安全系统管理的基本内容

从运营安全系统工程的理论和实践情况看,安全系统分析、安全系统评价和安全系统管理相互联系,相互作用,是一个不可分割的整体,它们都是以实现运营生产安全为目的,但作用和分工各有侧重。安全系统分析主要通过分析研究系统的安全和危险因素,了解系统的安全或危险程度,为安全系统评价和安全系统管理提供依据;安全系统评价是按照一定的评价指标体系和方法对安全保障系统防范效果所进行的总结性评价,以揭示安全质量水平和系统薄弱环节,为加强安全管理进一步指明努力方向,并提出具体要求;安全系统管理则是根据安全系统分析和安全系统评价结果,按照"安全第一,预防为主"的原则,构建安全管理体系,强化和落实安全管理机制和措施。依照运营安全系统管理的基本原理和要求,安全系统管理的基本内容可包括总体管理、重点管理和事后管理三个方面。

1. 运营安全总体管理

在城市轨道交通运营管理工作中,包含有计划、生产、技术、质量、物资、设备、劳动、财务管理等各个方面,一切服务于安全生产的各管理部门,为确保运营安全所做的工作都应纳入总体安全管理的范畴,包括安全组织、安全法规、安全技术、安全教育、安全信息、安全资金等,形成安全管理工作的总体。

2. 运营安全重点管理

安全与危险是此消彼长的矛盾双方,运营安全管理的实质是促使矛盾向有利于安全的方面转化。但在不同的时间、空间、服务对象及客观条件下,各种矛盾和矛盾双方都有主次之分,从而使得安全管理的重点有所不同。凡对运营安全起决定性作用的影响因素及系统薄弱环节应重点加强安全管理和控制,如人员、设备管理,标准化作业控制和非正常情况下作业控制等,使有限的安全管理资源发挥最大的效用。

3. 运营安全事后管理

运营事故发生后,主管部门和有关单位需要做大量的调查和处理工作,如减少事故损失和防止事故扩大的抢险、救援及事故定性定责,总结经验教训,采取防范措施等,以防止同类事故重复发生。但更为重要的是对于导致事故的直接和间接原因及其相互间的内在联系进行实事求是、深入细致的分析,形成有利于改善安全状况的共识和对策,并将其上升为运营安全总体管理和重点管理的新内容。

运营安全系统管理,即通过安全总体管理、重点管理和事后管理的综合实施和全面加强,促进运营安全的全过程(计划、实施、监控)、全员(领导、员工)、全要素(人员、设备、环境等)的全方位管理,有效地实现从"事故消防"向"事故预防"、从"重治标,轻治本"向"标本兼治,从严治本"、从"条块分割,各自为主"向"条块结合,以块为主,逐级负责"等方面转变,切实把握运营安全生产主动权。

第三节 安全在城市轨道交通运营中的地位

城市轨道交通运营安全是运输生产系统运行秩序正常、旅客生命财产平安无险、运输设备完好无损的综合表现,也是在运营过程中为达到上述目的而进行的全部生产活动协调运作的结果。

城市轨道交通是现代化大城市广泛采用的一种安全、快速、舒适、环保、运量大的有轨运输工具。城市轨道交通的迅速发展,对改善群众出行条件、解决城市交通拥堵问题、节约土地资源、促进节能减排、推进产业升级换代、引导城市布局调整、推动城市经济发展等,发挥着重要作用。

由于城市轨道交通本身的特点,轨道交通运营安全除了具有安全问题的普遍性外,还有其明显的特殊性,主要表现在以下四个方面:

一是运营安全影响重大。城市轨道交通在城市公共交通中的比重越来越大,城市轨道交通系统一旦发生运营事故,就会影响整条线路甚至波及整个线网,导致运营中断,必然会对整个城市的地面交通造成巨大压力,直接影响社会生产、人民生活和社会安定。

二是运营安全涉及面广。城市轨道交通运营系统由车辆、供电、机电、通信、信号、线路、员工、乘客、周边环境等众多因素组成,犹如一架庞大复杂的联动机,其中任何一个环节出现问题,都可能危及运营安全。

三是运营安全受外界环境影响大。城市轨道交通系统站点多、分布广,社会治安状况、公众对轨道交通安全知识的了解程度等直接影响运营安全,轨道交通一年四季不停地运行,雨雷、风暴等特殊天气都会对轨道交通特别是地面、高架线路的运营造成影响。

四是运营安全风险大。城市轨道交通系统设备先进、结构复杂,加之行车密度大、客流量大,行车安全的风险随之增大。

以上特点决定了城市轨道交通运营必须把安全放在首要位置。

(1)安全是城市轨道交通适应经济和社会发展的先决条件。

随着城市轨道交通的快速发展,城市轨道交通逐步成为我国现代化交通工具之一,对经济、社会和科技发展,满足人民物质和文化生活需要起着重要作用。城市轨道交通运营安全保障了人民生命财产不受伤害和损失,提高了广大人民群众的生活质量;随着国家经济体制改革步伐的加快,如果发生事故,特别是重大、大事故,将造成行车中断,甚至造成车毁人亡的严重后果,无疑将会给人民带来不幸,给国家造成巨大损失。

(2)安全是城市轨道交通运营产品最重要的质量属性。

城市轨道交通是一个从事社会化运输的物质生产部门,运输是生产过程在流通过程中的继续。运输生产的全部意义就在于有计划、有目的、有成效地实现旅客空间位置的移动。产品质量特性包括安全、准确、迅速、经济、便利和文明服务,其中安全最为重要。

(3)安全是各项工作质量的综合反映。

城市轨道交通犹如规模庞大的"联动机",其不停地运转,自然条件复杂,作业项目繁多,情况千变万化。安全工作贯穿于运输生产全过程,涉及每个作业环节和人员。只要有一段路基、一根钢轨、一台机车和一辆车辆关键零部件、一架信号机发生故障或损坏,一个与运输直接有关人员的瞬间疏忽、违章作业、操作失误,就会造成行车事故或人身伤亡事故。因此,在运营过程中,各部门、各工种人员必须遵章守纪,才能确保运输安全。

(4)安全是加快城市轨道交通发展的重要保证。

加快城市轨道交通的发展,必须要有一个稳定的运营安全局面。如果安全形势不稳,不断发生事故,势必打乱运营秩序,干扰总体部署,分散工作精力,社会舆论也会反映强烈。工作就会处于被动状态,城市轨道交通的发展就失去了重要前提与基础。

思考题

1. 简述安全、安全生产、安全生产管理的概念。
2. 简述运营安全系统管理的基本内容。
3. 说明安全在城市轨道交通运营中的地位。

第二章 安全文化

第一节 安全文化概述

安全文化的概念起源于20世纪80年代的国际核工业领域。国际原子能机构在1991年编写的75-INSAG-4评审报告中,首次定义了安全文化的概念,即:安全文化是存在于单位和个人中的种种素质和态度的总和。由此,安全文化从核安全文化、航空航天安全文化逐渐拓宽并发展到全民安全文化。

安全文化伴随人类的生存发展而产生和发展,是人类文化的一个重要组成部分,其内涵十分深刻,外延也十分广泛。到目前为止,对于什么是安全文化,还没有一个公认的统一定义。但这并不影响人们去认识、发展安全文化,并将其应用于生产和生活的实践中。

一、文化的概念

文化是指一个国家或民族的历史、地理、风土人情、传统习俗、生活方式、文学艺术、行为规范、思维方式、价值观念等。根据文化的结构和范畴,文化可有广义文化和狭义文化之分。

广义的文化是指人类在社会历史发展过程中所创造的物质财富和精神财富的总和,它包括物质文化、制度文化和心理文化三个方面。

物质文化是指人类创造的种种物质文明,包括交通工具、服饰、日常用品等,是一种可见的显性文化。

制度文化和心理文化分别指生活制度、家庭制度、社会制度以及思维方式、宗教信仰、审美情趣等,它们属于不可见的隐性文化,包括文学、哲学、政治等方面内容。

狭义的文化是指人们普遍的社会习惯,如衣食住行、风俗习惯、生活方式、行为规范等。

二、安全文化的概念

相对于广义文化,我国有人将安全文化定义成"人类在生产生活的实践过程中,为保障身心健康安全而创造的一切安全物质财富和安全精神财富的总和"。这一定义所描述的安全文化称为广义安全文化。

安全文化的首创者——国际核安全咨询组(INSAG)则对安全文化给出了相对狭义的定义:"安全文化是存在于单位和个人中的种种素质和态度的总和。"英国健康安全委员会核设施安全咨询委员会(HSCASNI)对INSAG的定义进行了修正,认为:"一个单位的安全文化是个人和集体的价值观、态度、能力和行为方式的综合产物,它决定于健康安全管理上的承诺、工作作风和精通程度。"这两种定义基本上把安全文化限定在人的精神和素质修养等方面,称为狭义的安全文化。

三、安全文化的层次

广义的安全文化的构成要素具有层次性,由表及里表现为:

1. 安全物质文化——器物层

安全物质文化是为了保证人们的安全生活和安全生产而以物质形态存在的条件、环境和设施的总和,或者说是能够满足人们安全需求的各种物质要素或物质财富的总称。它们是安全文化的物质载体,居于安全文化的表层或最外层。安全物质文化是安全文化的根本保障和基础。

2. 安全行为文化——行为层

安全行为文化是在安全精神文化和安全制度文化指导下,人们借助一定的安全物质文化,在生活和生产过程中的安全行为表现,居于安全文化的中间层。安全行为文化既是安全精神文化和安全制度文化的反映,同时又反作用于安全精神文化和安全制度文化。

3. 安全制度文化——制度层

安全文化中一切制度化的法规、法令、标准、社会组织形式,是安全文化中重要的、带有强制性的组成部分。安全制度文化是协调生产关系、规范组织和个体行为的各项法规和制度,居于安全物质文化和安全精神文化之间,是安全文化的中间层次,发挥着协调、保障、制约和促进作用。

4. 安全精神文化——精神层

安全精神文化居于安全文化的内层,是指为全体成员所共同遵守、用于指导和支配人们安全行为的以价值为核心的意识观念的总称。作为安全文化的软件和核心,安全精神文化对安全制度文化、安全行为文化和安全物质文化起着主导和决定性作用。

以上四个层次构成了安全文化的整体结构,它们相互联系、相互影响、相互渗透、相互制约。其中,安全物质文化是基础,安全精神文化是核心和精髓,作为中介的安全行为文化和安全制度文化是安全精神文化通向安全物质文化的桥梁和纽带。

四、安全文化的特征

1. 人本性特征

安全文化所要解决的问题是生产、生活领域人们从事一切活动的安全和健康问题,突出了从事一切活动的人们的身心安全和健康,体现了尊重人权、关爱生命、珍惜人生、以人为本的思想。

2. 群体性特征

安全文化是组织内的共同性文化,是全体成员所认同的安全理念、安全目标、安全行为规范等,或者说是全体成员达成的安全共识。安全的保障有赖于组织中全体成员而非某部分人员的积极参与。

3. 继承性特征

任何时代、任何地域的安全文化,都是经过传播、继承、优化、融合、发展而成的,都具有历史继承性,能体现人们长期生活和生产的方式和痕迹。

4. 时代性特征

任何安全文化的内容都不是固定不变的,而是随着社会的进步、经济的发展和人们需求的变化而不断地增添新的内容,表现出强烈的时代性特征,反映了人们的最新安全需求。

5. 系统性特征

安全文化以辩证的观点系统地分析安全问题,把安全事故的发生和出现看成是由自然和人为多种因素发生作用所致,所以安全事故的预防和安全问题的解决不仅仅依赖于科学的安全设施、设备、环境和方法,更取决于人们的态度和行为。

安全文化是安全生产的根本。安全文化最基本的内涵就是人的安全意识。建设安全生产领域的安全文化,前提是要加强安全宣传教育工作,普及安全常识,强化全社会的安全意识,强化公民的自我保护意识。要安全,即要真正做到警钟长鸣,居安思危,言危思进,常抓不懈。

第二节 安全文化在安全生产工作中的地位和作用

一、安全文化在安全生产工作中的重要性

2005年国家安全生产监督管理总局成立伊始,时任局长李毅中就多次强调要努力将安全生产"五要素"落实到位,以此建立安全生产的长效机制。所谓"五要素",一是安全文化,即加强安全文化建设,强化全民安全意识,提高全民安全素质;二是安全法制,即健全安全法制,依法规范全社会的安全行为;三是安全责任,即强化安全责任,建立严格的安全生产责任制和问责制;四是安全科技,即推进安全科教进步,实施"科技兴安"战略,解决影响安全生产的重大科技问题;五是安全投入,即加大安全投入,建立国家、地方和企业共同投入的机制。可以说,"五要素"基本抓住了当前我国在政府层面的安全工作和企业层面的安全生产工作的要害和重点。

安全生产"五要素"既相对独立,又是一个有机统一的整体,相辅相成,甚至互为条件。而把安全文化放在"五要素"之首,更是把握住了建立安全生产长效机制的核心问题。安全文化是灵魂和统帅,是安全生产工作基础中的基础,是安全生产工作的精神指向,其他的各要素都应该在安全文化的指导下展开。安全文化又是其他各个要素的目的和结晶,只有在其他要素健全成熟的前提下,才能培育出深入人心的"以人为本"的安全文化。

安全文化不但指员工安全知识的提高,更是指人们对待安全科学技术的态度;不但指企业安全管理活动产生的成果,还包括造成那种管理方式的原因和所体现出来的安全行为准则;不但指有序的安全生产环境,更是指产生这种环境的感情基础;不但指企业领导作出的安全决策,更是指这种决策折射出的领导者信仰的安全哲学;不但指事故及损失率的下降值,更是指对待这种下降的心理态势。总之,企业安全文化是渗透在安全管理一切活动中的灵魂。

二、安全文化的功能和作用

1. 安全文化的功能

(1) 凝聚功能。

安全文化是大家的共识,体现着一种强烈的整体意识。具体表现为:全体成员在安全的观念、目标和行为准则等方面保持一致,有利于形成强烈的心理认同力量,表现出强大的凝

聚力和向心力。

（2）导向功能。

安全文化具有巨大的感召力，通过教育培训和安全氛围的烘托，通过潜移默化的作用，使员工的注意力逐步转向企业所提倡、崇尚的方向，接受共同的价值观念，从而将个人的目标引导到企业目标上来。

（3）激励功能。

企业安全文化能通过发挥人的积极性、主动性、创造性，使员工从内心产生一种高昂、奋发进取的情绪。作为自然人，每个人都有力量，有基本思维能力；作为社会人，每个人又都有精神需要，蕴含着巨大的精神力量。在未获得激励时，人发挥的只是物质力量；获得激励后，人的精神力量就得到开发，激励越大，所开发的精神力量就越大。

（4）约束功能。

企业安全文化对企业每个员工的思想和行为具有约束和规范作用，这种作用与传统的管理理论所强调的制度约束不同，它虽也有成文的硬制度约束，但更强调不成文的软约束。它通过文化的作用使信念在员工心理深层形成一种定势，构造出一种响应机制，只要有诱导信号发生，即可得到积极响应，并迅速转化为预期行为。这种约束机制能够有效地缓解员工自治心理与被治现实形成的冲突，削弱由其引起的心理抵抗力，从而产生更强大、深刻、持久的约束效果。

（5）协调功能。

安全文化的形成，使人们对安全有了共识，有了共同的价值观、态度和信念，不仅便于相互间的沟通，也便于团结协作。而且，安全文化也能成为协调矛盾的尺度和准则。

2. 倡导安全文化的目的及作用

倡导安全文化的目的是在现有的技术和管理条件下，使人类生活、工作更加安全和健康。而安全和健康的实现离不开人们对安全、健康的珍惜与重视，并使自己的一举一动符合安全、健康的行为规范要求。在安全生产的实践中，人们发现，对于预防事故的发生，仅有安全技术手段和安全管理手段是不够的。不安全行为是事故发生的重要原因，大量不安全行为的结果必然是发生事故。安全文化手段的运用，正是为了弥补安全管理手段不能彻底改变人的不安全行为的先天不足。

安全文化的作用是通过对人的观念、道德、伦理、态度、情感等深层次的人文因素的强化，利用领导、教育、宣传、奖惩、创建群体氛围等手段，不断提高人的安全素质，改进其安全意识和行为，从而使人们从被动地服从安全管理制度，转变成自觉主动地按安全要求采取行动，即从"要我遵章守法"转变成"我要遵章守法"。

第三节　安全文化建设

一、安全文化建设的观点

进行安全文化建设活动，需要正确的态度和观点予以指导，才能沿着正确的方向前进。现代社会需要的安全文化基本观点是：

1. "安全第一"的哲学观

"安全第一"是个相对、辩证的概念，它是在人类活动的方式上（或生产技术的层次上），相对于其他方式或手段而言,并在与之发生矛盾时,必须遵循的原则。建立起辩证的"安全第一"哲学观,才能处理好安全与生产、安全与效益的关系,才能做好企业的安全工作。

2. 重视生命的情感观

安全维系人的生命安全与健康,反之,事故对人类安全的毁灭,则意味着生存、康乐、幸福、美好的毁灭。由此,充分认识人的生命与健康的价值,强化"善待生命、珍惜健康"的人之常情是每一个人应建立的情感观,以人为本、尊重与爱护员工是企业法人代表或雇主应有的情感观。

3. 安全效益的经济观

实现安全生产,保护员工的安全与健康,不仅是企业的工作责任和义务,而且是保障生产顺利进行、企业效益得以实现的基本条件。"安全是效益",安全不仅能"减损"而且能"增值",这是简单而朴素的安全经济观。

4. 预防为主的科学观

要高效、高质地实现企业的安全生产,必须走"预防为主"之路,必须采用"超前管理"、"预期型管理"的方法,这是生产实践证实的科学真理。

5. 人机系统观

保障安全生产要通过有效的事故预防来实现。安全系统的要素是:人——人的安全素质;物——设备与环境的安全可靠性;能量——生产过程的控制;信息——充分可靠的安全信息流。

二、安全文化建设的内容

与安全文化的构成要素相对应,企业安全文化建设的内容包括以下四个方面。

1. 建立稳定可靠、规范的安全物质文化

安全物质文化需要依靠技术进步和技术改造来不断提高物质安全化程度,它主要包括以下三方面内容:

(1)作业环境安全

生产场所中有不同程度的噪声、高温、尘毒和辐射等有害因素,它们直接影响作业人员的身心健康和生命安全,应将其控制在规定的标准范围内,创造舒适、安全的工作条件,使环境条件符合人的心理和生理要求。

(2)工艺过程安全

工艺过程主要指对生产操作、质量等方面的控制过程。工艺过程安全应做到操作者了解物料的性质,正确控制好温度、压力和质量等参数。

(3)设备控制过程安全

通过对生产设备和安全防护设施的管理来实现设备控制过程安全。在具体实践中应做到:从设备的设计、制造等方面全面考虑其防护能力、可靠性和稳定性;对设备要正确使用、精心养护和科学维修;开发应用并推广安全新技术、新产品和新设施。

2. 建立符合安全伦理道德、遵章守纪的安全行为文化

安全行为文化的建设包括以下两方面内容:

(1)多渠道、多手段地让员工在掌握安全知识的基础上,熟练掌握各种安全操作技能。

(2)严格执行安全操作规程。

3. 建立健全完善、切实可行的安全制度文化

安全制度文化是指与物态、心智、行为安全文化相适应的组织机构和规章制度的建立、实施及控制管理的总和,主要包括:

(1)建立健全完善、切实可行的企业安全管理机制。主要指建立起切实执行企业职责,各方面各层次责任落实,横向到边、纵向到底,高效运作的企业安全管理网络;建立起切实履行群众监督职责,奖惩严明,上下结合,对各层次进行有效监督的企业劳动保护监督体系。

(2)建立完善的企业安全管理规章制度和奖惩制度,使企业安全管理规章制度和奖惩制度规范化、科学化、适用化,并严格执行。

4. 建立"安全第一、预防为主"的安全精神文化

(1)首先应通过多种形式的宣传教育提高员工的保护意识,包括应急安全保护意识、间接安全保护意识和超前的安全保护意识,并进行生产作业安全知识、生活安全知识等的教育培训。

(2)进行安全伦理道德教育,为他人和集体的安全考虑,自觉约束自己的行为,承担起应尽的责任和义务。这种教育不仅要面对普通员工,更应集中于各级管理人员和技术人员。

三、企业安全文化建设的方式

企业安全文化建设的根本内涵是将企业安全理念和安全价值观表现在决策者和管理者的态度和行动中,落实在企业的管理制度中,将安全管理融入企业的整个管理实践中,将安全法规、制度落实在决策者、管理者和员工的行为方式中,将安全标准落实在生产的工艺、技术和过程中,由此形成一种良好的安全生产气氛。通过安全文化的建设,影响企业各级管理人员和员工的安全生产自觉性,以文化的力量保障企业安全生产和经济发展。企业安全文化的建设可通过如下方式进行:

1. 班组及员工的安全文化建设

运用传统有效的安全文化建设手段三级教育(333模式)、特殊教育、日常教育、全员教育、持证上岗、班前安全活动、标准化岗位和班组建设、技能演练等。推行现代安全建设手段:"三群(群策、群力、群观)"对策、班组建小家活动、事故判定技术、危险预知活动、风险抵押制、"仿真"演习等,进行班组和员工的安全建设。

2. 管理层及决策者的安全文化建设

运用传统有效的安全文化建设手段:全面安全管理责任制、"三同时"、"五同时"、"三同步"监督制、定期检查制、有效的行政管理手段、常规的经济手段等。推行现代的安全文化建设手段:"三同步原则"、"三负责制"、意识及管理素质教育、目标管理法、无隐患管理法、系统科学管理、人机环境设计、系统安全评价、应急预案对策、事故保险对策、三因(人、物、环境)安全检查等。

3. 生产现场的安全文化建设

运用传统的安全文化建设手段:安全标语(旗)、安全标志(禁止标志、警告标志、指令标志)、事故警示牌等。推行现代的安全文化建设手段:技术及工艺的本质安全化、现场"三标"建设、"三防"管理(尘、毒、烟)、"四查"工程(岗位、班组、车间、厂区)、"三点"控制(事故多发点、危险点、危害点)等。

4. 企业人文环境的安全文化建设

运用传统的安全文化建设手段:安全宣传墙报、安全生产周(日、月)、安全竞赛活动、安全演讲比赛、事故报告会等。推行现代的安全文化建设手段:安全文艺(晚会、电影、电视)活

动、安全文化月(周、日)、事故祭日、安全贺年(个人)活动、安全宣传的"三个一"工程(一场晚会、一副新标语、一块墙报)、青年员工的"六个"工程(查一个事故隐患、提一条安全建议、创一条安全警语、讲一件事故教训、当一周安全监督员、献一笔安全经费)等。

四、城市轨道交通企业的安全文化建设

安全文化是普遍性和特殊性的结合。安全文化共性与个性的结合构成了整个社会和谐统一的安全文化机制。城市轨道交通企业的安全文化建设有以下几个特点：

1. 安全文化应作为城市轨道交通企业的核心文化来建设

城市轨道交通企业的安全文化建设有一般企业安全文化建设的共性，同时也有作为运输行业安全文化建设的特性。城市轨道交通系统的根本任务就是把旅客安全及时地运送到目的地。城市轨道交通系统运营的作用、性质和特点，决定了轨道运输必须把安全生产摆在各项工作的首要位置，因此，城市轨道交通企业安全文化建设是企业文化建设的首要工作。

2. 城市轨道交通企业安全文化建设应树立大安全的观念

城市轨道交通运营系统是由轨道交通设备设施、行车组织、员工、乘客和周边环境等众多因素组成的一个庞大"联动机"，运营过程中的各个环节和因素均会对运营安全产生影响，因此，城市轨道交通企业应树立大安全的观念。

3. 城市轨道交通企业安全文化建设应树立"以人为本"的观念

以人为本是科学发展观的本质和核心。城市轨道交通作为大众化交通工具，其服务的主体和对象主要是人，确保运输对象——人的安全，是城市轨道交通企业最基本、最重要的要求。以以人为本、尊重人的生命、促进企业发展为内涵的安全文化在运营安全管理中发挥着重要的作用。首先，具有规范人的安全行为的作用，使人能意识到安全的含义、安全的责任和应有的道德，从而自觉地规范自己的行为，避免不安全行为。其次，具有组织及协调安全管理机制的作用，使运营组织内部的各部门、各人员都为实现安全运营而协调一致运作。再次，具有使生产进入安全高效的良性循环的作用，实践证明，城市轨道交通运营安全不但要有可靠的安全生产设备，而且必须有高水平的管理和高素质的员工。员工的高的安全素质必须靠企业的安全文化来进行培育。

4. 城市轨道交通企业安全文化建设应树立"全员、全社会安全管理"的观念

城市轨道交通运营安全直接关系到乘客的人身安全和财产安全，与广大人民群众的切身利益息息相关。要实现城市轨道交通运营安全有序，在加强员工安全教育的基础上，必须对广大乘客进行宣传教育，要大力向乘客宣传并督促其遵守轨道交通安全管理制度，提高全民的安全防范意识。

思考题

1. 安全文化的四个层次是什么？它们之间的关系是什么？
2. 简述安全文化的功能。
3. 说明城市轨道交通企业安全文化建设的特点。

第三章 城市轨道交通运营安全保障和管理运作

第一节 城市轨道交通运营安全影响因素

城市轨道交通运营系统是一个在时间、空间上分布很广的开放的动态系统。其影响因素错综复杂,涉及面很广。从系统论的观点出发,与运营安全有关的因素可以划分为四类:人、机器、环境以及管理。这种分类具有下述优点:

(1)它是从构成生产系统的最基本元素出发,从事故的最根本原因着手,具有普遍的意义。

(2)充分体现安全是一项全员、全要素、全过程的活动。因为系统中的"人",是指作为工作主体的人,"机"是指人所控制的一切对象的总称(包括固定设备和移动设备),"环境"是指人、机共处的特定的工作条件(包括内部环境和外部环境)。

(3)考虑了人、机、环境对安全的影响,尤其考虑了三者之间的相互作用。包括人—人、人—机、机—机、机—环境、人—环境以及人—机—环境等。

(4)以管理作为控制、协调手段,协调人、机、环境之间的相互关系,并通过反馈作用将系统状态的信息反馈给管理系统,从而改进安全管理方法,最终得到更为安全的系统。城市轨道交通运营安全影响因素间的关系如图3-1所示。

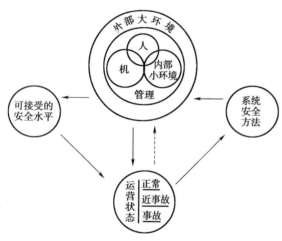

图3-1 运营安全影响因素关系

一、单因素影响分析

1. 人员因素影响分析

1)人在保障运营安全方面的重要性

在安全问题中,人是矛盾的主要方面,因为即使是高度自动化的系统也不可完全避免人的介入,不可能完全不受人的操纵和控制。联邦德国安全专家库尔曼认为,人是一种安全因素和防护对象,机器是一种安全因素,环境是一种安全因素和应予保护的财富。在人—机—环境系统中,只有人向安全问题提出挑战,一个掌握足够技能和装备的人能够发现并纠正系统故障,并且使其恢复到正常状态。

不幸的是,绝大多数事故的发生均与人的不安全行为有关。众所周知的切尔诺贝利事故与三里岛事故均与人的差错有关。据统计,原西德大约80%以上的道路交通事故起因于人的差错;法国电力公司在1990年提出的安全分析最终研究报告中指出,70%~80%的事故中人的因素起着决定性的作用;美国机动设备事故中,由人的因素引起的事故占89%(其中单纯人的因素占57%,人与环境的相关因素占26%,人与设备的相关因素占6%);美国矿山调查表明,由于人的差错导致误判断、误操作而造成的事故占矿山事故总数的85%;日本劳动省1983年对制造业伤亡事故原因分析表明,85687起歇工4天以上的事故中,由人的不安全行为导致的占92.4%;日本核电站管理部门分析结果表明,日本国内70%的核电站事故是由人的差错引起的。

人对于安全的主导作用,在城市轨道交通运营安全方面也不例外。其安全与许多活动有关,所有各项活动都依赖于高效、安全和可靠的人的行为。在运营工作的每个环节、每项作业中,都是由人来参与并处于主导地位的,人操纵、控制、监督各项设备,完成各项作业,与环境进行信息交流,与其他作业协调一致。正是由于人在运营工作中的重要地位,使得人的因素在运营安全中起着关键作用。

前苏联通过对事故分析的研究认为,机车乘务员必须具备良好的职业生理和心理条件,才能保证正常运营和意外情况下防止事故发生,原西德建立了对运营部门员工,首先是机车乘务人员的职业挑选制度,从 ABT(考虑对运营工作拥有的知识水平和从事该项工作的动机)、PBT(检查心理状态和身体素质)和 BT(运用临床心理学方法进行专门检查)三个方面对他们进行考核。分析资料表明,由于员工失职和失误造成事故所占比重大于技术缺陷所占的比重,所以,对运营有关人员的录用和考核必须有严格的规定,培训工作也应不断改进和加强。

人对运营安全的特殊作用可归纳为下述三点:

(1)人的主导性。在人和设备的有机结合中,人是主导方面。设备必须由人来设计、制造、使用和维护,即使是技术状态良好的安全设备,也只有通过人的正确使用,才能发挥它的保安作用。

(2)人的主观能动性。当情况突然变化时,人能立即采取相应的措施和灵活的方法,排除故障等不安全因素,使系统恢复正常运转。只有人才具有主观能动性,从而具有合理处理意外情况的能力。

(3)人的创造性。人能够通过研究和学习,不断地提高和改进现有系统的安全水平。

2)影响城轨运营安全的人员分类

影响城轨运营安全的人员包括:

(1)运营系统内人员。主要指城市轨道交通运营公司各部门的各级领导人员、专职管理人员和基层作业人员,他们是保证运营安全的最关键人员。运营第一线的员工和负有管理责任的人员的思想品质、技术业务水平及心理、生理素质等不适应城轨运营工作的要求,往往是酿成事故的重要原因。

(2)运营系统外人员。系统外人员对安全的影响主要表现在旅客携带"三品"(易燃品、易爆品、危险品)上车,不遵守安全有关规定而引起行车事故,偷盗通信器材、拆卸设备等,严重威胁城轨运营安全。

3)运营安全对人员的素质要求

影响城市轨道交通运营安全的人的因素,是指上述人员的安全素质,包括思想素质、技术业务水平、生理、心理素质,以及群体素质,且对不同人员有不同的素质要求。

(1)对城市轨道交通运营系统内人员的安全素质要求。

①思想素质。思想素质包括职业道德、劳动纪律、安全观念等。安全思想素质差,责任心不强,是导致"违章违纪"等不安全行为的重要原因,特别是领导的安全意识差,"安全第一、预防为主、综合治理"的思想树立不牢,往往会制约单位的安全状况。

②技术业务素质。技术业务素质包括业务知识、文化素养、安全法律知识和安全技能,以及处理各种非正常情况的作业能力等。由于城市轨道交通运营经常可能面临各种意外情况,所以运营工作人员的应变能力非常重要。此外,对安全管理人员而言,还应具备相应的安全管理知识和能力。

③生理素质。生理素质是指影响运营安全的人体生命活动,包括身体条件及生理状况,主要有年龄、性别、记忆力、体力、耐力、血型、视力、视觉(色觉、形觉、光觉)、听觉、动作反应时间和疲劳强度等,均与城市轨道交通运营安全有十分密切的关系。例如,司机年龄与行车事故的关系可用一种浴盆曲线表示。如图3-2所示,发生这种情况的主要原因在于青年人缺乏必要的工作经验和对自身的控制能力,冒险性强,容易受到外界人为因素的干扰,而年长者由于生理机能不断衰退、体力减退、力不从心,所以发生事故往往难以避免。

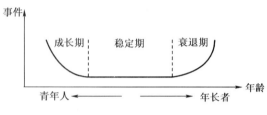

图3-2 年龄与事故构成的浴盆曲线

④心理素质。心理素质是指影响运营安全的人的心理过程及个性心理特征,主要包括个体的气质、能力、性格、情绪、需要、动机、态度、爱好、兴趣、意志等各个方面。例如,在气质方面,黏液质的人表现为稳定、细心、工作有持久性,比较适合于在安全和要害部门工作。在性格方面,表现为勤劳、认真、细致、具有自信心和控制能力的人,以及富有稳定和持久的情绪特征的人,有利于做好各项安全工作。因此,正确判断员工的气质,培养良好的性格及其他心理特征,是保障安全生产的重要前提。

⑤群体素质。群体是个体的集合,群体素质是指影响运营安全的群体特征,包括群体目标、群体内聚力、群体的信息沟通、群体的人际关系等。由于城市轨道交通运营工作要求多工种协同动作,涉及多个环节,而且它对于运营系统内部门与部门之间、部门内人员之间以及同一作业的不同操作者之间的协调性要求很高,这就使群体的作用变得十分突出。群体对运营安全的影响,主要表现在群体意志影响其成员的行为。

(2)对运营系统外人员的安全素质要求。

对运营系统外人员的安全素质要求主要体现在要严格遵守有关规定,具备安全法规知识,具有较强的安全意识和一定的安全技能。

2. 设备因素影响分析

城市轨道交通运营设备是除人之外,影响运营安全的另一个重要因素。质量良好的设备既是运营生产的物质基础,又是运营安全的重要保证。

1)与运营安全有关的设备类型

(1)运转基础设备,包括:

①固定设备。线路、车站、信号设备等。

②移动设备。机车、车辆、通信设备等。
(2) 运营安全技术设备,包括:
①安全监控设备。
②安全监测设备。
③自然灾害预报与防治设备。
④事故救援设备。
⑤其他安全设备。

2) 城市轨道交通运营设备特点及改进安全性的途径

城市轨道交通运营设备由于具有下述特点,因而对其安全性要求较高。
(1) 种类多,数量大,整体性强。
(2) 延伸面广,配置分散,连续运转。
(3) 冲击剧烈,受自然力影响大,设备有形损耗严重。
(4) 运用中设备监控难度大,故障处理时间紧。

正是由于运营安全对设备的安全性要求较高,因此必须依靠技术进步不断更新改造原有设备,采用更先进的运营安全技术设备。具体包括下述两个方面:
(1) 强化运营基础设备,加大其安全系数,使之适应列车重量、密度、速度的要求。
(2) 研制并采用先进的运营安全技术设备。

3) 影响运营安全的设备因素

影响运营安全的设备因素主要指运营基础设备和运营安全技术设备的安全性能,包括设计安全性和使用安全性。
(1) 设计安全性。设备的设计安全性是指设备的可靠性、可维修性、可操作性(人—机工程设计)以及先进性等。

可靠性是指设备在规定条件下、规定时间内,保证正常工作的能力,它可以用可靠度、故障前平均时间、故障率等来衡量。可维护性是指设备易于维修的特性,即设备发生故障后容易排除故障的能力。可操作性是指机器设计要便于人进行操纵。先进性是指尽量利用最新科技成果,采用先进的装备,淘汰落后的设备。

(2) 使用安全性。设备的使用安全性包括设备的运行时间、维护保养情况等。设备运行时间越短,即设备越新,其使用安全性越好;设备维修保养得越好,其使用安全性也越好。

3. 环境因素影响分析

影响运营安全的环境条件包括内部小环境和外部大环境两部分。
(1) 内部小环境。

内部环境通常是指作业环境,即作业场所人为形成的环境条件,包括周围的空间和一切生产设施所构成的人工环境。然而,城市轨道交通运营系统是一个非常复杂的宏观大系统,它是由系统硬件、系统工作人员、组织机构以及社会经济因素等相互作用而构成的社会技术系统。因此,影响运营安全的内部环境绝非仅指作业环境,它还包括运营系统内部的政治、经济、文化、法律等环境。

(2) 外部大环境。

影响运营安全的外部环境包括自然环境和社会环境。

自然环境是指自然界提供的、人类一时尚难以改变的生产环境。自然环境对运营安全的影响很大。

社会环境包括社会的政治环境、经济环境、技术环境、管理环境、法律环境以及社会风气、家庭环境等,它们对城市轨道交通运营安全均有不同程度的影响。

二、各种因素相互影响分析

人、机、环境三者之间的相互作用有以下七种方式。

1. "人—人"之间

城市轨道交通运营是由多部门、多层次人员分工与合作来实现的。人与人之间相互作用、相互影响、相互依赖、相互制约,必须协调配合,才能有效保证运营生产的顺利进行。否则会造成事故隐患乃至发生事故,影响城市轨道交通运营安全。

2. "人—机"之间

在"人"与"机"的关系中,"人"是行为的主体,由人操纵"机"运转,人的劳动能力、劳动熟练程度、劳动态度直接影响"机"的运转状况。同时,自动化"机"可以部分地监督人的行为,减少人为偏差。所以,"人—机"之间是相互作用和相互影响的关系。

3. "人—环境"之间

人的活动是在一定的环境之中进行的,受环境的影响和制约,一方面人从环境中获取物质、能量和信息,可以创造环境、改进环境,对环境施加能动性的影响;另一方面环境反作用于人,使人必须适应环境,根据环境的变化调整自己的行为。

4. "机—机"之间

"机—机"之间表现为一种联动的关系,为使联动有效地传递下去,要求每一环节必须运转正常与协调,任何一个环节出现不协调的现象,都会成为事故隐患的一种可能,需要加强"机—机"之间衔接的可靠性。

5. "机—环境"之间

一方面,良好的环境有利于保证"机"的状态良好和运行正常;另一方面,通过一定的"机"改造环境,使环境向有利于系统的方向发展。

6. "环境—环境"之间

不可控的大环境之间、可控的小环境之间、大环境与小环境之间相互影响和制约,彼此之间是相互改造和被改造的关系。应充分发挥可控的小环境的能动作用,影响不可控的大环境的变化。

7. "人—机—环境"之间

"人—机—环境"构成城市轨道交通运营安全保障系统的最基本组成要素,根据系统的整体性思想,单纯一个要素的良好状态,并不能保证系统的优化,为充分发挥系统的整体功能,必须有效地组合与协调三者之间的关系。

三、管理因素影响分析

1. 城市轨道交通运营安全管理

城市轨道交通运营安全管理是指管理者按照安全生产的客观规律,对运营系统的人、财、物、信息等资源进行计划、组织、指挥、协调和控制,以达到减少或避免城市轨道交通运营事故的目的。换言之,城市轨道交通运营安全管理是指为了有效地减少运营事故及由运营事故所引起的人和物的损失而进行危险控制的一切活动。该定义包含以下五个方面的含义:

(1)目的是消灭和减少运营事故及其损失;
(2)主体是运营系统的各级管理人员;
(3)对象是人(基层作业人员)、财(安全技术措施经费等)、物(运营基础设备和运营安全技术设备等)、信息(安全信息)等;
(4)方法是计划、组织、指挥、协调和控制;
(5)本质是充分发挥人的积极性和创造性,调动一切积极因素,促使各种矛盾向有利于运营安全的方面转化。

2.管理对运营安全的重要性

管理具有计划、组织、指挥、协调、控制的职能,管理使人、机器和环境组成一个能够有效实现预期目标的系统。安全工作的关键是管理。管理对运营安全的重要性主要体现在下述三个方面:

(1)有助于提高运营系统内人员、设备和环境的安全性;
(2)具有协调运营系统内人、机、环境之间关系的功能;
(3)具有优化运营系统人—机—环境整体安全功能的能力,亦即管理具有运筹、组合、总体优化的作用。

影响运营安全的管理因素较多,主要有安全组织、安全法制、安全技术、安全教育、安全信息和安全资金等。

第二节 城市轨道交通运营安全保障系统

城市轨道交通运营安全保障系统是指配置在运营系统上,起保障运营安全作用的所有方法和手段的综合,其一方面要保证运营系统内人员和设备的安全性,另一方面要保证运营系统不会受到其外部环境的威胁。

一、城市轨道交通运营安全保障系统的特征

1.城市轨道交通运营安全保障系统具有较强的可操作性和时效性

城市轨道交通运营安全保障系统可以理解为一种控制系统,是针对运营安全影响因素采取的所有控制方法和手段的有机结合。相比较而言,运营安全系统的范围更广一些,它通常是就一般的安全分析而言;而运营安全保障系统则更为具体,也更有针对性,它是针对某一时期、某一阶段、某一范围内运营系统存在的安全问题而建立的,其目的是为了达到当时可接受的安全水平。

2.城市轨道交通运营安全保障系统是一个控制系统

(1)以管理作为施控主体;
(2)以运营安全直接影响因素(人、机、环境)作为受控客体。

该系统的目的是实现某一时期的系统安全目标。其中,运营安全直接影响因素为广义的概念,它不仅包括单独的每个因素,还包括各因素间的关系及组合。

3.城市轨道交通运营安全保障系统是一个"人—机—环境"系统

(1)以"管理"为中枢;
(2)以"人"为核心;
(3)以"机"为基础;

(4)以"环境"为条件;

(5)以保障城市轨道交通运营安全为目的。

该系统中,"管理"要素渗透到每一环节,对促使各个要素结合起来成为一个整体起着中枢性的作用。

"人"既是"管理"的主体,又是"管理"的对象,"人"在系统中的主导地位不会变,可变的只是管理层次越高,其主导性越强。

"机"是安全生产必不可少的物质基础,但这一物质基础的存在还只是一种"可能"的生产力要素,只有在"管理"要素的作用下,与"人"和"环境"有机结合后,才能成为"现实的"生产力要素。

"环境"是对安全有重大影响的要素群,其中有的以潜移默化的方式影响安全,有的则以雷霆万钧之势影响安全,有的属于系统难以控制的影响因素,有的则属于系统可控的影响因素,而且环境影响安全可以说是无孔不入,但其影响既可能产生正效应,也可能产生负效应。

对安全而言,系统可以发挥"管理"要素的中介转换功能,即通过改善可控的内部小环境来适应不可控的外部大环境,以强化其正效应或削弱其负效应,并创造保障城市轨道交通运营安全的良好条件。

4. 城市轨道交通运营安全保障系统是对反馈控制和前馈控制的综合,即是种前馈反馈耦合控制系统

作为反馈控制,将系统输出端的信息通过反馈回路传输到系统输入端,与系统的目标进行比较,找出偏差,采取适当的措施实施控制,纠正偏差,使系统达到预期目标。但这种控制是在偏差产生之后进行的,具有滞后性,这是反馈控制本身无法克服的。因此,为加强对偏差产生的预见性,需要前馈控制的作用,即尽可能在系统发生偏差之前,根据预测信息,采取相应的措施,纠正偏差。城市轨道交通运营安全保障系统实施前馈反馈耦合控制,可以增强系统抗干扰能力,提高系统的稳定性。

城市轨道交通运营安全保障系统输入输出关系如图3-3所示。

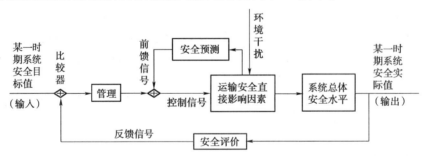

图3-3 城市轨道交通运营安全保障系统输入输出关系

由图3-3可以看出,管理者为了实现对运营安全直接影响因素的有效控制,一方面必须时刻掌握以往控制效果的信息,进行系统安全评价;另一方面又需要对运营安全直接影响因素及其相互关系的变化、环境的干扰进行预测,评价和预测的结果作为进一步实施控制的依据。在城市轨道交通运营安全保障系统中,安全评价起着反馈回路的作用,安全预测起着前馈回路的作用,它们是管理者获取正确的控制信息的基础,缺少该环节,或者评价和预测缺乏科学性,都将使控制变成盲目的行为,难以达到预期效果。所以,科学、合理的安全评价与预测在运营安全保障系统中起着举足轻重的作用。

二、城市轨道交通运营安全保障系统的结构

城市轨道交通运营安全保障系统作为一种管理系统,以直接影响运营安全的因素——人员、设备、环境作为管理的对象。从管理的对象和要素出发,可将运营安全保障系统划分为不同层次的两个子系统:安全总体管理子系统和安全对象管理子系统。

1. 安全总体管理子系统

城市轨道交通运营安全管理的内容,包括对人的安全管理、设备的安全管理和环境的安全管理。对人、设备、环境的安全管理,既是系统安全管理的三个不同内容,又是一个统一整体。这个"统一整体"正是安全总体管理的对象,它不是单纯指人、设备或者环境,而是指"人—机—环境"系统整体。因此,安全总体管理的内容,不是单独对人的安全管理、对设备的安全管理或者对环境的安全管理,而是对"人—机—环境"系统总体的安全管理,是凌驾于人、机、环境之上,又渗透于其中的安全管理。亦即从功能上看,安全总体管理起着系统软件的作用,它既是安全管理这个大系统中的一个子系统,又对整个系统的安全状况起着控制、监督的作用。安全总体管理子系统包括安全组织、安全法制、安全信息、安全技术、安全教育、安全资金等组成部分。

1)安全组织

安全组织是安全管理的一个职能实体,所有安全保障措施的制订与落实离不开组织的支持。组织是一切安全管理活动的基础,安全组织管理的功能(排除单独针对人员的部分)包括:

(1)制订安全管理的方针、政策和目标。

(2)明确责任和权限。

(3)组织实施安全管理规划。

(4)提供决策沟通和协调配合。

(5)安全检查及整改。

(6)分析处理事故。

(7)其他。

2)安全法制

建立、健全安全法制的目的就是使人、机、环境的安全管理活动做到有章可循、有法可依,即起到规范人、机、环境安全管理的作用。安全法制管理的功能主要表现在下述四个方面:

(1)完善运营安全法规。

(2)建立、健全规章制度。

(3)完善安全标准体系。

(4)监督与考核规章制度、作业标准的执行。

3)安全信息

一切安全管理活动,都离不开安全信息的支持。信息传递是组织管理理论的重要内容,信息促使系统动态化,并且将组织目标与参与人员联系起来。正是由于信息的纽带特性,使得安全信息成为安全总体管理的内容。安全信息管理子系统的功能包括:

(1)收集、记录、整理、传输、存储系统安全信息。

(2)提供系统安全分析工具、评价方法与决策支持。

（3）追踪先进的安全科技与管理信息。

4）安全技术

安全技术管理的内容包括对运营安全硬技术设备的安全管理和对运营安全软技术的研究、开发与应用。由于安全技术管理中单独针对人员、设备和环境的部分属于安全对象管理而非安全总体管理，因此，作为安全总体管理中的安全技术，应排除单独针对人员、设备、环境的技术管理部分，包括：

（1）安全分析、评价和管理方法的研究与应用。

（2）事故管理方法的研究与应用。

（3）各种安全作业方法、工艺过程的研究与应用。

（4）制定与完善安全技术规范的方法的研究与应用。

5）安全教育

在城市轨道交通运营"人—机—环境"系统中，为了避免各种危险，防止事故发生，必须通过各种形式和方法对广大轨道交通运营企业领导和员工进行经常性的安全教育和培训，从而促进安全相关行为或改进人的行为状态。因此，安全教育管理应具有以下功能：

（1）完善各级安全教育体系。

（2）建立、健全促进安全行为的奖惩制度。

6）安全资金

安全资金是做好运营安全管理必要的物质基础。安全资金管理的内容包括对保障运营安全所需资金的筹集、调拨、使用、结算、分配等。

2. 安全对象管理子系统

如前所述，单独针对人员、设备、环境的安全管理称为安全对象管理，则安全对象管理子系统可进一步细分为人员安全保障子系统、设备安全保障子系统和环境安全保障子系统。

1）人员安全保障子系统

人员安全保障是指保障人员安全性的所有措施，即保障不因人的差错而导致事故或隐患。在排除设备和环境因素之后，人员安全保障包括提高人员安全素质和加强人员安全管理两部分。

（1）提高人员安全素质的措施又可称作人员直接安全保障，提高人员安全素质最为有效的途径即为岗位安全教育和培训，包括针对不同岗位员工进行的不同内容的安全教育和培训。

（2）加强人员安全管理的目的是防止因间接原因而产生人的差错，又称人员间接安全保障，包括加强安全劳动管理、加强员工生活管理和加强行为管理。

2）设备安全保障子系统

（1）设备安全设计。选用具有较高安全性（包括人机工程设计、可靠性、可维修性、先进性等）的设备。

（2）设备的保养、检修及更换。保障设备始终处于良好运行状态，对于超过服役期的设备要及时更换。

（3）设备状态及工作情况的检测和监控管理。有效获得各种设备安全性能的实时动态信息。

（4）设备的故障安全对策。保证故障发生后能够导向安全，不致产生非安全的连锁反应，使事故造成恶果的影响尽可能减小。

3)环境安全保障子系统

由于影响运营安全的环境条件包括内部小环境(作业环境、内部社会环境)和外部大环境(自然环境、外部社会环境),因此,环境安全保障子系统可进一步细分为内部环境安全保障和外部环境安全保障两部分。

(1)内部环境安全保障。改善影响运营安全的内部环境,它是运营安全保障系统的重要内容,包括:

①作业环境安全保障。为保障运营安全,必须保持操作者的作业环境处于良好状态,包括作业空间布置,温度、湿度调节,采光、照明设置,噪声与振动的控制,以及有毒有害气体、粉尘、蒸汽的排除等方面。

②内部社会环境安全保障。针对影响运营安全的系统内部的政治、经济、文化、法律等环境条件所采取的一系列控制措施。

(2)外部环境安全保障。外部环境即不可控环境,外部环境安全保障就是指为了淡化外部环境对运营安全的负面影响,强化其正面影响,而对运营系统进行调节的所有管理手段,包括:

①自然环境安全保障。针对影响运营安全的自然环境条件所采取的一系列防范措施,其目的是使自然环境对运营安全的影响被降到最低限度。为此,必须做好自然灾害的预测、预报与防治工作,以及恶劣气候下安全作业方法的完善与落实工作。

②外部社会环境安全保障。为了保障运营安全,城市轨道交通必须随着它所赖以生存的社会环境条件(技术、经济、政治、文化等)的变化而作适当调整,化消极影响为积极影响。

第三节 运营安全心理保障

在城市轨道交通运营"人—机—环境"系统中,人的心理现象及其规律性与运营安全密切相关,因此,研究和揭示运营生产过程中人的心理现象及其规律性,已越来越受到国内外运营安全管理部门和专家学者的高度重视。

一、运营安全与心理现象的关系

按照心理学原理,心理现象是人的大脑对客观现实的反映,它包括心理过程和个性心理特征两个相互联系又相互制约的方面,且各自都包含一些复杂的心理要素和具体表现形式。影响运营安全的心理要素主要有感觉、知觉、记忆、思维、注意、情绪、能力、疲劳、需要、动机、意识、气质和性格等。

在运营生产活动中,人的操作过程主要有三个环节,即辨认接收信息、操纵控制设备、观察调整运作,所有这些行为均受心理现象影响。当人的心理现象处于积极状态时,感知快速、思维敏捷、动作可靠,能保证系统正常运转。否则,人的感觉、知觉、思维和反应机能就不能正常发挥,从而使差错增多,导致事故发生的可能性就很大。因此,积极的心理现象是保证运营安全的内在依据,消极的心理现象及由此产生的侥幸、麻痹、惰性、烦闷、自满和好奇等心理倾向,是人的差错(辨认不清、主观臆测、理解不当、判断失误等)引发事故的深层次原因,人的心理现象状态及其转变程度,成为运营中事故与安全相互转化的制约因素,运营安全的心理保障关键就在于采取各种有效的手段和措施提高人的心理素质。

二、心理要素与运营安全

1. 感觉、知觉与运营安全

感觉是人通过感觉器官对客观事物个别属性的直接反映。知觉是客观事物的各种表面现象和诸多属性通过人的各种感官在大脑中的综合反映。知觉不仅依赖现实的感觉,而且也依赖于以往感觉经验的积累。感觉和知觉二者密不可分,通常将这两种心理现象称之为感知或感知觉。

在运营生产过程中,有些事故是由于人的感知觉发生错误而造成的。引起错觉的原因很复杂,既有心理因素,也有生理因素。错觉现象也很多,其中,以视觉错误对运营安全的影响较大。

2. 记忆、思维与运营安全

记忆是人脑对所经历过的人和事的识记、保持和重现。思维是大脑在感知和记忆基础上,对客观信息进行分析、综合、判断和推理的心理过程。

记忆和思维是城市轨道交通员工重要的心理要素,没有较好的记忆能力,就不能很好地按章办事,执行计划。没有较强的思维能力就难以对非正常情况下的各种作业进行妥善处理。

3. 注意与运营安全

注意是一种心理活动状态,按其作用或功能分为三种情况:一是注意集中,即把心理活动重点指向特定对象,对其他无关的心理活动进行抑制,不因无关刺激源的干扰而分散精力;二是注意分配,即在同时进行两种及其以上活动时,把注意有目的地指向不同对象;三是注意转移,即根据活动需要,主动有序地把注意从一个对象转移到另一个对象上。

注意是保证运营安全的基本心理条件。任何一项工作都是由多个作业环节组成的,如果作业人员的注意不集中,或过分集中而不能及时转移,或注意分配不当等都有可能导致运营事故发生。

4. 情绪与运营安全

情绪是人对客观事物是否满足自身需要,或是否符合自己的愿望和观点而表现出来的肯定(满意、愉快、高兴等)或否定(不满、不快、憎恨等)的态度体验。按其程度不同,情绪可分为心境、激情和热情三种状态。心境是一种比较平静而持久的情感体验;激情是一种迅速、强烈爆发出的短暂情感状态;热情是属于富有理性、稳定而深厚的情感表现。情绪和情感状态有积极和消极之分,良好的情绪和情感是保证运营安全的必要条件;情绪不稳、心境不佳则是发生事故的重要原因。

5. 气质、性格与运营安全

气质系指人的心理过程在强度、速度、灵活性和稳定性等方面的心理动力特征;性格是人对周围人和事的稳定态度和行为方式的心理特征。二者相互渗透、相互影响。

因为气质和性格的外在表现都是围绕着"做什么"(表现为对现实的态度),"怎样做"(表现为行为方式)展开的,因此,从事运营生产人员的性格、气质与运营安全直接相关。良好的气质和性格是作业人员实现自控的心理保证。而气质较差、性格有缺陷的员工,因客观存在的心理障碍而导致自控能力较差的问题,应通过各种安全管理手段促使矛盾向有利于安全的方面转化。

6.能力与运营安全

能力是完成某种活动所必需的并直接影响活动效率的身心发展基本品质,是个性心理的重要特征之一。能力可分为一般能力和特殊能力。观察力、记忆力、注意力、思维力和想象力等属于一般能力范畴,它们适应于广泛的范围,为人们认识客观事物、掌握科学文化知识提供智力保证。诸如色彩鉴别力、音响辨别力、图像识别力等均系特殊能力,只能在特定范围和条件下发生作用。例如,在列车技术作业过程中,列检所车辆检修人员通过锤敲耳听就能探测出车辆部件或零件的故障或隐患所在,这就是一种特殊能力。

员工能力强弱直接关系到运营生产的安危,如细心观察、牢靠记忆、沉着应变、敏捷思维、准确判断及清楚表达等能力是广大员工安全高效地完成运营任务的重要保证。反之,观察不细、记忆力不好、判断不准、表达不清和反应迟缓等,就会使运营事故发生的可能性增加。

7.疲劳与运营安全

疲劳是人在连续工作一定时间后,体力和精力消耗超过正常限度所出现的生理、心理机能衰退的现象,其表现如下:

(1)生理机能下降,肌肉酸痛,身体困乏,头痛头昏,视觉模糊,呼吸急躁,心率加快,血压升高等。

(2)心理机能下降,注意力分散,感知觉失调,记忆和思维减退,反应迟缓等。疲劳在生理上"不能再干下去"和心理上"不想再干下去"的综合影响,轻则使工作效率降低,重则因判断失误或操作不当而导致事故发生。

城市轨道交通运营工作中,列车运行速度高、噪声大,员工连续工作时间长,加之安全正点要求高,使管理人员心理压力大,耗费的身心能量多。因此,研究和减轻疲劳,对保证运营安全具有重要意义。

8.需要、动机与运营安全

需要是人为了生存发展而产生的生理需求和对社会的需要在大脑中的反映;动机是人由于某种需要或愿望而引起的一种心理活动,是激励人们以行为达到目的的内因和动力。按照心理学揭示的一般规律,需要产生动机,动机支配行为。

人对安全的需要是"需求层次理论"的重要组成部分,来自安全需要的安全动机有两方面的含义:一方面是保护自身不受伤害的动机;另一方面是保护他人、财产和设备等不被伤害和损坏的动机。前者是人的本能,一般情况下人不可能做出有意伤害自身的事情,这种自卫的动机基本上不需要培养和激励,但应经常告诫和提醒。而后者涉及他人、集体和国家利益,需要加强培养和激励。

人的安全行为是在一定条件下,受安全动机指使的主观努力的结果,运营安全心理保障所要研究解决的核心问题,就是如何强化人的安全意识和动机,助长遵章守纪、按标准化作业的安全行为,最大限度地减少消极心态对安全生产的不良影响。

三、运营安全心理的保障条件

1.增强安全意识

意识是人对客观事物的认识、思维和需求等心理活动发展到高级阶段时的心理沉淀,人的意识来自于实践,并在实践中得到发展。意识的自觉性和能动性,具有改变客观现实的作用。

牢固的安全意识是运营安全的重要前提和保证,它是广大员工对运营安全的认识、情感和态度发展到严于律己时的思维定势,是形成安全动机和行为的先决条件。增强个人安全意识可确保安全自控;增强群体安全意识可实现安全互控和联控。

增强安全意识的主要途径有:

(1)坚持正面教育。不断进行安全教育和定期培训,使广大员工正确认识并处理好安全与效率、效益的关系;安全与国家、集体、个人之间的关系;安全与自控、互控、联控之间的关系,使安全意识的能动性得到充分发挥。

(2)强化三种安全管理意识。一是人本意识,人是安全生产中最富有主观能动性、创造性和积极性的要素。二是长远意识,应警钟长鸣,长治久安是安全运营的根本所在,不得有半点松懈和麻痹。三是辩证意识,硬性制度、严格检查和加大奖惩力度是必要的,但更需要在提高员工队伍综合素质及促进安全习惯行为的养成上下功夫。

(3)通过典型示范,使班组成员学、比有榜样,赶、超有对象,牢固树立"安全生产光荣,违章违纪可耻"的观念,自觉为安全生产多做贡献。

(4)利用从众心理。充分发挥班组优良作风和集体荣誉的作用,加大制度和纪律的约束力,增强群体一致向上的凝聚力,形成"要我安全"变成"我要安全"的氛围。

2. 激励安全动机

激励是指运用精神和物质手段去激发人的动机的心理过程。一个人有多种多样的动机,各种动机因强度不同对人的行为所起的支配作用也不同,运营安全管理必须通过强有力的激励措施使安全动机在员工心理上占有主导地位。

对安全生产进行激励的目的是通过激励引导员工的安全需要,强化安全动机,促成安全行为。在员工角色定位(职责、任务等)和一定思想业务素质条件下,运用激励手段,鼓励他们忠于职守,努力工作,在安全生产上取得成绩并获得应有的奖励,从而使他们在精神和物质上得到暂时的满足。如果因违章违纪造成事故损失,就应在受到惩罚后,通过认真总结经验教训,避免事故再次发生。然而,不论是暂时满足还是吸取教训,都会使员工面对新的机遇和挑战,调整自己的行为。

随着经济和社会的发展,激励的手段和方法呈多元化趋势,主要有奖励与惩罚、竞赛与升级、员工参加民主管理和对管理行为实施监督等。竞赛与奖励相结合的方法是提高广大员工安全生产积极性的有效途径。

应该指出的是,在激励安全动机的同时,还要注意遏制不安全的动机。如少数员工为图省事而简化作业程序;为逞强好胜而故意违章违纪;为逃避事故惩罚而推卸责任或隐瞒事故等。消除这些消极心态,对防患于未然是十分重要的。

3. 提高技术业务能力

能力是个人比较稳定的心理特征,与知识、技能关系密切。知识是人类历史经验的总结和概括,对个人来说是学习的结果;技能是实际的操作技术,是训练的结果。知识和技能是人的能力形成的基础,并能促进能力的发展。为了提高员工的技术业务能力,必须坚持教育和实践。

(1)持续开展全员业务知识、安全知识和安全技能教育,尤其要将新员工、班组长作为培训重点,强化非正常情况下的作业应变能力,进行系统超前培训,严格"先培训、后上岗"制度。

(2)对员工教育应坚持"重现场需要、重实际操作、重实际成效"的原则,大力改进培训方式、方法。借鉴国际劳工组织推出的先进的模块式技能培训方式,结合实际各业务工种的实际操作技能分解成单项模块式教学内容,进行组合式培训。

(3)经常性地开展学标、对标、达标活动。本着"干什么学什么"的原则,组织各工种所有在岗员工按照作业标准,反复学、反复教、反复练,直到熟知熟练为止。

4. 改善运营安全环境

(1)运营安全的工作环境。一定的工作环境会使人们产生一定的心理状态,而心理状态决定人们工作的竞技状态。良好的工作环境,能使人们以饱满的热情、充沛的精力投入安全生产。如果室温不宜、噪声严重超标、照明太亮或太暗,就会使人感到烦躁或因疲劳导致操作失误。因此,应根据人的感知、注意、记忆、思维、反应能力在不同环境因素下的变化规律,对不同作业场所的照明、色彩、温度、湿度、粉尘、布局等,从对人的心理产生积极影响的效果出发进行设计和安排。

(2)运营安全的内部社会环境。在运营生产过程中,除了人与自然的关系与工作环境密切相关外,还有人与人之间的关系(或称人际关系),即运营系统内部的社会环境问题。不同的人际关系会引起不同的情绪体验,产生不同的安全生产效果,融洽的人际关系、良好的内部社会环境是保证运营安全的重要条件,这除了与员工个人修养有直接关系外,主要取决于领导的管理行为所营造的宽松环境。

在运营过程中,各级组织对安全工作的领导必须坚持"严字当头、严格要求、严肃管理",但同时也要正确处理好人与人之间的关系,包括领导与员工之间的关系。协调干群关系的关键在于要树立廉洁奉公的领导形象,切实转变领导作风,重点解决好作风不实、工作飘浮、官僚主义、形式主义和好人主义的问题,真心实意地关心员工生活,满腔热情地体察员工的思想、情感和困难,尽可能满足他们多层次的需要,帮助他们解除后顾之忧,使广大员工身体健壮、精力充沛、情绪饱满地投身到运营生产中去。

第四节　运营安全管理方针

我国城市轨道交通运营安全管理要坚持"安全第一,预防为主"的方针。"安全第一"就是要求运营企业在从事运营工作时,坚持把安全生产作为企业生存与发展的第一要素和保证条件。"预防为主"就是要求运营企业以主动积极的态度,从组织管理和技术措施上,增强运营安全保障系统的整体功能,把事故遏制在萌芽状态,做到防患于未然。

一、"安全第一,预防为主"指导方针的作用

安全生产是运营企业管理的一项基本原则。安全是与计划、生产、技术、质量、物资、设备、劳动和财务等管理密切相关并渗透其中的企业管理的首要任务。安全管理是上述八项管理中与安全相关的管理内容的综合和发展,并由专门机构和人员负责统一规划、组织协调、监控实施。运营安全管理以"安全第一,预防为主"作为指导方针,是安全科学理论与安全生产实践相结合的结果,也是运营安全工作经验和教训的科学总结。这一不以人们意志为转移的客观规律,不仅深刻揭示了安全与效率、安全与效益及安全管理与其他管理工作之间的辩证关系,同时也表明了安全管理自身各项工作应遵守的原则。"安全第一,预防为主"指导方针主要有导向、规范、约束、评价四个方面的作用。

1. 导向作用

在运营生产中存在各种各样的矛盾,如安全与效率、技术与管理、软件与硬件、局部与整

体等。安全与效率始终是主要矛盾,而安全又是矛盾的主要方面。在任何时候,只有首先抓住了主要矛盾和矛盾的主要方面,也就是对影响安全的不利因素,如隐患、危险等主动出击,预先防止,就能牢牢把握住运营的主动权,促使矛盾向有利于安全的方面转化;任何单位和个人违背这个原则,必将受到事故惩罚,造成无法挽回的损失。

2. 规范作用

运营是一个动态变化的过程,影响安全的因素很多。凡事预则立,不预则废。把"安全第一"要做的工作、"预防为主"必办的事情落到实处,才能收到预期的安全效果。如从指导思想到奋斗目标,阶段任务到主攻方向,实施方案到具体办法,组织分工到监控反馈等进行周密规划、统一部署,并按变化作出必要调整,形成着眼于现场作业控制的管理落实机制,使运营处于有序可控状态。

3. 约束作用

安全需要纪律严明、按章办事、工作高效的个人行为、群体行为、管理行为的联合保证,这就需要上上下下有"安全第一,预防为主"的共同思想基础,并以此为准则,抵制克服不利于安全的思想和行为。为此,按照"安全第一,预防为主"的要求,加强安全教育和培训,制定各级安全责任制,健全安全生产激励机制,使广大城市轨道交通运营员工心往一处想,共同开创运营安全新局面。

4. 评价作用

以发生事故的数量及其损失大小可以衡量一个生产单位安全状况的好坏。但由于事故具有潜在性和再现性、偶然性和必然性、事发原因的多重性和因果性等特性,为了实事求是地判断运营企业的安全状况和发展趋势,除以事故指标衡量外,还需要考查"安全第一"的思想和"预防为主"的措施落实情况及其效果,即对运营系统中的关键人员、关键岗位、关键作业、关键设备等有无防范举措,安全观念中是否有超前防护意识,作用如何等进行评价。可见,"安全第一,预防为主"不是一句空洞的口号,而是具有丰富的内涵。深刻认识其本质涵义并发挥其应有作用,关键在于认识的深化、决策的正确和扎实的工作。

二、"安全第一,预防为主"是一个不可分割的整体

如前所述,在城市轨道交通运营中,"安全第一"主要是由运营的特点所决定的,"安全第一"的思想到位,解决好各种各样的矛盾,是"预防为主"的前提,离开这个前提就谈不上"预防为主"。因为,不解决好"安全第一"的思想认识和实际问题,员工预防事故的自觉性、主动性和积极性就难以调动和持久;其次,预防事故是主动而为,事故抢救是迫不得已,对来自人祸天灾的事故而言必须以预防为主,这是运营安全不可动摇的原则。"预防为主"就是要对事故发生的原因进行调查研究、系统分析、制订原则、采取对策。真正做到思想上重视,制度上保证,工作上落实,作风上适应,常抓不懈,持之以恒。

"安全第一,预防为主"最终还是以清除隐患,预防事故发生为归宿。故应积极采取措施消除各种不利因素,把事故消灭在萌芽状态之中,满足"安全第一"的需要。可见,"预防为主"是"安全第一"的重要保证,失去这种保证,"安全第一"就成为一句空话。"安全第一"和"预防为主"的辩证关系与生产实践相结合,共同构成了运营的安全屏障,二者密不可分。当"安全第一,预防为主"的指导方针未能得到彻底贯彻落实的时候,影响安全的因素,如人员、设备、环境、管理等,其非正常状态就成为事故发生的原因。

三、贯彻"安全第一,预防为主"指导方针的原则要求

城市轨道交通运营生产必须坚持"安全第一"的原则,依靠先进技术和装备,保障行车安全。以行车安全为核心,保障旅客安全为重点,系统配套发展城市轨道交通安全技术与装备,制订、修订有关行车安全的规程、法规和标准,加强安全管理,完善行车安全保障体系。

1. 牢固树立"安全第一"的思想,强化"安全第一"的责任意识

这是保障运营安全的重要前提,人的因素是影响运营安全最重要的因素,人的安全思想和意识是安全行为的基础。因此,必须加强以人为中心的管理,持久深入地进行安全生产教育,增强广大员工在市场经济条件下的安全责任感和紧迫感,以及不安全的危机感,营造人人重视安全,事事确保安全的工作氛围。而运营中存在的隐患、发生的事故(除不可抗拒的自然原因外),归根结底是人的"安全第一"思想不牢、安全责任意识淡薄所致。在安全工作与其他工作发生矛盾,或安全工作取得成绩的时候,"安全第一"的思想往往被淡化或移位,这是安全措施不落实、安全形势不稳定的根本原因,应坚决克服纠正。

2. 遵守规章制度,严格组织纪律

这是运营安全的重要保证。在实践中,城市轨道交通部门根据运营规律、事故发生的因果关系和防止事故的宝贵经验,制定了许多保证安全、提高效率的规章制度和作业标准,并根据情况变化及时加以完善和发展。有章必循,就要有严格的组织纪律约束。纪律松弛、有章不循是对运营安全的最大威胁。因此,必须加强员工队伍的组织性和纪律性。

建立、健全严格的安全管理制度,最为重要的是各级安全责任制的逐步完善和切实执行。应避免职责不清、分工不明、互相推诿等不良现象发生,并通过各种管理手段做到是非分明、赏罚严明,形成强有力的竞争、激励和约束机制。

3. 加强员工教育培训工作,提高员工队伍安全素质

这是运营安全的重要基础。提高人员安全素质最为有效的途径就是理论联系实际的教育和培训。这在高科技广泛应用于城市轨道交通运营的情况下显得更为迫切和重要。要通过各种形式的教育和培训,大力抓好员工队伍的职业道德建设,培养爱岗敬业的精神和遵章守纪的良好习惯,提高实际操作能力,特别是非正常情况下的作业技能和应急处理能力,全面落实作业标准化。与此同时,要不断加强管理人员的技术业务培训,普遍提高管理人员的业务素质。

4. 不断改善和更新运营技术设备

这是保障运营安全的物质基础。运营设备质量决定于出厂的产品质量,也取决于运用中的设备能经常得到精心的维护和保养。因此,要坚持设备检修与保养并重、预防与整治相结合的原则,攻克设备隐患,落实维修标准、作业标准和质量标准,努力提高设备的有效性,使设备经常保持良好状态。同时,增加经费投入,改善设备功能,实现运营装备现代化。积极发展和完善既能提高运营效率,又能确保安全的各种安全技术设备,这是提高城市轨道交通运营安全水平的必由之路。

第五节 运营安全管理手段

在运营安全中,人是决定因素。运营安全管理的根本任务就在于依靠科学技术和科学管理,有效地保护和调动人的主观能动性和积极性,预防事故发生,确保运营安全。

处于社会大环境中的城市轨道交通运营系统是一个开放系统,系统中的人—机—环境之间关系十分密切,而人是能动的、有思想的,人与人之间、人与群体之间、群体与群体之间及管理者与员工之间的关系比较复杂。随着经济和社会的发展,人们的主体意识和价值取向呈多元化趋势,利益格局的变化使客观存在的各种矛盾对城市轨道交通运营安全工作产生深刻的影响。为了保障运营安全,并在安全基础上提高作业效率、经济效益和社会效益,迫切需要各级管理者和职能部门采取有效的管理手段和方法,努力提高员工队伍整体素质,保护和调动广大员工安全生产的积极性和创造性,使广大员工在充分认识安全是城市轨道交通运营生命线的基础上,想安全所想,急安全所急,通过自身努力把安全工作落实到实际行动中去。

一个运行稳定、安全可靠的运营系统,其主要构成要素之间的关系必定是相对协调平衡的。但在系统运营中,人们对待本职工作、集体利益、预防事故的态度、行为及其结果存在差异,从而使得人与人之间的政治关系、经济关系、工作关系及感情关系都变得复杂起来,需要有相应的调节手段促使不协调、不平衡的关系向协调、平衡方面转化,以保证系统运营安全稳定。运营安全管理手段实质上是对员工安全生产积极性和创造性的保护、调动手段,同时也是对不安全的人和事进行制约和限制的手段,总之,是人与人、人与事之间关系的调节手段。安全管理手段主要有经济手段、行政手段、思想工作和法律手段。

1. 经济手段

经济手段是当社会生产力发展水平不高、人们的思想觉悟和道德水准尚未达到高标准要求时,普遍用来协调平衡社会关系的一种重要手段。它是通过经济杠杆的作用,即利益分配和实行奖惩来调节的,在运营过程中,每一个人对完成任务和实现安全目标所付出的劳动、做出的贡献是不同的,一旦人为事故发生,造成损失或影响任务完成时,这种差异更有质的区别。对在运营安全中成绩显著或防止事故有功的人员,以及违章违纪、或因违章违纪导致事故和事故苗头发生的人员,应或给予精神和物质奖励,或给予经济上的处罚。

经济上的奖励和处罚不是目的,主要是让人们从中明辨是非、对照比较、调整自我,使优良的风范得到鼓励和发扬,不良的风气受到批评和抵制,促使消极的因素转化为积极因素,从而使人们之间的关系和运营系统运作不断在新的起点上趋于相对平衡,使安全和生产处于良性循环状态。实事求是、严肃认真、客观公正地用好经济调节手段,有利于促进广大员工自觉遵章守纪,做好本职工作,激励他们勤学苦练,不断提高业务素质,形成人人尽心、个个尽责保安全的主动局面。

2. 行政手段

行政手段是通过一定的行政隶属关系从上而下地对运营活动中个人、群体和管理行为表示肯定(应该做什么,怎么做,做好怎么办)和否定(不该做什么,做了怎么办)的认可,以协调人们之间关系,保持相对平衡的一种重要的调节手段。它主要依靠行政领导机关的职能和权力,采取行政命令、指示、规定、决定(表彰或处分等),规范人的行为,指导和干预城市轨道交通运营安全。在时间和空间上,必须有严格的规定和统一的标准。有关城市轨道交通行车组织的命令、指示,安全管理条例,规章制度及政策性指令等,因事关运营安全,广大员工必须无条件服从。行政手段有明显的强制性和权威性。

3. 思想工作

要把运营安全工作做好,思想工作不能放松,应充分发挥思想工作的优势、威力和思想保证作用。要针对新情况、新问题,加强研究,改进思想工作的方式方法,有针对性地做好员工的思想工作,理顺思想情绪,化解思想矛盾,消除潜在的不安全因素,把加强思想教育与解决实际问题结合起来,增强思想工作的实效。总之,通过思想工作,教育广大员工把本职工作与运营安全紧密结合起来,为群体保安全作出更大的贡献。

4. 法律手段

法律是统治阶级意志的一种表现形式,用它来规定人们必须遵循的行为准则,具有明显的规范性、相对的稳定性和严格的强制性。法律手段是法制社会中普遍用来调整社会关系的一种刚性手段。它通过法定的行为准则来判定是非并强制执行裁决,以使社会关系趋于平衡,保证社会安定。

城市轨道交通运营安全管理的法律手段是在其他调节手段已不起作用或无法取代的情况下,用来解决比较复杂的关系和矛盾的。它是通过贯彻执行有关法律条文,规范人们安全生产和保护运营安全的行为,以达到维护法律尊严、保证安全的目的。城市轨道交通运营安全管理运用法律手段的范围主要有以下两个方面。

(1)用法律保护城市轨道交通运营企业的合法权益。对在运营过程中,人为破坏城市轨道交通设施和正常运营条件、危及行车安全的恶性案件必须依法整治。禁止任何人破坏城市轨道交通设施,扰乱城市轨道交通运营的正常秩序。用法律的形式明确每个公民有保护运营安全方面的义务和责任。

(2)对严重危害运营安全的违法行为,由执法部门依据法律规定执行相应的惩处,如少数员工玩忽职守,对本职工作极不负责,违反有关法律规定或规章制度,不履行或不正确履行自己的工作职责,致使重大事故发生。《中华人民共和国刑法》规定:"从事交通运输的人员违反规章制度,因而发生重大事故,致人重伤、死亡或者使公私财产遭受重大损失的,按情节轻重追究刑事责任。"

法律手段固然必不可少,但这是在特殊情况下采用的安全管理手段。经常、大量的安全工作是要培养员工高度的使命感和责任感,坚持高标准、严要求,令行禁止、听从指挥。对此只能加强,丝毫不能削弱。

5. 各种手段的综合运用

综上所述,运营安全管理手段可分为两类:一是柔性调节手段,如思想工作(包括情感手段、心理手段、奖励、表彰、晋级、提升等);二是刚性调节手段,如经济处罚、行政规定和处分、追究刑事责任等。经济、行政、思想工作和法律等手段有各自的功能和作用,但也有使用上的局限性。以经济手段为例,它是通过让员工在经济上得到实惠或受到损失,激励他们关心并做到安全生产。但这只对那些有较高物质利益要求的人起作用,对一些期望值超过奖励数额较多或对物质利益不太关心的人来说,就起不到应有的鞭策和激励作用。操作不当还会使一些人只顾眼前利益而忽视长远利益,这就需要其他调节手段相配合。从调节的作用看,各种管理手段都不是孤立的,更不是互相排斥的,而是紧密联系、相辅相成的。因此,在运营安全管理工作中,应实事求是、综合运用好各种管理手段,理顺各种复杂关系,化消极因素为积极因素,让员工的安全生产积极性和创造性得到更充分的发挥。

思考题

1. 管理对运营安全的重要性体现在哪些方面?
2. 人对运营安全的特殊作用体现在哪些方面?

第四章　城市轨道交通运营安全系统分析

第一节　城市轨道交通运营安全系统分析概述

安全系统分析是安全系统工程的重要组成部分,而安全系统工程是系统工程在安全领域中的具体运用。本节就安全系统分析、系统工程和安全系统工程等作一总体概述。

一、有关概念

1. 系统与工程

系统是由相互作用和相互依赖的若干组成部分结合成的具有特定功能的有机整体,而且系统本身又是它所从属的一个更大系统的组成部分。如城市轨道交通运营安全系统主要由行车安全、施工安全、电气安全、机械安全、消防安全、信息安全等子系统组成。同时,它又是城市轨道交通运营系统中的一个子系统。

系统具有集合性、相关性、目的性和环境适应性等特性。系统思想和系统方法应坚持整体性、综合性、动态性、层次性、有序性和环境适应性等原则。

工程是利用和改造客观世界为人类服务的实践。

从经济和社会的发展来看,工程可分为:一类是造物工程,如土木工程、电子工程、机械工程、水利工程等;一类是办事工程,如希望工程、运营工程、安全工程等,即服务于特定目标的各项工作的总体,通过精心设计和组织,周密计划和安排为完成某项任务提供决策、计划、方案和工作程序等。

运营安全工作的复杂性决定了要把安全生产及其管理作为一项艰巨的工程来对待,就是要像工程设计那样设计安全工作,像工程建设监理那样监控安全生产,像工程施工和验收那样保证安全质量,即实现安全工作工程化。

2. 系统工程

1) 系统工程概念

系统工程是运筹学、系统论、控制论、信息论、计算技术和现代管理科学等相互渗透发展起来的一门以大规模复杂系统为研究对象的应用学科。它把自然科学和社会科学中某些思想、理论、方法、策略和手段等根据总体协调的需要,有机地联系起来并应用于实践,以实现系统整体优化为目的。

系统工程打破了各学科之间的界限,沟通了自然科学和社会科学的联系,使人们能够摆脱传统方法的束缚,为综合运用现代科技成就提供了最有效的方法和思路,为解决庞大复杂的系统性问题开辟了新的途径。

2）系统工程特点

（1）研究方法的整体性。即把研究对象看作一个整体，同时，把研究过程也看作一个整体，按系统工程的三维结构，即时间维（工作阶段）、逻辑维（思维步骤）和知识维整体配合研究解决问题。

（2）应用学科的综合性。即综合运用多学科理论和管理工程技术，揭示并协调系统各要素之间以及系统与外部环境之间的关系，为实现系统整体功能最优化，提供决策、计划、方案和方法。

（3）组织管理科学化，即运用数学方法和计算机技术定量（或定量与定性相结合）分析、评价系统构成和状态，以达到最优设计、最优控制和最优管理的目标。

3. 安全系统工程

安全系统工程是系统工程在安全领域中的实际应用。

安全系统工程是以系统工程的理论和方法为指导，运用运筹学、控制论、信息论、概率论与数理统计及电子计算技术，科学分析、评价系统安全状况，预测并控制系统中的隐患和事故，为调整设计、工艺、设备、操作、管理、生产周期和费用投资提供决策依据，从而实现系统安全优化管理，预防或减少事故发生的目的。

安全系统工程是一门综合性组织管理工程技术，是安全科学的一个重要分支，主要包括安全系统分析、安全系统评价和安全系统管理。

二、运营安全系统工程

运营安全系统工程是对运营安全从计划、实施、监控的全过程进行组织管理和过程控制的综合性技术。

1. 运营安全系统分析

按照系统工程的观点，系统分析的本意是对一个系统内部的基本问题，用系统观点进行思维和推理，在确定和不确定的条件下，设计可能争取的方案，通过分析对比，对方案进行优选，为决策者提供可靠的依据。

运营安全系统分析在运营安全系统工程中占有十分重要的地位。对运营的安全系统分析，主要是从事故的预防和预测角度出发，通过对运营事故的发生原因、概率及各种隐患表现的定性或定量分析，识别系统的安全性和危险性。其目的在于：找出引发事故的因素及其不同的组织形式，把握运营系统的安全薄弱环节所在，寻求预防事故发生的最佳途径，并为运营安全系统评价和运营安全系统管理提供依据。

2. 运营安全系统评价

运营安全系统评价是在运营安全系统分析的基础上，从运营事故指标和隐患指标两个方面，对运营安全保障系统的整体安全性、运营安全工作的薄弱环节及系统的主要矛盾和矛盾的主要方面进行比较和评价。根据评价结果选择确定保证运营系统安全的技术路线和投资方向，拟订安全工作对策，各级领导和监察部门可有的放矢地督促下属单位强化安全管理，落实安全措施。

3. 运营安全系统管理

运营安全系统管理是经过安全系统分析和评价，在了解掌握运营安全薄弱环节的基础上，对运营安全所实施的全员、全要素、全过程的系统管理，包括安全总体管理、安全重点管理和安全事后管理,与主要凭经验的传统安全管理相比,运营安全系统管理在全面、动态、定量分析和评价的基础上,构建安全规范的管理体系方面迈出了一大步,更具有预见性和科学性,其防范措施的效果更为显著。

三、运营安全系统分析方法

随着安全系统工程的广泛应用和不断发展,在实际工作中出现了许多安全系统分析方法。它们都有各自的特点,有一定的适用范围,相互之间可以相互补充,而不是比较高低,关键在于根据不同需要,采用切实可行的安全系统分析方法,以达到预期目的。

目前,系统分析的方法主要有安全检查表法、排列图法、因果分析图法、事故树分析法和事件树分析法等。

1. 安全检查表法

安全检查表法是将系统中的检查对象加以剖析,界定检查范围,拟定检查项目表格,通过一定的方式获得系统安全状况的检查结果。

2. 排列图法

排列图全称为主次因素排列图,可用于确定系统安全的关键因素,以便明确主攻方向和工作重点所在。

3. 因果分析图法

运营事故的发生,常常是由于多种复杂因素影响所致,可通过因果分析图将引发事故的重要因素分层(枝)加以分析。分层(枝)的多少,取决于安全系统分析的深度和广度要求。因果分析的结果可供编制安全检查表和事故树使用。

安全检查表、排列图和因果分析图等分析方法虽能发现系统中的种种不安全因素,但难以揭示各因素之间的组合关系;而运营事故的预测预防绝非就事论事就能奏效,需要洞察各因素间的内在联系,加以综合治理才能收到预期效果。

4. 事故树分析法

事故树分析亦称事故预测技术,是将导致事故发生的所有基本原因事件找出,把它们通过逻辑推理方式,用逻辑门联结起来,运用定性分析或定量分析的方法得到导致事故发生的基本事件的最小组合及预防事故发生的各种有效方案,为事故的预防工作提供较为全面、可靠的依据。

5. 事件树分析法

事件树分析是根据实际工作需要,选出希望或不希望的事件作为开始事件,按照逻辑推理方式,推论其发展结果。事件的发展趋势只有两种可能性,即失败或成功。把每个结果都看作新的起始事件,不断推论下去,直到找出事件发展的所有可能结果为止。

第二节 安全检查表

一、安全检查表概述

安全检查表是安全系统分析中一种常用分析方法。其基本任务是发现和查明系统的各种危险和隐患,监督各项安全法规、制度、标准的实施,制止违章行为,预防事故,消除危险,保障安全。

在运营安全管理中,安全大检查是十分重要的,但由于缺乏细致的检查方法,易流于形式,出现疏忽和漏检。为了使安全检查工作能够正确、及时地发现问题和解决问题,需要一种按系统工程思想进行检查的方法。安全检查表就是为此目的而编制的。

实践表明,安全检查表是进行系统安全检查、预防事故、改善劳动条件的一种重要手段。

1. 安全检查表的含义

安全检查表是为系统地发现各种操作管理和组织措施中不安全因素而事先拟好的问题清单。根据系统工程分解和综合的原理,事先把检查对象加以剖析,把大系统分割成若干个小的子系统,然后确定检查项目,查出不安全因素所在,以正面提问的方式,将检查项目按系统或子系统的顺序编制成表,以便进行检查和避免漏检查,这种表就叫安全检查表。

安全检查表是通过分析、筛选、简化,能发现问题、查找问题的一种工具。它针对性强,富有实效,对分析系统的安全状况有较好的指导作用,因而得到广泛应用。

2. 安全检查表的内容及要求

安全检查表可以根据运营系统的组织编写,也可按照专题编写,如针对防暑降温、防寒过冬等编制季节性安全检查表。

(1)安全检查表的项目及要求

安全检查表的检查项目,应列出所有可能导致事故发生的因素或状态,即要求所列检查项目应系统、全面、完善。检查的项目越全面,检查的地方越彻底,漏掉的不安全的隐患就越少,安全的可靠性就越大。

(2)安全检查表采用的方式

安全检查表一般采用正面提问的方式,要求发问明确,回答清楚,并以"是"或"否"来回答。"是"表示符合要求;"否"表示还存在问题,有待进一步改进。

在每个提问后面也可以设整改措施栏,将整改措施简要填写在此栏内。每个检查表均需注明检查时间、检查者、直接负责人等,以便分清责任。

(3)检查依据

为了使提出的问题有依据,可以收集有关此项问题的规章制度、规范标准中所规定的要求,分别简要列出它们的名称和所在章节,附于每项提问后面,以便查对。

3. 安全检查表的分类

安全检查表分类方式不一,类型繁多。根据城市轨道交通运营的特点,安全检查表按用途可分为下列几种类型:

(1)运营设备、机械装置、设施定期安全检查表。

城市轨道交通运营系统部门复杂、设备繁多,应根据各自的设备情况制订相应的安全检查表,供进行日常巡回检查或定期检查时使用。

(2)运营用安全检查表。

保证城市轨道交通运营安全,做到畅通无阻是全体城市轨道交通企业员工的奋斗目标,为达到此目标,需要采取各种手段和措施,对不同工作制订相应的安全检查表,不定期地进行检查,发现问题,采取措施,预防事故的发生。

(3)消防用安全检查表。

对于城市轨道交通运营部门的要害部位,防止火灾发生是一个十分重要的问题。如果防火工作做得不好,措施不力,一旦发生火灾,将会造成惨重的损失。因此,在重要地点必须建立严格的防火制度,设立必要的消防器材,制订切实可行的具体措施,并经常或定期进行检查,发现问题,及时解决。

(4)专业性安全检查表。

由专业机构或职能部门编制和使用,主要用于进行定期的安全检查或季节性检查,如对电气设备、锅炉及压力容器、特殊装置与设施等进行专业性检查。

(5)设计审查用安全检查表。

在设计时能够设法把不安全因素消除掉,可以取得事半功倍的效果。因此,在设计之前,应为设计人员提供相应的安全检查表。表中还应列出应该遵循的有关规程、标准。这样既可以扩大设计者的知识面,而且能使他们乐于采纳这些标准中所列的数据要求,避免与安全人员意见不同时发生争议。设计人员事先参照安全检查表进行设计,比设计完成后再照检查表修改要省事得多。

4. 安全检查表的优点

(1)编制和讨论时间充足。

做到系统化、完整化,不漏掉任何可能导致危险的关键因素,克服目的性不明确、走过场的安全检查方法,起到提高检查质量的效果。

(2)方式科学。

用提问方式,给人的印象深刻,有问就有答,能使人知道如何做才是正确的,因而可起到安全教育的作用。

(3)和生产责任制相结合。

不同检查对象有不同的检查表,易于分清责任,检查表还可以注明对改进措施的要求,隔一段时间可以重新检查改进。

(4)简明易懂,容易掌握。

既适合我国现阶段使用,又可以为进一步使用更先进的安全系统工程方法,进行事故预测和安全评价打下基础。

(5)评价准确。

根据已有的规章制度、规程、标准化要求及检查执行、遵守的情况,容易得出准确的评价;发现违章违纪的,立即纠正或采取必要措施。

二、安全检查表编制

1. 安全检查表的编制方法

(1)经验法。

由熟悉被检查对象的人员和具有实践经验的人员,以三结合的方式(工人、工程技术人员、管理人员)组成小组。依据人、物、环境的具体情况,根据以往积累的实践经验以及有关统计数据,按照规程、规章制度等文件的要求,编制安全检查表。

(2)分析法。

根据已编制的事故树的分析、评价结果来编制安全检查表,通过事故树进行定性分析,求出事故树中的最小割集,按最小割集中基本事件的多少,找出系统中的薄弱环节,以这些薄弱环节作为安全检查的重点对象,编制成安全检查表;还可以通过对事故树的结构重要度分析、概率重要度分析和临界重要度分析,分别按事故树中基本事件的结构重要度系数、概率重要度系数和临界重要度系数的大小,编制安全检查表。

采用经验法编制的安全检查表,检查项目十分冗长、繁杂,既费人力,又花时间,工作效率低,加上检查的方式、方法落后,使用效果不如分析法。

采用分析法编制的安全检查表,经过事故树的定性、定量分析来确定检查项目,因而检查表较为精练和完善。虽然检查项目可能不多,但每一检查项目都是保证系统安全的关键环节,所以分析法是发展的方向。

2. 安全检查表的编制步骤

(1)确定被检查对象,组织有关人员。

(2)熟悉被分析的系统。

(3)调查不安全因素。

(4)搜集与系统有关的规范、标准制度等。

(5)明确规定的安全要求。

(6)根据具体情况和要求确定编制方法,编制安全检查表。

(7)通过反复使用,不断修改、补充完善。

3. 安全检查表的格式

安全检查表的格式是由它的性质决定的,它是以问与答的形式出现,一般由两部分内容组成:

(1)标明安全检查表的名称和被检查系统名称(单位、工种)、检查日期、检查者等。

(2)序号、检查项目(即检查内容要求逐条编号)、检查结果、整改措施等。

4. 编制安全检查表应注意的问题

(1)所列项目应简明扼要、突出重点、抓住要害。

(2)各类安全检查表都有其适用对象,不宜通用。

(3)各级安全检查项目应各有侧重。

(4)对危险部位应详细检查,确保一切隐患在可能造成严重后果之前就被发现。

(5)落实安全检查实施人员。

(6)发现问题要及时处理或向上级反映。

第三节 事件树分析

一、事件树分析概述

1. 定义

事件树分析(简称 ETA)起源于决策树分析(简称 DTA),是一种按事故发展的时间顺序由初始事件开始推论可能的后果,从而进行危险源辨识的方法。

事件树分析法是一种时序逻辑的事故分析方法,它以一初始事件为起点,按照事故的发展顺序,分成阶段,一步一步地进行分析,每一事件可能的后续事件只能取完全对立的两种状态(成功或失败,正常或故障,安全或危险等)之一的原则,逐步向结果方面发展,直到达到系统故障或事故为止。所分析的情况用树枝状图表示,故叫事件树。

事件树既可以定性地了解整个事件的动态变化过程,又可以定量地计算出各阶段的概率,最终了解事故发展过程中各种状态的发生概率。

2. 功能

(1)事前预测事故及不安全因素,估计事故的可能后果,寻求最经济的预防手段和方法。

(2)事后方便明确地分析事故原因。

(3)分析资料既可作为直观的安全教育资料,也有助于推测类似事故的预防对策。
(4)事故预测更为有效。
(5)促进安全管理重大问题决策。

二、事件树编制

编制事件树时,需要确定初始事件、判定安全功能、绘制事件树。

1.确定初始事件

事件树分析是一种系统地研究作为危险源的初始事件如何与后续事件形成时序逻辑关系而最终导致事故的方法。正确选择初始事件十分重要。

(1)初始事件。

初始事件是事故在未发生时,其发展过程中的危害事件或危险事件,如机器故障、设备损坏、能量外溢或失控、人的误动作等。

(2)确定初始事件的方法。

①根据系统设计、系统危险性评价、系统运行经验或事故经验等确定。

②根据系统重大故障或事故树分析,从其中间事件或初始事件中选择。

2.判定安全功能

系统中包含许多安全功能,在初始事件发生时消除或减轻其影响以维持系统的安全运行。常见的安全功能列举如下:

(1)对初始事件自动采取控制措施的系统,如自动停车系统等。
(2)提醒操作者初始事件发生的报警系统。
(3)根据报警或工作程序要求操作者采取的措施。
(4)缓冲装置,如减振、压力泄放系统或排放系统等。
(5)局限或屏蔽措施等。

3.绘制事件树

从初始事件开始,按事件发展过程自左向右绘制事件树,用树枝代表事件发展途径。

首先考查初始事件一旦发生时最先起作用的安全功能,把可以发挥功能的状态画在上面的分枝,不能发挥功能的状态画在下面的分枝。然后依次考查各种安全功能的两种可能状态,把发挥功能的状态(又称成功状态)画在上面的分枝,把不能发挥功能的状态(又称失败状态)画在下面的分枝,直到到达系统故障或事故为止。在绘制事件树时,要在每个树枝上写出事件状态,在树枝横线上面写明事件过程内容特征,在横线下面注明成功或失败的状况说明。事件树的基本形式如图4-1所示。

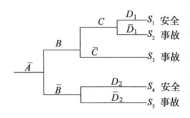

图4-1 事件树的基本形式

任何一个事故都是一连串事件发生和发展的结果。图4-1 中表示的事故,是一系列事件 A、B、C、D 发展的结果。成功(或安全)的事件用字母表示,如 A、B;失败(或故障)的事件用相同的字母加一横杠表示,如 $\bar{A}$、$\bar{B}$,读作"A 非"、"B 非"。

三、事件树定性与定量分析

1.事件树定性分析

定性分析在绘制事件树的过程中就已进行,绘制事件树必须根据事件的客观条件和事件的特征作出符合科学性的逻辑推理,用与事件有关的技术知识确认事件可能状态,所以在绘制事件树的过程中就已对每一发展过程和事件发展的途径作了可能性分析。

事件树画好之后,下一步工作就是找出发生事故的途径和类型以及预防事故的对策。

(1)找出事故连锁。

事件树的各分枝代表初始事件一旦发生其可能的发展途径。其中,最终导致事故的途径即为事故连锁。一般地,导致系统事故的途径有很多,即有许多事故连锁。

事故连锁中包含的初始事件和安全功能故障的后续事件之间具有"逻辑与"关系。显然,事故连锁越多,系统越危险;事故连锁中事件树越少,系统越危险。

(2)找出预防事故的途径。

事件树中最终达到安全的途径指导我们如何采取措施预防事故。在达到安全的途径中,发挥安全功能的事件构成事件树的成功连锁。如果能保证这些安全功能发挥作用,则可以防止事故。一般地,事件树中包含的成功连锁可能有多个,即可以通过若干途径来防止事故发生。显然,成功连锁越多,系统越安全;成功连锁中事件数越少,系统越安全。由于事件树反映了事件之间的时间顺序,所以应该尽可能地从最先发挥功能的安全功能着手。

2. 事件树定量分析

事件树定量分析是指根据每一事件的发生概率,计算各种途径的事故发生概率,比较各个途径概率值的大小,作出事故发生可能性序列,确定最易发生事故的途径。

当各事件之间相互独立时,其定量分析比较简单。当事件之间相互不独立时(如共同原因故障,顺序运行等),则定量分析变得非常复杂。这里仅讨论前一种情况。

(1)各发展途径的概率。

各发展途径的概率等于自初始事件开始的各事件发生概率的乘积。例如,图 4-1 所示事件树中发展途径的概率计算如下:

$$P(S_1) = P(\bar{A}) \times P(B) \times P(C) \times P(D_1)$$
$$P(S_2) = P(\bar{A}) \times P(B) \times P(C) \times P(\bar{D_1})$$
$$P(S_3) = P(\bar{A}) \times P(B) \times P(\bar{C})$$
$$P(S_4) = P(\bar{A}) \times P(\bar{B}) \times P(D_2)$$
$$P(S_5) = P(\bar{A}) \times P(\bar{B}) \times P(\bar{D_2})$$

(2)事故发生概率。

事件树定量分析中,事故发生概率等于导致事故的各发展途径的概率和。对于图 4-1 所示的事件树,其事故发生概率为:

$$P = P(S_2) + P(S_3) + P(S_5)$$

定量分析要有事件概率数据作为计算的依据,而且事件过程的状态又是多种多样的,一般都因缺少概率数据而不能实现定量分析。

3. 事故预防

事件树分析把事故的发生发展过程表述得清楚而有条理,对设计事故预防方案,制订事故预防措施提供了有力的依据。

从事件树上可以看出,最后的事故是一系列危害和危险的发展结果,如果中断这种发展过程就可以避免事故的发生。因此,在事故发展过程的各阶段,应采取各种可能措施,控制事件的可能性状态,减少危害状态的出现概率,增大安全状态的出现概率,把事件发展过程引向安全的发展途径。采取在事件不同发展阶段阻截事件向危险状态转化的措施,最好在事件发展前期过程实现,从而产生阻截多种事故发生的效果。但有时因为技术经济等原因无法控制,这时就要在事件发展后期过程采取控制措施。显然,要在各条事件发展途径上都采取措施才行。

四、事件树分析应用实例

在城市轨道交通运营中,严禁旅客携带易燃品上车,以确保旅客安全。但有的旅客违反规定携带易燃品,进站时未查出,将其带上列车,这就可能引起火灾事故,造成人员伤亡和财物损失;但处理得当,也可避免火灾事故发生。具体分析如图4-2所示。

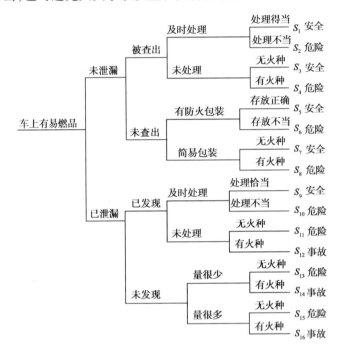

图4-2 列车上有易燃品引起火灾的事件树

第四节 事故树分析基础

一、事故树分析概述

1. 事故树分析法的产生与发展

事故树分析(简称FTA)是安全系统工程的重要分析方法之一,它能对各种系统的危险性进行辨识和评价,不仅能分析出事故的直接原因,而且能深入地揭示出事故的潜在原因。用它描述事故的因果关系直观、明了,思路清晰,逻辑性强,既可定性分析,又可定量分析。

20世纪60年代初期,由于技术飞速发展,不少大型企业为竞争的需要,很多高新产品在研制过程中,因对系统的可靠性、安全性研究不够,新产品在没有确保安全的情况下就投入市场,造成大量使用事故的发生,用户纷纷要求厂家进行经济赔偿,从而迫使企业寻找一种科学方法确保安全。

事故树分析首先由美国贝尔电话研究所于1961年为研究民兵式导弹发射控制系统时提出来,1974年美国原子能委员会运用FTA对核电站事故进行了风险评价,发表了著名的《拉姆逊报告》。该报告对事故树分析作了大规模、有效的应用。此后,在社会各界引起了极大的反响,受到了广泛的重视,从而迅速在许多国家和企业应用和推广。

我国开展事故树分析方法的研究是从1978年开始的。目前已有很多部门和企业正在进行该方法的普及和推广工作,并已取得一大批成果,促进了企业的安全生产。

2. 事故树的基本概念

"树"的分析技术是属于系统工程的图论范畴。"树"是其网络分析技术中的概念,要明确什么是"树",首先要弄清什么是"图",什么是"回路",什么是"连通图"等。

(1)图。图论中的图是指由若干个点及连接这些点的连线组成的图形。图中的点称为节点,线称为边或弧。

(2)节点。表示某一个体事物,边表示事物之间的某种特定的关系。比如,用点可以表示电话机,用边表示电话线;用点表示各个生产任务,用边表示完成任务所需的时间等。

(3)连通图。一个图中,若任何两点之间至少有一条边,则称这个图是连通图。

(4)回路。若图中某一点、边顺序衔接,序列中始点和终点重合,则称之为回路。树就是一个无回路的连通图。

(5)事故树。事故树是以发生的事故为顶上事件,以不同层次的原因事件为结点,结点间用逻辑符号和输入、输出线连接形成的树状模型。

3. 事故树的符号及其意义

事故树是由各种符号和其连接的逻辑门组成的。

1)事件符号

(1)矩形符号[图4-3a]。表示顶上事件或中间事件。将事件扼要记入矩形框内。必须注意,顶上事件一定要清楚明了,不要太笼统,应当选择具体事故,如"调车正面冲撞"、"脱线"、"挤道岔"、"列车冒进信号"、"车辆燃轴"、"车辆制动梁脱落"、"建筑工人从脚手架上坠落死亡"等具体事故。

(2)圆形符号[图4-3b]。表示基本(原因)事件,可以是人的差错,也可以是设备、机械故障、环境因素等。它表示最基本的事件,不能再继续往下分析。例如,因司机本身问题影响行车安全的"酒后开车"、"打瞌睡";调车人员从车上摔下来的"安全带损坏"或"忘系安全带"等原因,将事故原因扼要记入圆形符号内。

(3)屋形符号[图4-3c]。表示正常事件,是系统在正常状态下发生的正常事件。如"机车或车辆经过道岔"、"因走动取下安全带"等,将事件扼要记入屋形符号内。

(4)菱形符号[图4-3d]。表示省略事件,即表示事前不能分析,或者没有再分析下去的必要的事件,将事件扼要记入菱形符号内。

2)逻辑门符号

逻辑门符号是连接各个事件,并表示逻辑关系的符号(图4-4)。其中主要有:

(1)与门符号[图4-4a]。表示输入事件 A、B 同时发生的情况下,输出事件 Y 才会发生的连接关系。二者缺一不可,表现为逻辑与的关系。在有若干输入事件时,也是如此。

例如,在运营中的"挤道岔"事故,只有在"道岔位置不对"、"司机未发现"、"机车或车辆经过道岔"三者同时具备的条件下,才会发生。"挤道岔"与"道岔位置不对"、"司机未发现"

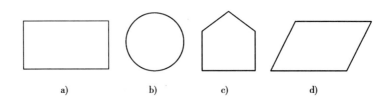

图 4-3 事件符号
a)矩形符号;b)圆形符号;c)屋形符号;d)菱形符号

之间,要用"与门"连接。

(2)或门符号[图 4-4b)]。它表示输入事件 A 或 B 中,任何一个事件发生都可以使事件 Y 发生,表现为逻辑或的关系。在有若干输入事件时,情况也是如此。

例如,"列车冒进信号"事故,当"司机没有采用停车措施"或"采取了停车措施而停车不及时"都可能造成"列车冒进信号"事故。也就是说,只要其中一个原因发生,"列车冒进信号"就可能发生。在这种情况下,就要用"或门"把它们连接起来,正确表达它们之间的逻辑关系。

(3)非门符号[图 4-4c)]。它表示输出事件是输入事件的对立事件。

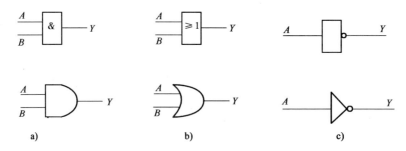

图 4-4 逻辑门符号
a)逻辑与门符号;b)逻辑或门符号;c)逻辑非门符号

3)转移符号

当事故树规模很大时,需要将某些部分画在别的纸上,这就要用转出和转入符号,以标出向何处转出和从何处转入,如图 4-5 所示。

转出符号:它表示向其他部分转出,△内记入向何处转出的标记。

转入符号:它表示从其他部分转入,△内记入从何处转入的标记。

图 4-5 转移符号

二、事故树编制

1. 事故树的分析程序

根据对象系统的性质、分析目的的不同,分析程序也不同。一般有 9 个基本程序。使用者还可根据自己的实际水平以及自己的需要和要求,来确定分析程序。

(1)熟悉系统。

要确实了解系统情况,包括工作程序、各种重要参数、作业情况等。必要时,画出工艺流程图和布置图。

(2)调查事故。

在过去事故实例、有关事故统计的基础上,尽量广泛地调查所能预想到的事故,即包括已发生的事故和可能发生的事故。

(3)确定顶上事件。

所谓顶上事件,就是所要分析的对象事件。分析系统发生事故的损失和频率大小,从中找出后果严重,且较容易发生的事故,作为分析的顶上事件。

(4)确定目标。

根据以往的事故记录和同类系统的事故资料,进行统计分析,求出事故发生的概率(或频率),然后根据这一事故的严重程度,确定要控制的事故发生概率的目标值。

(5)调查原因事件。

调查与事故有关的所有原因事件和各种因素,包括设备故障、机械故障、操作者的失误、管理和指挥错误、环境因素等,尽量详细查清原因和影响。

(6)画出事故树。

根据上述资料,从顶上事件起进行演绎分析,一级一级地找出所有直接原因事件,直到所要分析的深度,按照其逻辑关系,画出事故树。

(7)定性分析。

根据事故树结构进行化简,求出最小割集和最小径集,确定各基本事件的结构重要度排序。

(8)定量分析。

根据各基本事件发生的概率,计算顶上事件发生的概率,并进行概率重要度和临界重要度分析。

(9)提出安全改进方案(分析结果评价)。

当事故发生概率超过预定的目标值时,要研究降低事故发生概率的所有可能途径,可从最小割集着手,从中选出最佳方案。

利用最小径集,找出根除事故的可能性,从中选出最佳方案。

求各基本原因事件的临界重要度系数,从而对需要治理的原因事件按临界重要度系数大小进行排队,或编出安全检查表,以求加强人为控制。

事故树分析方法原则上包括以上这9个步骤。但在具体分析时,可以根据分析的目的、投入人力物力的多少、人的分析能力的高低,以及对基础数据的掌握程度等,分别进行到不同步骤。如果事故树规模很大,也可以借助电子计算机进行分析。

事故树分析程序如图4-6所示。

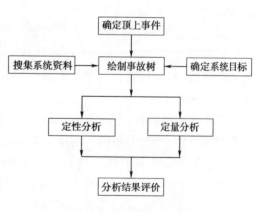

图4-6 事故树分析程序框图

2.事故树编制过程

(1)确定顶上事件。

顶上事件就是所要分析的事故。

选择顶上事件,一定要详细掌握系统情况、有关事故的发生情况和发生可能,以及事故的严重程度和事故发生概率等资料,而且事先要仔细寻找造成事故的直接原因和间接原因。然后,根据事故的严重程度和发生概率确定要分析的顶上事件,将其扼要地填写在矩形框内。

顶上事件也可以是在运营生产中已经发生过的事故,如调车冲撞、挤道岔、机车冒进信号、车辆的制动梁脱落、燃轴等事故。通过编制事故树,找出事故原因,制订具体措施,防止事故再次发生。

(2)调查或分析造成顶上事件的各种原因。

顶上事件确定之后,为了编制好事故树,必须将造成顶上事件的所有直接原因事件找出来,尽可能不要漏掉。直接原因事件可以是机械故障、人的因素或环境原因等。

可以对造成顶上事件的原因进行调查,召开有关人员座谈会,也可根据以往的一些经验进行分析,确定造成顶上事件的原因。

(3)画事故树。

在找出造成顶上事件的各种原因之后,就可以用相应事件符号和适当的逻辑门把它们从上到下分层连接起来,层层向下,直到最基本的原因事件,这样就构成一个事故树。在用逻辑门连接上下层之间的事件原因时,若下层事件必须全部同时发生,上层事件才会发生时,就用"与门"连接。逻辑门的连接问题在事故树中是非常重要的,含糊不得,它涉及各种事件之间的逻辑关系,直接影响着以后的定性分析和定量分析。

(4)认真审定事故树。

画成的事故树图是逻辑模型事件的表达。既然是逻辑模型,那么各个事件之间的逻辑关系就应该相当严密、合理的。否则,在计算过程中将会出现许多意想不到的问题。因此,对事故树的绘制要十分慎重。在制作过程中,一般要进行反复推敲、修改,除局部更改外,有的甚至要推倒重来,有时还要反复进行多次,直到符合实际情况,比较严密为止。

3.事故树编制实例

下面用上面所讲的符号和作图的基本步骤,以"列车冒进信号"为例,来说明编制事故树的基本方法,见图4-7。

首先确定顶上事件为"列车冒进信号",写在矩形符号内。

列车冒进信号取决于机车乘务员没按信号指示行车、信号突变升级、列车制动装置故障这三个事件,其中只要有一个发生就会导致顶上事件发生,将它们写在第二层,并用或门与第一层连接起来。

机车乘务员没按信号指示行车是乘务员作业失误、机车安全防护装置失灵所致,把这两个条件写在第三层,并与第二层用与门连接起来。

乘务员作业失误有四种情况:一是间断瞭望(瞌睡、做影响瞭望的其他工作);二是瞭望条件不良(地形条件影响视线),看不清信号,臆测行车;三是操纵不当;四是误认信号。这四种情况有一个发生,就会导致乘务员作业失误,因此把它们写在第四层,并用或门与第三层连接起来。

信号突变升级可能是信号机故障,也可能是办理人员给错信号,这两个条件有一个发生,就出现信号突变升级,将其写在第三层,并用或门与第二层连接起来。

列车制动装置故障有三种情况:一是列车中的折角塞门关闭,造成制动力不足;二是风缸故障;三是风泵故障。只要这三个条件中有一个发生,就会使制动装置发生故障,将其写在第三层,并用或门与第二层连接起来。

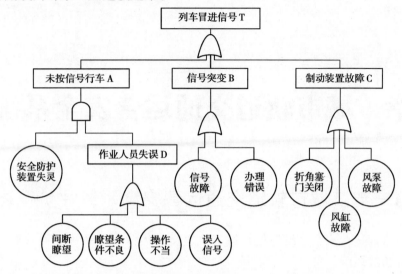

图 4-7 列车冒进信号事故树

思考题

1. 列举城市轨道交通运营安全系统分析的五种方法及其含义。
2. 简述事件树和事故树的编制方法。
3. 编制安全检查表应注意的问题有哪些?

第五章　城市轨道交通运营安全系统评价

第一节　城市轨道交通运营安全系统评价概述

城市轨道交通运营安全系统评价是城市轨道交通运营安全系统工程的重要组成部分，也称危险性评价或风险评价。

一、安全评价的含义

1. 安全评价的概念

城市轨道交通运营安全系统评价是以实现运营安全为目的，按照系统科学的方法，对运营系统中的危险因素进行预先的识别、分析和评价，确认运营系统存在的危险性，并根据其形成事故的风险大小，采取相应的安全措施，以达到运营安全的全过程。

2. 安全评价的内容

理想的安全评价包括危险性辨识和危险性评价两部分。

（1）危险性辨识。

危险性辨识是指利用安全系统工程的理论和方法，分析系统及其各要素所固有的安全隐患，揭示系统的各种危险性。

（2）危险性评价。

危险性评价是指根据危险性辨识的结果，采取各种措施减少或消除危险，并同既定的安全指标或目标相比较，判明所具有的安全水平，直到达到社会所允许的危险水平或规定的安全水平为止。安全评价内容如图5-1所示。

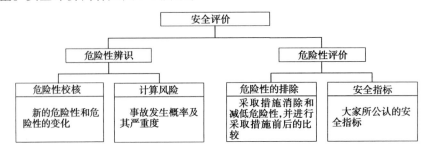

图5-1　安全评价的内容

3. 安全评价的过程

（1）衡量风险大小。

①揭示系统存在的所有危险;
②危险形成事故的可能性;
③发生事故的损失大小。
(2)评价。
①确定是否需要改进技术路线和防范措施;
②变更后危险性将得到怎样的抑制和消除;
③技术上是否可行;
④经济上是否合理;
⑤系统是否最终达到了社会所公认的安全指标。

二、安全评价的作用和意义

1. 体现了"安全第一、预防为主、综合治理"的方针

安全评价从预防事故的观点出发,对系统可能产生的损失和伤害进行预测和评价,采取有效的手段以实现系统安全的总目标。安全评价过程提高了安全管理水平,体现了从被动到主动、从事后处理到事前预防、从经验到科学的安全管理方法。

2. 有助于安全监察部门对企业安全生产的宏观控制

安全评价可以了解企业存在的问题,客观地对企业安全水平给出结论。安全监察机关可以此为依据,对企业依法进行处置,例如依法追究刑事责任,责令停产整顿,或采取相应安全措施。

安全评价标准都附有根据国家科技发展水平能够实现的措施,使企业不仅了解危险的存在,而且明确改进安全状况的措施,达到监察的目的,实现控制的目标。各级监察部门可以此为依据,按照不同的危险等级和安全现状配备相应的监察力量,使监察工作能够有目的、有重点地进行,实现重点和一般相结合,全面控制企业安全生产的目的。

3. 有助于保险部门加强对企业灾害实行风险管理

保险部门对企业事故引起的人身伤亡、职业病和财产损失所承担的保障义务是保险业的一项重要内容。安全评价的标准和结果为保险部门对企业实行风险管理提供了经验和数据,对加强风险管理有其现实指导意义。

4. 有助于提高企业安全管理水平

(1)变事后处理为事前预测预防,使企业安全工作更加科学化。

安全评价可预先系统地辨识危险性及其变化情况,科学分析安全状况,及时掌握安全工作信息,全面评价危险程度和安全管理现状,衡量是否达到安全指标,使企业领导作出正确的安全决策。

以系统科学为基础的安全系统评价可以促使企业建立动态的安全信息反馈系统,增强企业安全保障系统的自我调节机能。

(2)变纵向单一管理为全面系统管理,使企业安全工作更加系统化。

安全评价不仅可评价安全部门,也可全面评价各个单位及每一个人安全职责的履行情况,使企业所有部门变被管理者为主动执行者和管理者。管理范围从单纯生产安全扩大到企业各系统的人、机、物、法、环境等各因素、各环节的安全。使安全管理实现全员、全面、全过程的系统化管理。

(3)变盲目管理为目标管理,使企业安全工作逐步标准化。

安全评价使安全技术人员和全体员工明确了工作规范要求,达到什么地步可称安全,采取什么手段可达到指标,使安全管理工作纳入标准轨道。

(4)为企业领导的安全决策提供必要的科学依据。

安全评价说明系统危险可能造成的负效益的大小,以便合理地选择控制事故的措施,措施投资的多少,使投资和可能减少的负效益达到平衡,正确选择技术路线和工艺路线,为领导决策提供科学依据,使系统达到社会认可的安全指标。

三、安全评价发展简史

1. 安全评价最先是由保险业发展起来的,时间可追溯到20世纪30年代

保险公司为客户承担各种风险,要按照所承担风险的大小收取一定的费用。因此,就带来一个衡量风险程度的问题,这个衡量风险程度的过程就是当时美国保险协会所从事的风险评价。

2. 20世纪60年代以来,国外在安全评价方面做了大量的工作,提出了许多实用的安全评价方法

安全评价已成为当代安全管理中最有成效、正在逐渐完善的一种极为重要的方法。

3. 20世纪80年代初期,安全系统工程引入我国,受到许多大中型企业和行业管理部门的高度重视

通过消化、吸收国外安全检查表和安全分析方法,我国的机械、冶金、化工、航空、航天等行业开始应用简单的安全分析、评价方法。主要特点是安全系统分析方法的应用,解决的问题基本上是局部安全问题。

4. 1984年以后,我国开始研究安全评价理论和方法,在小范围内进行安全系统评价尝试

1986年,原国家劳动部分别向有关科研单位下达了《机械工厂危险程度分级》、《化工厂危险程度分级》、《冶金工厂危险程度分级》等科研项目。1987年,首先提出对整个企业系统进行安全评价,以利用安全系统工程原理开展安全管理工作,并着手制定部颁标准。随后,许多企业和一些产业部门开始着手安全评价理论、方法的研究与应用。

5. 21世纪,全面开展安全评价工作

最近几年,人们意识到,只有全面了解和掌握整个系统的安全状况,客观、科学地衡量事故风险大小,才能分清轻重缓急,有针对性地采取相应对策,真正落实安全管理的方针。安全评价在企业安全管理中起着非常重要的作用。

第二节　城市轨道交通运营安全系统评价方法

一、安全检查表评价法

安全检查表评价法是一种简便易行的评价方法,它根据经验或系统分析的结果,把评价项目自身及周围环境的潜在危险集中起来,列成检查项目的清单,评价时依照清单,逐项检查和评定。

该方法虽然简单,效果却很好,各国都颇为重视。但该方法存在的问题是检查表不够深化,带有一定的局限性,有时难以适应工业技术日益发展的需要。

1. 逐项赋值法

逐项赋值法应用范围较广,是针对安全检查表的每一项检查内容,按其重要程度不同,由专家赋予一定的分值。评价时,单项检查完全合格者给满分,部分合格者按规定标准给分,完全不合格者记零分。这样逐项逐条检查评分,最后累计所有各项得分,就得到系统评价总分。根据实际评价得分多少,按标准规定评价系统总体安全等级的高低。

2. 加权平均法

加权平均法是把企业的安全评价按专业分成若干评价表,所有评价表不管评价条款多少,均按统一记分体系分别评价记分,如 10 分制或 100 分制等,并按照各评价表的内容对总体安全评价的重要程度,分别赋予权重系数(各评价表权重系数之和为 1)。按各评价表评价所得的分值,分别乘以各自的权重系数并求和,就可得到企业安全评价的结果值,即

$$m = \sum_{i=1}^{n} k_i m_i$$

$$\sum_{i=1}^{n} k_i = 1$$

式中:m——企业安全评价的结果值;

m_i——按某一评价表评价的实际测量值;

k_i——按某一评价表实际测量值的相应权重系数;

n——评价表个数。

按照标准规定的分数界限,就可确定企业在安全评价中取得的安全等级。

【例 5-1】某车站劳动安全检查表按评价范围给出 5 个检查表,分别是:车间安全生产管理检查表、安全教育与宣传检查表、安全工作应知应会检查表、作业场所情况检查表、安全生产检查和推广安全生产管理新技术检查表。5 个检查表均采用 100 分制计分,各检查表得分的权重系数分别为:0.25,0.15,0.35,0.15,0.1。

$$K_1 = 0.25, K_2 = 0.15, K_3 = 0.35, K_4 = 0.15, K_5 = 0.1$$

按以上 5 个检查表评价该车站的实际得分分别为:85,90,75,65,80,即

$$m_1 = 85, m_2 = 90, m_3 = 75, m_4 = 65, m_5 = 80$$

则该站劳动安全评价值为:

$$m = \sum_{i=1}^{n} k_i m_i = 78.75$$

若标准规定 80 分以上为安全级,则可知该站的安全状况并不令人满意。

3. 单项定性加权记分法

单项定性加权记分法是把安全检查表的所有检查评价项目都视为同等重要。评价时,对检查表中的几个检查项目分别给以"优"、"良"、"可"、"差";"可靠"、"基本可靠"、"基本不可靠"、"不可靠"等定性等级的评价,同时赋予不同定性等级以相应的权重值,累计求和,得实际评价值,即

$$S = \sum_{i=1}^{n} w_i k_i$$

式中:S——实际评价值;

n——评价等级数;

w_i——评价等级的权重;

k_i——取得某一评价等级的项数和。

【例 5-2】 评价某一城市轨道交通安全状况所用的安全检查表共 120 项,按"优"、"良"、"可"、"差"评价各项。四种等级的权重分别为 $w_1 = 4, w_2 = 3, w_3 = 2, w_4 = 1$。评价结果为:56 项为"优",30 项为"良",24 项为"可",10 项为"差",即 $k_1 = 56, k_2 = 30, k_3 = 24, k_4 = 10$。

计算安全评价值:

$$S = \sum_{i=1}^{n} w_i k_i = 372$$

对于这种计分情况,其最高目标值,即 120 项评价结果均为"优"时的评价值为:

$$S_{max} = 4 \times 120 = 480$$

最低目标值,即 120 项评价结果均为"差"时的评价值为:

$$S_{max} = 1 \times 120 = 120$$

也就是说,该部门的安全评价值界于 120~480 之间,可将 120~480 分成若干档次,以明确该部门经安全评价所得到的安全等级。

将实际评价值除以评价项数和,便可知道该部门的安全状况,总体平均是处于"优"、"良"之间,还是"良"、"可"之间,或是"可"、"差"之间,即

$$372/120 = 3.1$$

因 $3 < 3.1 < 4$,可知评价结果界于"优"、"良"之间。

4. 单项否定记分法

该方法一般不单独使用,仅适用于某些具有特殊危险而又非常敏感的系统。这类系统往往有若干危险因素,其中只要有一处处于不安全状态,就有可能导致严重事故的发生。因此,把某些评价项目确定为具有否决权的项目,只要有一项被判为不合格,则视为总体安全状况不合格。这种方法已在机械工厂和核工业设施的安全评价中采用。

二、作业条件危险性评价法

作业条件危险性评价法是一种简便易行的衡量人们在某种具有潜在危险的环境中作业的危险性的半定量评价方法。

1. 因素指标

(1) 发生事故的可能性大小 L(表 5-1)。

(2) 人体暴露在这种危险环境中的频繁程度 E(表 5-2)。

(3) 发生事故可能会造成的损失后果 C(表 5-3)。

(4) 危险等级 D(表 5-4)。

要获得这三个因素(L、E、C)的准确数据是相当繁琐的过程。为了简化评价过程,采取了半定量计值法,给三种因素的不同等级分别确定不同的分值,然后,以三个分值的乘积 D 来评价作业条件危险性的大小,即

$$D = L \times E \times C$$

D 值大,说明该系统危险性大,需要增加安全措施,减少发生事故的可能性,或者降低人体暴露的频繁程度,或者减轻事故损失,直至调整到允许范围。

发生事故的可能性(L)　表 5-1

分数值	事故发生的可能性
10	完全可以预料
6	相当可能
3	可能,但不经常
1	可能性小,完全意外
0.5	很不可能,可以设想
0.2	极不可能
0.1	实际上不可能

暴露于危险环境的频繁程度(E)　表 5-2

分数值	暴露于危险环境的频繁程度
10	连续暴露
6	每天工作时间内暴露
3	每周一次,或偶然暴露
2	每月一次暴露
1	每年几次暴露
0.5	非常罕见地暴露

发生事故可能会造成的损失后果(C)　表 5-3

分数值	发生事故可能会造成的损失后果
100	大灾难,许多人死亡
40	灾难,数人死亡
15	非常严重,一人死亡
7	严重,躯干致残
6	重大,手足伤残
3	较大,受伤较重
1	较小,轻伤

危险等级划分(D)　表 5-4

D 值	危 险 程 度
>320	极其危险,停产整改
160~320	高度危险,立即整改
70~160	显著危险,及时整改
20~70	一般危险,需要观察
<20	稍有危险,注意防止

2．优缺点

(1)优点。

简便,可操作性强,有利于掌握企业内部危险点的危险情况,有利于促进整改措施的实施。

(2)缺点。

三种因素中事故发生的可能性只有定性概念,没有定量标准。评价实施时很可能在取值上因人而异,影响评价结果的准确性。

对此,可在评价开始之前确定定量的取值标准,如"完全可以预料"是平均多长时间发生一次,"相当可能"为多长时间一次,等等。这样,就可以按统一标准评价系统内各子系统的危险程度。

三、概率安全评价法

概率安全评价能够准确评价系统运行所需承担风险的大小,及各种行业可承担的风险,由此确定各自的安全标准,即以安全指标衡量各系统是否安全,使安全工作纳入科学的轨道。

一般说来,处于生产过程中的任何系统都可能发生事故,都要承担事故造成的人和物的损失风险,只不过风险有大有小而已。其原因是客观上普遍存在着危险性,在一定条件下,由于对危险性失去控制或防范不周,便会发展为隐患,进而形成事故。

人们从事生产活动总是期望从中获得较高的收益,而较高的收益则要付出较高的代价,即承担较大的风险。对于获益较少的生产活动,则不必承担较大的风险。换言之,风险的大小取决于受益程度。两者基本上成正比例关系,如图 5-2 所示。

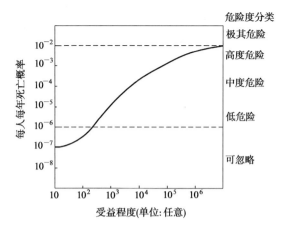

图 5-2 受益程度与危险程度的关系

对于不同的风险,一般可按数量划分成几个等级,然后分级进行处理,如表 5-5 所示:

风险率分级处理表　　　　表 5-5

死亡概率(人·年)	等　级	处　理　意　见
10^{-2}	极其危险	相当于疾病的风险,认为绝对不能接受,需停产整改
10^{-3}	高度危险	必须立即采取措施予以改进
10^{-4}	中等危险	人们不愿出现这种情况,因而同意拿出经费进行改善
10^{-5}	危险性低	相当于游泳淹死的风险,人们愿采取措施加以改进
10^{-6}	可忽略	相当于天灾的风险,人们总有事故轮不到我的感觉
10^{-7}	可忽略	相当于陨石坠落的风险,没有人认为这种事故需投资加以改进

一般而言,人们对风险持如下态度:

①自己愿意干的事情,风险虽大也觉得没什么,例如美国的拳击运动和足球运动,选手的年死亡率高达 1/200,但仍然有人愿意干。

②对于自己觉得危险但又无法避免的事情,总是有恐怖感,例如对高空作业的坠落事故,总有神经过敏的情况。

③风险虽然相同,但对于频率小、发生一次死伤数量大的事故,比频率大、发生一次仅有很少死伤的事故更为重视。因此,人们总对核电站和液化天然气基地抱有特别担心的感觉。

1. 概率安全评价定义

概率安全评价法是一种定量安全评价方法。先求出系统发生事故的概率,然后结合事故后果严重度的估计进一步计算风险,以风险大小确定系统的安全程度,以此衡量系统的危险程度是否超过可接受的安全标准,以便决定是否需要采取相应的安全措施,使其达到社会所公认的安全水平。

2. 风险

定量评价系统安全性的标准是风险 R,即单位时间系统可能承受损失的大小。一般由两个参数决定:事故发生概率 P 和损失严重度 S。事故发生概率是单位时间内事故发生的可能性,损失严重度是指发生一次事故损失的大小。

如果事故发生的概率很小,即使后果严重,风险也不会很大;如果事故发生的概率很大,而每次事故的后果却不严重,那么风险同样也不会很大。

风险可以定义为:

$$风险(R) = 事故发生概率(P) \times 损失严重度(S)$$

这里,概率 P 表示在一定时间或生产周期内事故发生的次数,其单位具有如下含义:事故发生次数/单位时间,如 0.1 次/单位时间、0.01 次/单位时间等。其中,单位时间可以是系统的运行周期,也可以是半年或一年。

损失严重度表示发生一起事故所造成的损失数值,包括直接损失和间接损失两部分。直接损失包括清理事故所发生的工资,设备修复、报废的费用,以及支付旅客的赔偿费等;间接损失包括停工、减产、工作损失、资源损失、环境污染处理等损失。系统可能承受的损失可以是人员死亡、经济损失或工作日的损失。因此,损失严重度可以表示为:损失大小/事故次数,如死亡人数/事故次数,损失工作日数/事故次数,经济损失价值/事故次数。

由于受系统复杂程度及数据源的限制,计算事故发生概率相当困难,往往用事故发生频率来近似表示概率,因此,可用一定时间内事故发生的次数来表示概率。

$$R = P \times S = \begin{cases} \dfrac{死亡人数}{事故次数} \times \dfrac{事故次数}{单位时间} = \dfrac{死亡人数}{单位时间} \\ \dfrac{损失工作日数}{事故次数} \times \dfrac{事故次数}{单位时间} = \dfrac{损失工作日数}{单位时间} \\ \dfrac{经济损失价值}{事故次数} \times \dfrac{事故次数}{单位时间} = \dfrac{经济损失价值}{单位时间} \end{cases}$$

可见,风险 R 可用单位时间的死亡人数、单位时间的损失工作日数以及单位时间的经济损失价值来表示。下面分别介绍以上三种定量安全评价的情况。

3. 具体评价方法

1) 以单位时间死亡率进行评价

定量评价系统的安全性是比较困难的,即使笼统地估算因事故造成的经济损失和人员伤亡也往往受评价者的主观观点所左右。目前,国际上经常采用单位时间死亡率来进行系统安全性的评价。其原因是:

(1) "生命"是最宝贵的,丧失生命无法挽回,因此,"生命"是安全的最根本课题。

(2) "死亡"的统计数据非常可靠。

(3) 根据海因里希理论,系统发生事故的比例基本遵循下列规律:

死亡、重伤:轻伤:无伤害 = 1:29:300

因此,根据死亡率数据可方便地推知死亡、重伤、轻伤以及无伤害的事故发生情况。

【例 5-3】 据美国 1971 年对道路交通事故的统计,每年发生 1500 万起事故,其中每 300 起有一起死亡事故。从发生事故的性质看,每发生一起死亡事故,就有 30 起负伤事故发生,而每一起负伤事故,相应有 10 起无伤害事故发生。这种情况基本上与海因里希的 1:29:300 的关系相吻合。此外,还可以计算美国汽车事故的社会风险:

15×10^6 次/年 $\times 1/300$ 死亡事故/次 $= 5 \times 10^4$ 死亡事故/年

美国人口为 2 亿,每人风险为:

$5 \times 10^4 / 2 \times 10^8 = 2.5 \times 10^{-4}$ 死亡/(人·年)

这是经过数年统计的结果,美国人为了享受汽车的利益,甘心忍受这样的风险。若想降低这个数值,需花很多钱去改善交通设施和汽车性能。因此,没有人愿意花更多的钱改变这种状况,也没有人因害怕这种风险而放弃使用汽车。所以,这个风险便作为使用汽车的一个社会认可的指标,称为安全指标。

【例 5-4】 某城市轨道交通运营公司从 2000 年至 2006 年间,平均每年发生员工负伤事故 156 件,其中每 78 件造成 1 人死亡,则平均每年死亡人数为:

$$\frac{事故总次数}{单位时间} \times \frac{死亡人数}{事故次数} = \frac{156\ 件}{年} \times \frac{1\ 人死亡}{78\ 件} = 2\ 人/年$$

该公司共有员工 58200 人,则每人风险为:

$$2/58200 = 0.343 \times 10^{-4} \text{死亡}/(\text{人·年})$$

这个数值表明,每 3 万员工中,每年有一人可能会死于工伤事故,换言之,每个员工每年有三万分之一的可能性会死于工伤事故。

2)以单位时间损失工作日数进行评价

事故除了可能造成人员死亡外,多数是负伤。为了对负伤(包括死亡)风险进行评价,也可根据统计规律求出各行业负伤风险期望值,即负伤安全指标。一般以每接触小时损失工作日数为单位计算。

负伤有轻重之分,如果经过治疗、休养后能够完全恢复劳动能力,则损失工作日数按实际休工天数计算。但有的重伤后造成残废,或身体失去某种功能,不能完全恢复劳动能力,甚至发生死亡事故,为了便于计算,应将受伤、致残、死亡折合成相应损失工作日数。我国《企业职工伤亡事故分类》(GB 6441—1986)中附件 B 给出了各种伤害损失工作日换算值,其常用部分如表 5-6 所示。

损失工作日换算标准　　　　　　　　表 5-6

人体伤害部件		折算损失日数
死亡或终生残废		6000
眼	双目失明	6000
	单目失明	1800
耳	双耳失听	3000
	单耳失听	600
手	手臂(肘以上)	4500
	手臂(肘以下)	3600
	单只腕残废	3000
脚	腿(膝以上)	4500
	腿(膝以下)	3600
	单只脚残废	2400

在《企业职工伤亡事故分类》(GB 6441—86)中规定,员工因工受伤严重程度分为轻伤、重伤、死亡三个等级。按损失工作日数具体分类如下:$1d \leqslant 轻伤 < 105d$,$105d \leqslant 重伤 < 6000d$,死亡 = 6000d。

3)以单位时间经济损失价值进行评价

以单位时间经济损失价值风险进行安全评价,是一种较为全面地评价系统安全性的方法,它既考虑事故发生可能造成的经济损失,同时又把人员伤亡损失折合成经济价值,统一计算事故造成的总损失,在计算出系统发生事故的概率或频率的情况下,就可取得单位时间内的经济损失金额作为风险值,以此来衡量系统的安全性并考查安全投资的合理性。

一般情况下,事故的经济损失越大,其允许发生的概率越小;事故的经济损失越小,其允许发生的概率越大。这个允许的范围就是安全范围。两者关系及安全范围如图5-3所示。

图5-3中,事故经济损失与其发生概率的关系并非呈直线关系,这主要是人们对损失严重的事故的恐慌心理所致。例如对核电站事故就是如此,所以对核设施要求格外严格,对其允许的事故发生概率往往在 10^{-6} 次/年以下。

如果评价结果超出安全范围,则必须对系统进行调整。对于不符合安全要求的风险值的调整,需要采取各以达到系统安全的目的。

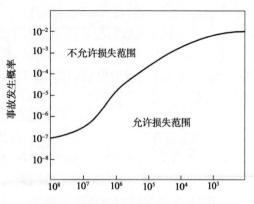

图5-3 事故经济损失与其发生概率的关系

第三节 车辆系统安全评价

一、一般规定

(1)车辆系统评价包括车辆、维修体系两个项目。
(2)被评价的基本车辆单元为可在轨道上独立运行的车组。
(3)被评价地铁运营线路上运行不同型号的地铁车辆时,按地铁车辆型号分别评价。
(4)车辆超过使用年限时,该项目得0分。

二、对车辆系统的要求

车辆评价包括车辆安全性能与安全防护设施、车辆防火性能、车辆可靠性3个分项。

1.车辆安全性能与安全防护设施的评价标准

(1)车辆应在使用年限内。
(2)车辆防止脱轨的脱轨系数、轮重减载率、倾覆系数应符合《城市轨道交通车辆组装后的检查与试验规则》(GB/T 14894—2005)的有关规定。
(3)列车两端的车辆可设置防意外冲撞的撞击能量吸收区。
(4)地面或高架运行的列车两端可装设防爬装置。
(5)动车转向架构架电机吊座与齿轮箱吊座应在寿命期内不发生疲劳裂纹。
(6)客室车门应具有非零速自动关门的电气联锁及车门闭锁装置,行驶中确保门的锁闭无误。
(7)客室车门处应设置紧急解锁开关。
(8)司机台应设置紧急停车操纵装置和警惕按钮。
(9)列车的制动系统应符合《地铁车辆通用技术条件》(GB/T 7928—2003)的有关规定。
(10)前照灯在车辆前端紧急制动距离处照度应符合《地铁车辆通用技术条件》(GB/T 7928—2003)的有关规定。
(11)在未设安全通道的线路上运行的列车两端应设紧急疏散门。

(12)列车各车辆之间应设贯通道。

(13)车门、车窗玻璃应采用一旦发生破坏时其碎片不会对人造成严重伤害的安全玻璃。

(14)蓄电池应能够提供车辆在故障情况下的应急照明、外部照明、车载安全设备、广播、通信、应急通风等系统的电源,其工作时间应满足《地铁车辆通用技术条件》(GB/T 7928—2003)的有关规定。

(15)车辆应有列车自动防护系统(ATP)或列车自动防护系统(ATP)与自动驾驶系统(ATO),以及可保证行车安全的通信联络装置。

(16)电气设备过电压、过电流、过热保护功能应齐全。

(17)采用受电弓受电的列车应设避雷装置。

(18)对安装采暖设备部位的侧墙、地板及座椅等应进行安全隔热处理,车用电加热器罩板表面温度应符合《铁道客车电取暖器》(TB/T 2704—2005)的有关规定。

(19)凡散发热量的电气设备,在其可能与乘客、乘务人员或行李发生接触时,应有隔热措施,其外壳或防护外罩外面的温度不得超过《电力机车防火和消防措施的规程》(GB 6771—2000)的有关规定。

(20)车厢内应设置乘客紧急按钮或与司机紧急对讲装置、应急照明灯、应急装备、消防器材。

(21)车辆应有各种警告标识:司机室内的紧急制动装置、带电高压设备、电器箱内的操作警示、消防器材、紧急按钮或与司机紧急对讲装置的位置与使用方法。

2.车辆防火性能的评价标准

(1)车辆的车顶、侧板、内衬、顶棚、地板应使用不燃或阻燃材料。

(2)车厢地板上铺物、座椅、扶手、隔热隔声材料、装饰及广告材料等应使用不燃或阻燃材料。

(3)车厢内非金属材料应具有耐熔化滴落性能。

(4)各电路的电气设备连接导线和电缆应采用阻燃材料,所用材料在燃烧和热分解时不应产生有害和危险的烟气。

3.车辆可靠性的评价标准

车辆由于故障退出服务统计不大于0.1次/万组公里。

第四节 供电系统安全评价

供电系统安全包括主变电站、牵引变电站、降压变电站、接触网(接触轨)、电力电缆、维修配件6个评价项目,满分为100分。

一、主变电站

主变电站评价包括主变电站设备、主变电站安全防护设施、运作与维护3个分项。

1.主变电站设备

(1)主变电站设备应在使用年限内。

(2)每座主变电站应有两路相互独立可靠的电源引入,并应设两台主变压器。当一路电源或一台主变压器故障或检修时,应由另一路电源或一台主变压器供电。当主变电站全站停用时,应由相邻主变电站供电,并应确保一、二级用电负荷。

（3）辅助主变电站应有一路专用电源供电,设置一台主变压器。

（4）在地下使用的电气设备及材料,应选用体积小、低损耗、低噪声、防潮、无自爆、低烟、无卤、阻燃或耐火的定型产品。

（5）变电站继电保护装置应满足可靠性、选择性、灵敏性和速动性的要求。

（6）接地电阻应符合要求。

2. 主变电站安全防护设施

（1）应设置接地保护。

（2）主变电站周围建筑应设置避雷设施,并每年进行检测。

（3）应设置完善的过负荷、短路保护装置。

（4）应设置防灾报警装置,配置必要的消防设施、器材和应急装备。

（5）应设置应急照明。

（6）应设置安全操作警示标志和安全疏散指示标志。

3. 运作与维护

（1）对主变电站设备应定期进行预防性试验,试验合格后,才能继续使用。

（2）对各供电设备及继电保护装置应定期检验,满足电力或地铁相关规范要求。

（3）对供电试验使用的仪器仪表必须按照国家标准定期检测,试验单位和人员应具有相关专业资质和资格。

（4）主变电站值班或巡视维护人员和应急处理人员数量及结构应配置合理。

（5）主变电站操作人员应具有上岗资格。

（6）对主变电站操作人员应定期进行培训。

（7）应建立主变电站的维护规程。

（8）对主变电站故障信息应有记录、分析、纠正和预防措施。

二、牵引变电站

牵引变电站评价包括牵引变电站设备、牵引变电站安全防护设施、运作与维护3个分项。

1. 牵引变电站设备

（1）牵引变电站设备应在使用年限内。

（2）牵引变电站应有两路独立的电源供电,两路电源引自同一主变电站的不同母线段或不同主变电站母线段。

（3）牵引变电站应设置两台牵引整流机组,两台整流机组并列运行。

（4）牵引变电站中一台牵引整流机组退出运行时,另一台牵引整流机组在允许负荷的情况下继续供电。

（5）在其中一座牵引变电站退出运行时,相邻的两座牵引变电站应能分担其供电分区的牵引负荷。

（6）牵引变电站直流设备外壳应对地绝缘安装。

（7）接地电阻应符合要求。

2. 牵引变电站安全防护设施

（1）应设置接地保护。

（2）牵引变电站及周围建筑应设置避雷设施,并每年进行检测。

(3)应设置完善的短路和过负荷继电保护装置。

(4)应设有防止大气过电压及操作过电压的保护设施。

(5)应设置防灾报警装置,配置必要的消防设施、器材和应急装备。

(6)应设置应急照明。

(7)无人值班的牵引变电站应设置监控系统。

(8)无人值班的牵引变电站所有设备故障信息和操作信息能与调度中心联网。

(9)应设置安全操作警示标志和安全疏散指示标志。

3.运作与维护

(1)对牵引变电站设备应定期进行预防性试验,试验合格后,才能继续使用。

(2)对各供电设备及继电保护装置应定期检验,满足电力或地铁相关规范要求。

(3)供电试验使用的仪器仪表必须按照国家标准定期检测,试验单位和人员应具有相关专业资质和资格。

(4)牵引变电站值班或巡视维护人员和应急处理人员数量及结构应配置合理。

(5)牵引变电站操作人员应具有上岗资格。

(6)对牵引变电站操作人员应定期进行培训。

(7)应建立牵引变电站的维护规程。

(8)对牵引变电站故障信息应有记录、分析、纠正和预防措施。

三、降压变电站

降压变电站包括降压变电站设备、降压变电站安全防护设施、运作与维护3个分项。

1.降压变电站设备

(1)降压变电站设备应在使用年限内。

(2)降压变电站应有两路独立的电源供电。

(3)降压变电站应设置两台配电变压器。当一台配电变压器退出运行时,另一台配电变压器承担变电站的全部一、二级负荷。

(4)配电变压器容量应按远期高峰小时考虑。

(5)接地电阻应符合要求。

2.降压变电站安全防护设施

(1)应设置接地保护。

(2)降压变电站周围建筑应设置避雷设施,并每年进行检测。

(3)应设置完善的短路和过负荷继电保护装置。

(4)应设有防止大气过电压及操作过电压的保护设施。

(5)应设置防灾报警装置,配置必要的消防设施、器材和应急装备。

(6)应设置应急照明。

(7)无人值班的降压变电站应设置监控系统。

(8)无人值班的降压变电站所有设备故障信息和操作信息应能与调度中心联网。

(9)应设置安全操作警示标志和安全疏散指示标志。

3.运作与维护

(1)降压变电站设备应定期进行预防性试验,试验合格后,才能继续使用。

(2)对各供电设备及继电保护装置应定期检验,满足电力或地铁相关规范要求。

(3)供电试验使用的仪器仪表必须按照国家标准定期检测,试验单位和人员应具有相关专业资质和资格。

(4)降压变电站操作人员应具有上岗资格。

(5)对降压变电站操作人员应定期进行培训。

(6)应建立降压变电站的维护规程。

(7)对降压变电站故障信息应有记录、分析、纠正和预防措施。

四、接触网(接触轨)

接触网(接触轨)包括接触网或接触轨、运作与维护两个分项。

1. 接触网

(1)接触网应在使用年限内。

(2)接触线的磨耗应在允许范围内。

(3)牵引变电站直流快速断路器至正线接触网间应设置隔离开关。

(4)接触网带电部分与结构体、车体之间的最小净距应符合《地铁设计规范》(GB 50157—2003)的有关规定。

(5)固定接触网的非带电金属支持结构物应与架空地线相连接,架空地线应引至牵引变电站接地装置。

(6)在地面区段、高架区段,接触网应设置避雷设施。

(7)在车库线进口分段处应设置带接地刀闸的隔离开关。

(8)洗车库内接触网与两端接触网绝缘分段,该接触网接地系统应可靠。

2. 接触轨

(1)接触轨应在使用年限内。

(2)接触轨对地应有良好的绝缘。

(3)接触轨带电部分与结构体、车体之间的最小净距应符合《地铁设计规范》(GB 50157—2003)的有关规定。

(4)当杂散电流腐蚀防护与接地有矛盾时,应以接地安全为主。

(5)在地面区段、高架区段,接触轨应设置避雷设施。

(6)接触轨应设防护罩和警示标志。

3. 运作与维护

(1)检修人员应具有上岗资格。

(2)对检修人员应定期进行培训。

(3)应建立接触网(接触轨)的维护规程。

(4)对接触网(接触轨)故障信息应有记录、分析、纠正和预防措施。

五、电力电缆

电力电缆安全包括电力电缆、运作与维护两个分项。

1. 电力电缆

(1)电缆应在使用年限内。

(2)电缆在地下敷设时应采用低烟无卤阻燃电缆,在地上敷设时可采用低烟阻燃电缆。为应急照明、消防设施供电的电缆,明敷时应采用低烟无卤耐火铜芯电缆或矿物绝缘耐火电缆。

(3)电缆贯穿隔墙、楼板的孔洞处,应实施阻火封堵。

2. 运作与维护

(1)检修人员应具有上岗资格。

(2)对检修人员应定期进行培训。

(3)应建立电力电缆的维护规程。

(4)对电力电缆故障信息应有记录、分析、纠正和预防措施。

六、维修配件

选择有资质的维修配件供货商,建立维修配件检验制度,并对维修配件的质量信息有记录、分析、纠正和预防措施。

第五节 机电设备安全评价

机电设备评价包括自动扶梯、电梯与自动人行道,屏蔽门系统与防淹门系统,给水排水设备,通风和空调设备,风亭5个部分。

一、自动扶梯、电梯与自动人行道

自动扶梯、电梯与自动人行道包括自动扶梯、电梯与自动人行道设备,安全防护标识,管理与维护,维修配件4个部分。

1. 自动扶梯、电梯与自动人行道设备

(1)设备必须由法定质量技术监督部门出具电梯使用证。

(2)在用设备必须由法定特种设备检验检测机构检验合格并出具有效期内电梯验收检验报告和"安全检验合格"标志。

(3)地铁车站自动扶梯宜采用公共交通型重载扶梯,其传输设备及部件应采用不燃或难燃材料。

(4)设备的各项安全保护装置设置齐全,动作灵敏、可靠。

2. 安全防护标识

(1)所有自动扶梯和自动人行道出入口处应贴图示警示标志,所有电梯内应贴电梯使用安全守则。

(2)对于穿越楼层和靠墙布置的自动扶梯,其扶手带中心至开孔边缘和墙面的净距应符合《地铁设计规范》(GB 50157—2003)的有关规定。

3. 管理与维护

(1)应建立维护、保养制度和检修规程及应急处理程序。

(2)检修人员应具有上岗资格。

(3)对检修人员应定期进行技术培训。

(4)对自动扶梯、电梯、自动人行道故障信息应有记录、分析、纠正和预防措施。

4. 维修配件

(1)应选择有资质的维修配件供货商。

(2)应建立维修配件检验制度。

(3)对维修配件的质量信息应有记录、分析、纠正和预防措施。

二、屏蔽门系统与防淹门系统

屏蔽门系统和防淹门系统评价包括屏蔽门系统设备、防淹门系统设备、安全防护标识、管理与维护、维修配件5个部分。

1. 屏蔽门系统设备

(1)屏蔽门无故障使用次数应不小于100万次。

(2)屏蔽门应接地连接牢固,接地电阻在允许值内。

(3)屏蔽门应能与信号系统联动,实现屏蔽门的正常开/关功能。

(4)屏蔽门应急手动开门功能和站台级开/关门功能正常。

(5)ATP系统应为列车车门、屏蔽门等开闭提供安全监控信息。

(6)可设有应急门;应急门的位置应保证当列车与滑动门不能对齐时的乘客疏散。

2. 防淹门系统设备

(1)防淹门应能与信号系统联动,实现防淹门的正常开/关功能。

(2)防淹门机房及车站控制功能应正常。

(3)车站对防淹门系统所辖区间的水位应具备监视功能。

3. 安全防护标识

(1)屏蔽门应有明显的安全标志、使用标志和应急情况操作指示。

(2)防淹门应有明显的安全标志、使用标志和应急情况操作指示。

4. 管理与维护

(1)应建立维护、保养制度,以及检修规程、应急处理程序。

(2)检修人员应具有上岗资格。

(3)应对检修人员定期进行技术培训。

(4)对屏蔽门故障信息应有记录、分析、纠正和预防措施。

5. 维修配件

(1)应选择有资质的维修配件供货商。

(2)应建立维修配件检验制度。

(3)对维修配件的质量信息应有记录、分析、纠正和预防措施。

三、给水排水设备

给水排水设备包括给水系统、排水系统、管理与维护、维修配件4个部分。

1. 给水系统

(1)生活用水设备和卫生器具的水压,应符合现行国家标准《建筑给水排水设计规范》(GB 50015—2003)(2009年版)的规定。

(2)给水管不应穿过变电站、通信信号机房、控制室、配电室等房间。

2. 排水系统

(1)地铁车站及沿线的各排水泵站、排雨泵站、排污泵站应设危险水位报警装置。

(2)各水位报警装置应运行正常。

3. 管理与维护

(1)应建立维护、保养制度,以及检修规程、应急处理程序。

(2)检修人员应具有上岗资格。

(3)应对检修人员定期进行技术培训。
(4)对给排水设备故障信息应有记录、分析、纠正和预防措施。
4.维修配件
(1)应选择有资质的维修配件供货商。
(2)应建立维修配件检验制度。
(3)对维修配件的质量信息应有记录、分析、纠正和预防措施。

四、通风和空调设备

通风和空调设备评价包括通风和空调设备、管理与维护、维修配件3个部分。
1.通风和空调设备
(1)空调系统设置的压力容器必须由国家认可资质的质量技术监督部门出具压力容器使用证,并必须由国家认可资质的特种设备监察检验部门检验合格并出具有效期内压力容器检验报告和"安全检验合格"标志。
(2)防烟、排烟与事故通风系统应符合《地铁设计规范》(GB 50157—2003)的有关规定。
2.管理与维护
(1)应建立维护、保养制度,以及检修规程、应急处理程序。
(2)检修人员应具有上岗资格。
(3)应对检修人员定期进行技术培训。
(4)对设备故障信息应有记录、分析、纠正和预防措施。
3.维修配件
(1)应选择有资质的维修配件供货商。
(2)应建立维修配件检验制度。
(3)对维修配件的质量信息应有记录、分析、纠正和预防措施。

五、风亭

风亭评价包括风亭、管理与维护两个部分。
1.风亭
(1)进、排风亭口部距其他建筑物的距离应符合《地铁设计规范》(GB 50157—2003)的有关规定。
(2)进风风亭应设在空气洁净的地方。
(3)风亭出口处连接道口的3.5m宽的通道上禁止堆放物品。
2.管理与维护
(1)应建立维护、巡视制度。
(2)应建立维护、巡视档案。

第六节 消防系统安全评价

一、消防系统与管理

消防系统与管理评价包括火灾自动报警系统(FAS)及联动控制、气体灭火系统、消防给水系统、应急照明及疏散指示、灭火器配置与管理、车站消防管理、消防值班人员与设备管理、建筑与附属设施防火8个分项。

二、火灾自动报警系统(FAS)及联动控制

(1)在车站控制室,FAS系统应能按照预定模式控制地铁消防救灾设备的启、停,能显示运行状态;消防联动盘应运行情况正常。

(2)车站FAS系统必须显示气体自动灭火系统保护区的报警、放气、风机和风阀状态、手动/自动放气开关所处位置;FAS系统主、备电源及其相互切换功能应正常,并应显示主、备电源状态。

(3)站厅、站台、各种设备机房、库房、值班室、办公室、走廊、配电室、电缆隧道或夹层等处应设火灾探测器;设置火灾探测器的场所应设置手动报警按钮;车站相应场所应设有消防对讲电话。

(4)地铁中央控制中心应能控制消防救灾设备的启、停,应能显示运行状态,消防联动系统应能正常运行。

三、气体灭火系统

(1)地下车站通信设备房、信号设备房、变电站、电控室等重要设备房应设置气体自动灭火装置。

(2)设置气体灭火装置的房间应设置机械通风系统,所排除的气体必须直接排出地面。

四、消防给水系统

(1)消火栓的设置应符合《地铁设计规范》(GB 50157—2003)的有关规定。

(2)消火栓用水量应符合《地铁设计规范》(GB 50157—2003)的有关规定。

(3)水泵结合器和室外消火栓应设有明显标志且便于操作。

(4)消防主、备泵均应工作正常且出水压力符合要求。

五、应急照明及疏散指示

(1)站厅、站台、自动扶梯、自动人行道、楼梯口、疏散通道、安全出口、区间隧道、车站控制室、值班室变电站、配电室、信号机械室、消防泵房、公安用房等处应设置应急照明,应急照明的照度不小于正常照明照度的10%。

(2)应急照明的连续供电时间不应少于1h。

(3)站厅、站台、自动扶梯、自动人行道、楼梯口、人行疏散通道拐弯处、安全出口和交叉口等处沿通道长向每隔不大于20m处应设置醒目的疏散指示标志;疏散指示标志距地面高度应小于1m。

(4)区间隧道内应设置集中控制型疏散指示标志。

六、灭火器配置与管理

(1)地铁各相关场所应按《建筑灭火器配置设计规范》(GB 50140—2005)的有关规定选择、配置和设置灭火器,且灭火器应在使用期限内。

(2)制定灭火器定期检测制度并切实落实。

七、车站消防管理

（1）车站、主变电站、地铁控制中心等消防重点部位应落实消防安全责任制，明确岗位消防安全职责。

（2）车站在运营期间应至少每两小时进行一次防火巡查，在运营前和结束后，应对车站进行全面检查。

（3）应填写消防安全检查记录，对消防设施的状况、存在火灾隐患以及火灾隐患的整改措施等应有书面记录。

（4）地铁运营企业应对所属消防设施进行定期检查和维护保养，建立记录档案；车站应建立消防安全检查记录档案。

（5）定期组织消防演练。

八、消防值班人员与设备管理

（1）应建立消防控制室 24h 值班制度，值班人员交接班时应填写值班记录。

（2）消防控制室值班人员应持有"消防操作员"上岗证并能正确操作消防联动设备。

（3）消防控制室内除操作设备外，不能存放其他物品。

（4）应建立 FAS 系统及联动控制设备的检修制度，对 FAS 系统及联动控制设备的故障信息应有记录、分析、纠正和预防措施。

九、建筑与附属设施防火

（1）地铁与地下及地上商场等地下建筑物相连接时，必须采取防火分隔设施。

（2）车站内的墙、地、顶面、装饰装修材料以及座椅、服务标识牌、广告牌和设备设施所用材料应符合《地铁设计规范》(GB 50157—2003)的有关规定。

（3）车站站厅乘客疏散区、站台及疏散通道内不应设置商业场所。

（4）地下车站防火分区安全出口的设置应符合《地铁设计规范》(GB 50157—2003)的有关规定。

（5）地铁车站设备、管理用房区的安全出口、楼梯、疏散通道的最小净宽应符合《地铁设计规范》(GB 50157—2003)的有关规定。

第七节　线路与轨道系统安全评价

一、线路及轨道系统

（1）两条正线接轨应选择在车站内，并采取同向相接，避免车辆异向运行。

（2）辅助线与正线接轨时，宜在列车进入正线之前设置隔开设备。

（3）任何情况下，线路平面、纵断面的变动不得影响限界。

（4）位于正线上圆曲线及曲线间夹直线的最小长度应不小于一辆车辆的长度，困难情况下不应小于车辆全轴距，夹直线长度还应满足超高顺坡和轨距加宽的要求。

（5）曲线地段严禁设置反超高。

（6）道岔应铺设在直线上，并应避免设在竖曲线上。

(7)轨道结构应坚固、耐久、稳定,应具有适当的弹性,保证列车运行平稳安全。

(8)正线及辅助线钢轨接头应符合有关规定。

(9)无缝线路联合接头距桥台边墙不应小于2m,铝热焊缝距轨枕边不得小于40mm。

(10)正线、试车线及辅助线的末端应设置车挡,车挡应能承受不大于15km/h速度的列车水平冲击荷载。

(11)在小半径曲线地段、缓和曲线与竖曲线重叠地段、跨越河流、城市主要道路、铁路干线或重要建筑物地段,高架线路应设置防脱护轨装置。

(12)轨道交通线路应布设线路与信号标志,无缝线路地段应布设钢轨位移观测桩。

(13)轨道的路基应坚固、稳定,并满足防洪排水要求。

(14)地面及高架线路两旁应设置一定高度隔离栏,防止外来人员侵入。

二、维修体系

(1)应建立线路及轨道系统的保养制度、巡检制度。

(2)应建立线路及轨道系统保养、巡检的记录台账。

(3)检修人员应具有上岗资格。

(4)应对检修人员定期进行技术培训。

(5)对线路及轨道系统故障信息应有记录、分析、纠正和预防措施。

(6)轨道检测车、钢轨打磨车等维修设备应有质检合格证。

三、维修配件

(1)选择有资质的维修配件供货商。

(2)建立维修配件检验制度。

(3)对维修配件的质量信息有记录、分析、纠正和预防措施。

第八节 通信系统安全评价

通信系统包括通信系统技术、传输系统、公务电话系统、专用电话系统、无线通信系统、图像信息系统、广播系统、通信电源、通信系统接地9个分项。

1. 通信系统技术

(1)通信系统应能安全、可靠地传递语音、数据、图像、文字等信息,并应具有网络监控、管理功能。

(2)各轨道交通线路的通信系统应能互联互通,实现信息资源共享。

(3)当出现紧急情况时,通信系统应能迅速及时地为防灾救援和事故处理的指挥提供通信联络。

(4)通信系统各子系统应具有故障时降级使用功能,主要部件应具有冗余保护功能。

(5)通信系统应具有防止电机牵引所产生的谐波电流、外界电磁波、静电等对通信系统的干扰功能,并采取必要的防护措施。

2. 传输系统

(1)传输系统应是独立专用传输网络。

(2)传输系统必须有自保护功能。

3.公务电话系统

(1)对特种业务呼叫应能自动转接到市话网的"119"、"110"、"120",并可进行电话跟踪。

(2)公务电话系统应具有在线维护管理、安全保护措施、故障诊断和定位功能。

4.专用电话系统

(1)专用电话系统宜由调度电话、区间电话、站间电话、站内集中电话、紧急电话、市内直线电话组成。

(2)调度电话应具有优先级,并具有录音功能。

(3)专用电话系统应具有在线维护管理、安全保护措施、故障诊断和定位功能。

5.无线通信系统

(1)无线通信系统应设置列车调度、事故及防灾、车辆综合基地管理以及设备维护四个子系统,其容量和覆盖范围应满足轨道交通运营的要求。在地下车站及区间应设置公安、消防无线通信系统。

(2)无线通信系统应具有选呼、组呼、全呼、紧急呼叫、呼叫优先级权限等功能,并具有存储、监测功能。

6.图像信息系统

(1)图像信息系统应满足各级控制中心调度员、车站值班员、列车司机对车站图像监视的功能要求。摄像机的安装部位应满足运营监视和公安监视的要求,并确保事故状态下摄像。

(2)车站图像信息系统设备应能对运营监视的图像进行录像,控制中心图像信息系统设备应能对各车站传来图像进行录像。

7.广播系统

(1)控制中心和车站均应设置行车和防灾广播控制台。控制中心广播控制台可以对全线选站、选路广播;车站广播控制台可对本站管区内选路广播。

(2)行车和防灾广播的区域应统一设置。防灾广播应优先于行车广播。

(3)列车上应设置广播设备,并可以接受控制中心调度指挥员通过无线通信系统对运行列车中乘客的语音广播。

(4)防灾广播可根据应急事件事先录制或制定广播内容,且采用多语种。

8.通信电源

(1)通信电源系统必须是独立的供电设备,并具有集中监控管理功能。

(2)通信电源系统应保证对通信设备不间断、无瞬变地供电。

(3)地铁通信设备应按一级负荷供电。由变电站接双电源双回路的交流电源至通信机房交流配电屏,当使用中的一路出现故障时,应能自动切换至另一路。

(4)控制中心、各车站及车辆段(停车场)的通信设备应按一类负荷供电,各通信机房应设置电源自动切换设备。

(5)交流供电电源电压波动范围不应大于±10%,交流供电容量应为各设备总额定容量的130%。

(6)不间断电源的蓄电池容量应保证向各通信设备连续供电不少于2h。

9.通信系统接地

(1)接地电阻值应符合《地铁设计规范》(GB 50157—2003)的有关规定。

(2)车辆段(停车场)宜设置独立的通信接地体,作为通信系统的联合接地,其接地体与其他接地体的间隔应符合《地铁设计规范》(GB 50157—2003)的有关规定。

第九节 信号设备安全评价

信号设备包括信号系统技术、安全防护设施两个分项。

一、信号系统技术

(1)运营线路上的车站应纳入ATS(列车自动监控)系统监控范围,涉及行车安全的应直接控制,由车站办理,车辆段、停车场与正线衔接的出入段线应纳入监控范围。

(2)当信号系统设备发生故障时,ATC(列车自动控制)系统控制等级应遵循降级运行,按车站人工控制优先于控制中心人工控制、控制中心人工控制优先于控制中心的自动控制或车站自动控制的原则来确保运营安全。

(3)在ATC控制区域内使用列车驾驶限制模式或非限制模式时,应有破铅封、记录或特殊控制指令授权等技术措施。

(4)在需要进行折返作业的折返点,应提供完整的ATP(列车自动防护)功能。

(5)与列车运营安全有关的信号设备均应具备故障倒向安全的措施;应具有自检及故障报警功能,以及冗余技术和双机自动转换功能。

(6)列车内信号应有列车实际运行速度、列车运行前方的目标速度两种速度显示报警装置和必要的切换装置,并设于两端司机室内。

(7)ATP执行强迫停车控制时,应切断列车牵引,列车停车过程不得中途缓解。如需缓解,司机应在列车停车后履行一定的操作手续,列车方能缓解。

(8)为确保行车安全,在各线车站站台及车站控制室应设站台紧急关闭按钮,站台紧急关闭按钮电路应符合故障—安全原则。

(9)装有引导信号的信号机因故不能正常开放时,应通过引导信息实现列车的引导作业。

(10)各线的ATC系统控制区域与非ATC系统控制区域的分界处,应设驾驶模式转换区,转换区的信号设备应与正线信号设备一致。

(11)信号系统供电负荷等级应为一级,设两路独立电源。

(12)信号系统电缆宜采用阻燃、低毒、防腐蚀护套电缆。

二、安全防护设施

(1)信号设备应设置接地保护。
(2)高架和地面线的室外信号设备与外线连接的室内信号设备必须具有雷电防护设施。
(3)转辙机及线路轨旁设备应有防进水设施。

第十节 环境监控系统安全评价

环境与设备监控系统包括环境与设备监控系统(BAS/EMCS)、安全防护标识、维修体系3个项目。

一、环境与设备监控系统

(1)环境与设备监控系统应具备机电设备监控、执行阻塞模式、环境监控与节能运行管理、环境和设备的管理功能。

(2)环境与设备监控系统应能接收火灾自动报警系统(FAS)车站火灾信息,执行车站防烟、排烟模式;接收列车区间停车位置信号,根据列车火灾部位信息,执行隧道防排烟模式;接收列车阻塞信息,执行阻塞通风模式;应能监控车站逃生指示系统和应急照明系统;应能监视各排水泵房危险水位。

(3)车站应配置车站控制室紧急控制盘(IBP盘)作为BAS火灾工况自动控制的后备措施,其操作权高于车站和中央工作站,盘面应以火灾工况操作为主,操作程序应简便、直接。

二、安全防护标识

(1)环境与设备监控设备应有明显的安全警示标志、使用标志和应急情况操作指示。

(2)车站、车辆段、地铁控制中心、主变电站、冷站、冷却水塔和风亭等场所应设有减少和避免事故发生的安全警示标志。

三、维修体系

1. 管理与维护

(1)应建立维护、保养制度,以及检修规程、应急处理程序。

(2)检修人员应具有上岗资格。

(3)应对检修人员定期进行技术培训。

(4)对环境与设备监控系统故障信息应有记录、分析、纠正和预防措施。

2. 维修配件

(1)选择有资质的维修配件供货商。

(2)建立维修配件检验制度。

(3)对维修配件的质量信息有记录、分析、纠正和预防措施。

第十一节 自动售检票系统安全评价

(1)车站售检票设备数量配置应按近期高峰客流量配置,并预留远期高峰客流量所需设备的供电,预埋套线及安装位置等条件。

(2)检票口的通过能力应与相应的楼梯、自动扶梯的通过能力相适应,每个检票口的半单向检票机的数量应不少于2台。

(3)在紧急疏散情况下,车站控制室应能控制所有检票机闸门开放,检票机工作状态显示应与之相匹配。

(4)检票机对乘客应有明确、清晰、醒目的工作状态显示。

思考题

1. 陈述安全评价的作用和意义。
2. 简述城市轨道交通运营安全系统的三个评价方法。
3. 简述信号设备的安全防护设施。

第六章　城市轨道交通运营安全技术

第一节　行车安全

一、行车安全概述

轨道交通运行是一个具有规律性的动态过程,在这个动态过程中要避免各种不利因素对行车工作的影响,如人的因素、设备因素、环境因素等。而这些因素的影响所造成的后果将辐射到安全、服务、运营乃至社会的各方面。

1. 行车安全的概念

轨道交通运输的产品是乘客的位移,实现位移的必要手段为列车运行,通常把列车的组织和运行工作统称为行车工作。行车工作是城市轨道交通运营系统的主要工作,也是最容易产生不安全因素的工作环节,城市轨道交通运营过程中所出现的大部分不安全现象都在行车工作中。因此,从某种程度上说,保证行车工作安全的同时也就是保证了城市轨道交通运营安全。

行车安全一般是指城市轨道交通列车在运送乘客的过程中对行车人员、行车设备以及乘客产生作用和影响的安全。行车安全工作包括:行车调度安全、列车驾驶安全、车站作业安全、接发列车作业安全、调车作业安全等。

2. 行车安全的意义

行车安全是城市轨道交通运营安全的核心部分。对于城市轨道交通运营本身而言,行车安全不仅是运营生产的基本要求,而且它的质量指标也成为衡量城市轨道交通管理水平的重要环节。由于城市轨道交通行车安全涉及人民生命财产和国家财产的安危,涉及社会稳定和企业的形象,因此,确保行车安全成为城市轨道交通运营安全工作的重中之重。

二、行车调度安全

城市轨道交通系统是一个大联动机,具有高度集中、统一指挥、各个工作环节紧密联系和协同动作的特点。城市轨道交通行车工作是一个由互相联系、互相影响的多部门、多单位所组成的完整的系统。在这个系统中,各部门、各单位、各工种间的紧密联系和协调一致对于保证行车安全和提高运输效率有着决定性的意义。行车调度是为适应城市轨道交通运输特点而设置的行车工作的统一指挥者,在保证行车安全的大系统中具有重要的地位和作用。

城市轨道交通行车调度工作由调度控制中心实施,实行调度集中统一指挥,以使各个环节紧密配合,协调工作,保证列车安全、正点地运行。行车调度工作是城市轨道交通系统的核心,直接影响行车安全及运输质量。

1.行车调度工作的基本任务

(1)组织指挥各部门、各工种严格按照列车运行图工作。

(2)监控列车到达、出发及途中运行情况,确保列车运行秩序的正常。

(3)当列车运行秩序不正常时,及时采取措施,尽快恢复正常运行秩序。

(4)及时、准确地处理行车异常情况,防止行车事故的发生。

(5)随时掌握客流情况,及时调整列车运行方案。

(6)检查监督各行车部门执行运行图的情况,发布调度命令。

(7)当发生行车事故时,按规定程序及时向上级主管部门汇报,并采取措施防止事故扩大,积极参与组织救援工作。

2.行车调度工作的作用

行车调度贯彻集中领导、统一指挥的原则,组织协调行车有关各部门、各单位、各工种的工作,指挥和监督行车工作的全过程,保证行车工作均衡协调、安全准确地运行。

日常运输工作中,行车调度负责编制日常运输工作计划,发布各种有关行车的调度命令,组织行车各部门协同动作,保证列车按列车运行图运行,实现日(班)计划规定的各项任务;负责监督和检查行车各部门执行运输工作日常计划和规章制度的情况以及列车运行情况,及时组织处理和排除各种危及行车安全的意外情况;遇发生行车事故或灾害而中断行车时,采取积极有效的措施,组织事故救援,迅速恢复行车,保证运输畅通。

总的来说,行车调度在安全工作中的作用有以下几个方面:

(1)指挥行车人员完成各项行车作业,保证列车安全、正点运行。

(2)组织、协调、监督、检查行车各有关部门的安全生产,纠正各种违章现象,及时处理行车中发生的问题,消除事故隐患,防止发生行车事故。

(3)在发生事故后,积极组织救援,减少事故损失。

3.行车调度安全指挥工作的基本要求

调度指挥必须坚持安全生产,正确及时指挥列车运行,防止因指挥不当造成事故隐患。遇突发紧急事件时,要冷静、正确、及时处理,必须提高业务水平,提高应变能力。

(1)城市轨道交通行车组织工作必须严格执行单一指挥的原则。行车各有关部门必须服从所在区段行车调度的集中统一指挥,各级领导对列车运行的指示必须通过行车调度下达,坚决禁止令出多口或多头指挥,维护调度命令的严肃性和权威性。

(2)行车调度要具备较高的业务水平和紧急处理能力。熟练掌握调度工作技术是做好安全指挥工作的基础。行车调度必须熟悉主要行车人员的情况,掌握车辆、线路、设备等方面的知识,熟知各项规章制度和各种行车作业的程序,掌握与其他调度的工作衔接,掌握处理各种行车意外情况和行车事故的方法,做到调度指挥胸有成竹、沉着冷静。

(3)发布调度命令要正确、完整、清晰。调度命令是城市轨道交通运输工作实行集中领导、统一指挥的具体体现和保证之一。具体要求如下:

①凡是指挥列车运行的命令和口头指示,只能由行车调度发布,有关行车人员必须坚决执行,不得违反。

②发布调度命令前应详细了解现场情况,听取有关人员意见。发布调度命令时应严格按行车相关规章办理,必须先拟后发,不得边拟边发。

③发布调度命令应按"一拟、二签、三发布、四复诵核对、五下达命令号码和时间"的程序办理。

④制定对常用的行车调度命令格式和用语的统一规定,使调度命令发布规范化、用语标准化,使调度命令内容更加准确、简练、清晰、完整。

⑤发布调度命令时为确保命令的传达准确无误,行车调度应指定其中一人复诵其口头命令内容,其他人核对,确保无误。书面调度命令须填写记录。

三、列车驾驶安全

列车驾驶安全是整个城市轨道交通行车安全工作的关键环节之一,是把好行车安全的最后一道关口。

1. 影响列车驾驶安全的主要因素

(1)行车纪律松弛、制度执行不严。纪律松弛,出乘标准化作业不落实,责任制贯彻不力,是影响安全行车的一大顽症。

(2)疲劳行车、带情绪开车。司机睡眠不足和将受外界环境影响而产生的情绪带入运行作业中,会产生生理、心理的疲劳,从而精力不济、精神不集中,给安全行车带来隐患。

(3)业务素质不高。由于技术问题及缺乏经验,司机业务水平不精,不能及时处理运行中的突发事件和故障。

(4)安全意识不强。司机思想波动大、情绪不稳定、责任心不强、行车纪律观念淡薄、臆测行车是造成行车事故的重要原因。

(5)行车技术、设备不完善。行车设备老化,技术结构不合理,使之不能适应实际行车的需要。

(6)风、雪、雷、电等恶劣气候及环境的影响。风、雪、雷、电等恶劣天气对安全运行的影响是不可低估的。列车司机对气候环境变化及对突发事件能否正确处置直接影响城市轨道交通运输的安全。

(7)安全管理及制度、规章的适用性存在缺陷。安全管理归根结底是对人的管理,而各项制度的健全和完善是行车安全的基础,是行车安全的依据,没有完整有效的制度与规定是制约安全行车的重要因素。

2. 不安全因素的控制

从安全运行管理的角度分析,行车事故是各种不安全因素相互作用的结果。因此,对行车不安全因素的控制是行车安全的重要环节。

(1)加强对司机的违章行为造成行车事故的管理与控制。许多行车事故案例表明,人的不安全行为是引起行车不安全的因素及行车事故的直接原因。因此,通过对列车司机的教育、培训、考核、惩戒等方法,可使列车司机对安全行车采取正确的态度。

(2)不断做好对列车司机的技术业务培训。司机的技术知识不足特别是安全行车知识的缺乏、没有经验是引起行车不安全的重要原因。通过加强安全行车知识和业务技术知识的学习,可使司机在技术和经验上得到提高,成为合格的操纵者。

(3)强化和改善对行车设备的管理。许多行车事故的发生都留下了行车设备技术状态不良的痕迹,因而应不断进行相关行车设备的技术改造,使行车设备功能符合运营要求。

(4)提高司机适应环境变化与处置突发事件的应变能力。由于运行环境的变化和行车中产生的突发事件难以预测,因而提高司机在发生意外事件时的应变能力是防止与减少行车事故的重要因素。应在不断学习的基础上,以各类预案和规定为依据,开展定期和不定期的讲解、演练、培训,以提高司机应变能力。

3. 列车安全驾驶的基本规定

(1)列车司机必须牢记"安全第一"的宗旨,严格按照安全制度、行车规则执行驾驶任务,驾驶列车时做到"三严格":

①严格遵守各种规章制度,正确执行各种作业程序,确保列车运行安全。

②严格按照运营时刻表及信号显示行车,工作时严守岗位,不得擅自离岗。

③严格遵守动车前认真确认"行车三要素":进路、信号、道岔。

(2)列车司机必须掌握列车的基本构造、性能,具有一般的故障处理能力,熟悉城市轨道交通线路和站场等基本设施情况,包括必须明确驾驶区段、站场线路纵断面等情况。

(3)列车司机必须掌握其他相关的业务知识并具有一定的应变能力。在列车的运行过程中,一般只有司机一个人值乘,而运行中的突发事件有着不可预测性,在事件的初期,往往只有司机能够最早发现,所以一名职业素质较好的司机应该而且必须掌握有关事件初期的处理方法,使事件能够在初期阶段得到控制和处置,减小损失,稳定现场局面。

(4)列车司机上岗值乘的必要条件。鉴于列车司机在整个运行过程中的重要作用,城市轨道交通管理部门规定了列车司机上岗值乘的必要条件。首先,司机必须经过考试合格,并取得列车驾驶证后方准独立驾驶列车;其次,脱离驾驶岗位3个月以上,如需再驾驶列车必须对业务知识和安全运行知识等进行再培训,并且考核合格,对其纪律性和身体状况、心理状况由相关管理部门及有关领导作出鉴定。

4. 列车驾驶作业安全准则

列车司机的操作应在正常情况下确保"准确",在非正常情况下确保"安全",所有操作均应动作紧凑、快速正确。列车驾驶作业包括调车作业、整备作业、正线作业、折返作业、站台作业等,具体的作业安全准则有以下内容:

(1)调车作业安全准则:

①设置铁鞋防溜时,不拿出铁鞋不动车。

②凭自身动力动车时,没有制动不动车。

③机车、车辆制动没有缓解不动车。

④调车作业目的不清不动车。

⑤调车作业没有联控不动车。

⑥没有信号或信号不清不动车。

⑦道岔开通不正确不动车。

⑧侵限、侵物不动车。

(2)整备作业安全准则:

①整备作业前必须了解列车停放位置及列车状态。

②检查列车走行部时,必须确认列车已降下受电弓。

③严禁跨越地沟,进行车底检查时戴好安全帽,应注意空间位置,避免碰伤。

④受电弓升起后,严禁触摸电气带电部分、进行地沟检查及攀登车顶。

⑤检查列车时必须佩戴检查灯、一字旋具,并严格按要求整备列车,列车没有经过整备严禁动车。

⑥车库内动车前,必须确认地沟无人和两侧无侵限物后方可动车。

（3）列车运行安全准则：
①司机在取得司机驾驶证并经鉴定合格后，方准独立驾驶。
②严格遵守各种规章制度，按照要求操作使用设备，正确执行各项作业程序，确保列车运行安全。
③严格按运营时刻表动车，动车前必须确认行车凭证。列车退行或推进运行时，运行前端必须有人引导。
④司机班前应注意休息，班中集中精力，保持不间断瞭望。严禁在列车运行中打盹、看书或干与工作无关的事。
⑤接受调度命令或行车指示时，司机必须认真逐句复诵并领会命令内容。
（4）折返作业安全准则：
①严格遵守交接班制度。
②关门前必须确认行车凭证、道岔、进路正确。
③动车前确认所有人员均在安全区域。
（5）站台作业安全准则：
①开关屏蔽门、车门时，必须严格执行开关门作业程序。
②列车到站停稳后，应先确认列车停在规定的范围内。
③跨出站台开关屏蔽门、车门时，应注意列车与站台间的空隙，避免摔伤。
④关屏蔽门、车门前应先确认车载信号或进路防护信号开放或者具有行车凭证。
⑤动车前，司机应确认屏蔽门、车门关好，同时确认屏蔽门与车门间空隙无人无物，方可进驾驶室。
（6）人身安全准则：
①升弓前，必须确认所有人员均在安全区域。
②严禁擅自带无关人员进入驾驶室，因工作需要有人登乘驾驶室时必须确认其相关登乘证件。
③在正线或出入场线，禁止未经行调同意擅自进入线路。

四、车站作业安全

车站的行车组织工作是在调度统一指挥下，合理运用车站的各项技术设备，负责车站行车控制指挥、施工及其他作业。

1. 车站安全工作的基本任务

（1）建立健全各类行车作业、管理的规章制度。这些制度包括车站行车控制室的管理、交接班制度、行车值班员岗位责任制等，对车站的行车组织工作进行规范管理，确保行车安全。
（2）进行车站各项安全检查，检查车站安全隐患并落实整改。
（3）建立各类事故预案，开展演练，以提高车站员工的应急处理能力，有效处理车站突发事件。

最终通过明确职责、落实责任、加强安全管理，确保车站行车、施工、治安、消防等工作以及车站员工、乘客人身安全和车站所辖设备运行安全。

2. 车站行车安全工作的基本要求

车站工作包括列车运行控制、车站的施工组织、接发列车作业等，其中各项作业均涉及行车安全。车站各项作业情况下的具体行车安全要求如下：

（1）列车运行控制。车站的列车运行控制根据整个系统列车运行控制方式的变化而变化。在调度集中控制方式下，车站行车组织的主要工作是监护行车运营状态；在自动控制方式下，车站除了对列车的运营状态进行监护外，如中控因故放权而由车站进行控制，则在有集中控制设备的车站应负责对列车的折返、进路排列等人工作业；在半自动控制方式下，车站负责列车运行控制的工作，人工操作信号设备进行接发车、调车等行车作业，并根据行调指令对列车运行进行调整；在非正常情况下，车站根据调度的指令，按规定的作业办法要求负责列车在车站的接车、发车、调车等作业。

（2）设备施工组织。在车站管辖范围内的任何施工均应在车站行车控制室登记，在得到行车值班员的签字确认后方可进行；对影响运营的施工检修作业，如信号设备检修、道岔检修等作业，必须得到调度的同意后方可进行。

（3）接发列车作业。车站员工应确保在各种控制方式下车站的接、发列车组织工作安全、有序。

五、接发列车作业安全

接发列车是城市轨道交通行车工作中最重要的环节之一。接发列车的作业安全直接关系到城市轨道交通的行车安全，因此，所有参与接发列车的作业人员，均应以高度的工作责任感认真履行岗位职责，严格执行规章规范，保证接发列车作业安全。

1. 接发列车作业安全基本知识

车站在办理接发列车作业时，列车车次、列车运行方向及运行指挥系统等，都是安全保证体系中的重要条件。

（1）列车车次与行车安全。列车车次具有区别列车种类、作业性质及其运行方向等重要作用，同时与行车安全密切相关。接发列车作业中，列车车次的误听、误传、误抄、误填，往往是造成行车事故的直接原因。为此，办理接发列车时，对列车车次必须传准听清，复诵无误，防止误听误传；抄写或填记行车簿册、命令及行车凭证时，要认真核对，防止误抄误填。车次不清楚时，必须立即询问，严禁臆测行车。

（2）列车运行方向与行车安全。列车运行方向也是保证接发列车及行车安全的重要条件之一。尤其是一端有两个及其以上列车运行方向的车站更须引起注意，在办理列车闭塞及下达接发车进路命令等作业事项时，均应冠以邻站方向或线路名称，以防止列车开错方向。

（3）列车运行指挥与行车安全。行车工作必须坚持集中领导、统一指挥、逐级负责的原则。为安全顺利地组织列车运行，列车运行的指挥工作应注意两点，即正确指挥和服从指挥。

列车运行的指挥工作首先应强调其安全正确性。日常行车作业中，行车调度错发、漏发调度命令，盲目指挥列车运行，或车站值班员错发、漏发接发列车命令，盲目指挥及错误操纵控制台等，往往都是造成列车事故的重要因素。因此，在指挥列车运行工作时，行车调度在发布命令之前，应详细了解现场情况，并听取有关人员的意见，以便正确下达指挥列车运行的调度命令和口头指示。

车站值班员在指挥及办理接发列车作业时，须认真遵守行车有关规章要求，严格执行接发列车作业规定，正确下达接发列车的有关命令，确保列车运行安全。

2. 接发列车作业惯性事故的种类及主要原因

车站在办理接车、发车和列车通过作业程序中发生的一切行车事故称为接发列车事故。

1）接发列车作业惯性事故的种类

（1）向占用区间发出列车。

（2）向占用线路接入列车。

（3）未准备好进路就接发列车。

（4）未办或错办闭塞就发出列车。

（5）列车冒进信号或越过警冲标。

（6）错误办理行车凭证发车或耽误列车。

2）发生接发列车惯性事故的主要原因

（1）当班人员离岗、打盹或做与接发列车作业无关的事情。

（2）办理闭塞时没有确认区间处于空闲状态。

（3）不按规定检查确认接发列车进路。

（4）不认真核对行车凭证。

（5）错办或未及时办理信号。

（6）取消、变更接发列车进路时联络不彻底。

3. 接发列车作业安全要求

接发列车作业,从办理闭塞、准备进路到开放信号、交递凭证,直至列车由车站发出或通过,其间任何一个环节的漏洞都可能埋下事故隐患,任何一项作业的差错都往往危及列车安全。因此,日常办理每一趟列车,均须高度重视,认真作业。

目前,国内外城市轨道交通均采用信号系统控制列车运行,监控列车运行安全。列车正常行车时,由信号系统自动控制,信号正常时车站不需要接发列车,只需由车站值班员、站台人员完成站台安全监控和乘客乘降的服务工作。只有遇到特殊情况（信号系统出现故障需人工排列进路组织列车运行时或列车退回车站等情况）须接发列车,应注意以下安全要求：

1）办理闭塞作业的安全要求

办理列车闭塞是接发列车的首要作业环节,是列车取得区间占用权的重要环节,也是较易发生列车事故的关键环节。

（1）办理闭塞前,必须认真确认区间已空闲。车站值班员在办理闭塞时,为防止向占用区间发出列车,在确认区间空闲时必须认真做好以下工作：

①检查确认前一列车是否完整到达。

②通过闭塞设备确认区间空闲。

③检查确认区间是否有列车占用。

④检查确认区间是否封锁。

⑤检查确认区间是否遗留车辆。

⑥检查确认区间内设有道岔时,发车进入正线的列车,区间道岔是否向正线开通并锁闭。

⑦检查确认有关记录情况。

⑧检查确认其他占用区间的情况。

（2）办理闭塞时,车次必须准确清晰。

（3）办理闭塞时,用语必须准确完整。

现场作业中,有的车站值班员承认闭塞时,仅简化回答"同意"两字而未复诵,未起到与相邻站互控、联控的作用,极易发生错办车次。为此,办理闭塞及承认闭塞时,均须完整按照行车标准用语执行。

2) 准备进路作业的安全要求

准备进路,泛指将列车经由车站所运行的线路安全开通。准备进路是接发列车工作中一项极为重要的作业环节,应引起注意的方面主要有:

(1) 确认接车线路空闲。车站在准备列车的接车进路或通过进路时,首先必须确认接车(通过)的线路空闲,以防止线路上存有机车、车辆及其他危及列车运行安全的障碍物等。为此,车站值班员和现场作业人员必须对接车(通过)进路线路是否空闲进行检查和确认;设有轨道电路及控制台上设有股道占用标识的,通过控制台对股道是否占用进行确认。

(2) 确认接发车进路正确无误。接发列车进路的正确与否,直接关系列车运行安全。因此,在接发列车作业中,对列车进路的确认极为重要,切不可疏忽。联锁设备正常时,车站可通过信号设备的显示来确认接发车进路;遇有联锁设备停用时,对列车进路的现场检查则更须严密细致,对进路上的道岔逐个确认,确认道岔位置正确及按要求加锁后,方可报告接发车进路准备妥当。

(3) 确认影响进路的其他作业已经停止。

3) 办理及交付行车凭证的安全要求

行车凭证是列车占用区间的依据,包括信号机显示、路票、调度命令等。有关作业人员办理行车凭证时,必须认真严谨,注意防止因差错而造成行车事故。

(1) 防误操作信号设备。信号是指示列车运行的命令。信号正常时,信号机上显示的准许列车运行的各种信号均为列车行车凭证。信号的开放和关闭至关重要。因此,车站值班员、信号员在操作信号设备时,必须全神贯注,精力集中,遵章守纪,严格坚持"眼看、手指、口呼"一致的确认操纵制度,确保信号指示准确无误。

(2) 防误填写行车凭证。使用路票、调度命令等书面凭证办理行车时,对其使用日期、区间、车次、地点、电话记录号码或调度命令号码等应特别注意。填写书面凭证后,必须逐字逐项复诵,认真进行核对,经确认无误后,方可交付使用,以防止因填写错误而导致行车事故。

4) 接发列车作业程序及用语要求

为确保接发列车作业的安全稳定,尤其在应急处理中,车站接发列车作业应按规定程序办理,并使用规定用语。随意简化,甚至颠倒或遗漏作业程序及用语,将危及行车安全。

5) 接送列车及指示发车作业的安全要求

接送列车及指示发车直接关系接发列车作业安全。在信号正常的情况下,车站原则上不办理接发列车作业,遇特殊情况(指信号联锁故障需要人工排列进路组织列车运行时,或列车开到区间因故障要退回车站等情况)须接发列车时,车站接发列车人员应严格执行接发列车作业程序。

(1) 确认列车整列到达。

(2) 严密监视列车运行安全状态。站台岗人员随时注意站台乘客动态,当客车进站时,应于站台扶梯口靠近紧急停车按钮附近站岗,防止乘客在关门时冲上车被夹伤,维护站台秩序,监督司机按规范动作关门。发车时,站台岗(或司机)若发现站台或屏蔽门异常,应立即用对讲机通知司机(或站台岗)并及时处理。

(3) 确认列车发车条件无误后,方可指示发车。

六、调车作业安全

调车作业是指除列车在正线运行、车站(车厂)到发以外的一切机车、车辆或列车的有目的的移动。在调车作业中发生的事故称为调车事故。一般来说,调车作业惯性事故分为撞、脱、挤、溜四种类型,即冲突、脱轨、挤岔、机车车辆溜逸。

1. 调车作业事故的常见原因

(1) 调车作业计划不清或传达不彻底。调车作业计划是信号员、调车组等调车作业相关人员统一的行动计划,如果调车作业计划本身不清,将造成调车进路排错,机车车辆进入线路;或者如果调车作业计划传达不彻底,将造成信号员及调机司机行动不一致,极易发生事故。

(2) 作业前检查不彻底,准备不充分。调车作业前,必须按规定提前排风,摘解风管,核对计划,确认进路,检查线路、道岔和停留车辆情况,手闸制动时要选闸、试闸,铁鞋制动时要准备足够、良好的铁鞋。

(3) 误排进路或未扳、错扳、临时扳动道岔或错误转动道岔。信号员误排进路或未扳、错扳、临时扳动或错误转动道岔,调车员和司机不认真确认信号及道岔位置,极易造成冲突、脱轨和挤岔事故。

(4) 调车手信号显示不标准。调车手信号显示不标准有三种情况:一是未按规定的要求显示信号;二是错过了显示信号的时机;三是错误地显示信号。上述情况都有可能导致事故的发生。

(5) 前端无人引导推进运行或推进车辆不试拉。推进作业时,前端无人引导,由于调车司机无法确认线路和停留车情况,极易造成撞车和挤岔事故。推进车辆不试拉,一旦车辆中有假连接,制动或停车时车辆脱钩发生溜逸,也容易发生撞车、脱轨、挤岔和溜逸等事故。

(6) 没按规定采取防溜措施。调车作业在线路上停放车辆时,如不按规定采取防溜措施,极易发生车辆溜逸事故,一旦车辆溜逸入区间,后果不堪设想。

2. 调车作业安全的基本要求

1) 调车作业指挥及各岗位作业要求

(1) 车场调车工作由车场调度员集中领导、统一指挥,车场值班员负责办理接发列车、排列列车进路和调车作业进路控制,调车作业人员应按相关标准和调车作业计划单执行。

(2) 车场调度员应根据机车车辆(包括客车)、线路、设备检修计划和现场作业情况,科学、合理地编制调车作业计划,组织调车人员安全、及时地完成调车任务。

(3) 调车作业由调车员单一指挥,根据调车作业计划单,正确、及时地显示信号,指挥调车司机,并注意行车安全。

(4) 调车司机应根据调车员的信号,准确、平稳地操纵机车,时刻注意确认信号,不间断进行瞭望,正确、及时地执行信号显示要求,负责调车作业安全。

(5) 车场值班员根据调车作业计划单和现场作业情况、机车车辆(包括客车)停放股道,正确、及时地排列调车进路、开放调车信号,做到随时监控机车车辆运行、干一钩勾划一勾。

2) 编制和布置调车作业计划的基本要求

(1) 编制调车作业计划。编制计划必须在确保安全的前提下,充分考虑调车效率,做到有调车机车名称,有编解或摘挂车次,有作业起止时间,有编制人员姓名、日期。一批作业超过3钩或变更计划超过3钩,应使用调车作业通知单。

(2)布置调车作业计划。要正确及时布置调车作业计划。调车领导人要将调车作业计划亲自传达给调车员,调车员要亲自传达给参加调车作业的司机。调车员必须确认有关人员均已了解调车作业计划后方可开始作业。

(3)变更调车作业计划。变更计划时,调车领导人必须停止调车作业,将变更内容重新传达给每一名作业人员,确认无误后方可作业。

3)调车作业前准备工作的基本要求

认真检查线路、道岔、停留车情况:一是检查进行调车作业的线路上有无障碍物,二是检查停留车位置,三是检查防溜措施,四是检查确认道岔开通位置,五是检查"道沿"距离,检查确认无误后,方可作业。

4)调车作业显示信号的基本要求

目前,有部分城市轨道交通企业已在车场内进行调车作业和正线工程车推进运行时已采用无线调车电台进行现场指挥。正常情况下,使用无线调车电台指挥调车作业及进行调车作业人员相互间的联系,但在该设备发生故障时,则改用手信号指挥调车作业。因此,调车作业人员不但要熟悉信号显示内容,还必须熟练掌握显示方法。显示信号时,应严肃认真,做到位置适当,正确及时,横平竖直,灯正圈圆,角度准确,段落清晰。

(1)正确选择显示信号的位置。调车员应站在易于瞭望、能确认前方进路又能使司机看见信号的位置上显示信号。

(2)正确显示连挂信号。在推进车辆连挂作业时,为了使司机及时了解调车车辆与停留车之间的距离,调车员应显示连挂信号和距离信号,以做到平稳连挂。没有显示连挂信号和距离信号不准挂车。调车员显示信号后,没有听到司机鸣示回示信号时,要立即显示停车信号。机车、车组接近被连挂车辆不少于1m时一度停车,确认车钩位置正确后再连挂。确认连挂好后,推动车辆前应指挥司机进行试拉。

5)调车运行安全的基本要求

(1)调车作业四禁止:设备或障碍物侵入线路设备限界时,禁止调车作业;禁止提活钩、溜放调车作业;客车转向架液压减振器被拆除但空气弹簧无气时,禁止调车作业;禁止两组车组或列车同时在同一条股道上相对移动。

(2)车场值班员正确、及时地排列调车进路、开放调车信号,做到随时监控机车车辆运行。调车作业中,司机与车厂值班员应保持联系,严格执行呼唤制度。

(3)调车作业中,司机要准确掌握速度,在瞭望条件差、天气不良等非常情况下应适当降低速度。

(4)在尽头线上调车时,距线路终端应有10m的安全距离。遇特殊情况须小于10m时,应与司机联系,严格控制速度并采取防溜措施。

(5)在机车、车辆移动中,作业人员禁止有下列行为:在平板车的侧板或端板、支架上坐立;站在车梯上探身过远;在装载易于窜动货物的车辆间和货物空隙间站立或坐卧;骑坐车帮,跨越车辆;进入线路内摘挡或调整钩位;在机车前后端坐立。

6)车辆停留、防溜及止轮器存放的规定

(1)在连接线、牵出线、洗车线、走行线(接发列车时除外)、试车线、咽喉道岔区禁止停放机车车辆。在其他线路存放车辆时,应经车场调度员同意,方可占用。机车车辆应停在线路两端信号机内一侧。

(2)工程机车、轨道车停放在带电区时,应在上车顶扶梯处悬挂"高压电,禁止爬上"标志。

(3)调车作业,应做到摘车时先做好防溜(电客车应恢复气制动和停车制动,工程车拧紧手闸,必要时放置铁鞋)后再摘车;挂车前应首先检查防溜措施状况,确认无误后才能挂车,挂妥后再撤除防溜。

(4)铁鞋应统一放置于机车车辆一侧的车轮下,撤除防溜后,铁鞋应及时放归原位。

第二节　电气安全

电气安全

电能具有便于输送、容易控制、用途广泛和利用效率高的特点,有利于实现生产过程自动化,已被广泛应用于工业、农业和人民生活等各个领域。电能在造福人类的同时,也带来了一定的危险。如果对电能可能产生的危害认识不足,缺乏用电安全知识,使用不当,控制和防护措施不到位,或安全管理不到位和运行维护不当等,将会发生异常情况,甚至造成人身伤害和财产损失。因此,在企业生产和日常生活中,必须重视电气安全。

一、电气安全基本知识

1. 电气事故的特点

(1)电气事故所造成的危害大。电气事故往往会影响生产和生活,造成财产损失和人员伤害,甚至还可能造成人员死亡,影响社会秩序。

(2)电气事故所引发的危险难以直接识别。由于电能看不见、听不到、嗅不着,比较抽象,不具备可直观识别的特征。因此,电能传输和使用过程中引发的危险不易为人们所察觉,电气事故往往来得猝不及防。

(3)电气事故涉及领域广。电气事故不仅发生在用电领域(如触电、设备和线路故障等),还可能发生在一些非用电场所,这是因为电能的释放也会造成灾害或伤害(如雷电、静电和电磁场危害等)。电能的使用十分广泛,只要使用电,就有可能发生电气事故,因此必须重视电气安全,考虑电气事故的防护问题。

2. 触电事故种类及电流对人体的危害

触电指电流流过人体时对人体产生的生理和病理伤害。触电事故是由电流及其转换成的能量造成的事故。

1) 触电事故种类

触电事故分为电击和电伤两种类型。

(1)电击。电击是电流直接作用于人体所造成的人体内部组织在生理上的反应和病变伤害,也就是通常说的"触电是最危险的一种伤害。"绝大部分触电事故都是由电击造成的。电击可分为直接接触电击和间接接触电击。前者是触及正常状态下的带电体时发生的电击,后者是触及正常状态下不带电而在故障状态下意外带电的带电体时发生的电击。

(2)电伤。电伤是电流的热效应、化学效应、机械效应等效应对人体造成的伤害,如电弧烧伤、电流灼伤、电烙印、皮肤金属化、机械性损伤、电光等。电弧烧伤是最危险的电伤,因电弧温度高达8000℃,可造成大面积深度烧伤,甚至烧焦。

2) 电流对人体的危害

电流对人体的危害程度与通过人体的电流大小、通电持续时间、电流的种类、电流通过途径、触电者的健康状况以及作用于人体的电压等因素有关。

(1)通过人体的电流大小。通过人体的电流越大,人体的生理反应就越强烈,病理状态就越严重,对人体的伤害就越大。

(2)通电持续时间。电流通过人体的持续时间越长,越容易引起心室颤动,触电后果越严重。

(3)电流的种类。直流、交流和高频电流对人体的危害程度不同,通常高频电流对人体的危害最为严重。

(4)电流通过途径。电流对人体的伤害程度主要取决于心脏受损的程度,不同途径的电流对心脏有不同的损害程度。最危险的电流途径是从左手到前胸。其实,从左手到脚或从右手到左手的电流途径都较危险。

(5)触电者的健康状况。触电的危险性与人的健康状况有关。触电者的性别、年龄、健康状况、精神状态和人体电阻都会影响触电后果。触电对心脏病、肺病、内分泌失调及精神病等患者最危险,触电死亡率最高。

(6)作用于人体的电压。作用于人体的电压越高,通过人体的电流就越大,对人体的伤害也越严重。我国规定适用于一般环境的安全电压为36V。

3. 电气安全常识

(1)不得私拉、乱拉电线,不得私用电炉。

(2)不得超负荷用电,不得随意加大熔断器的熔体规格或以铜丝或铁丝代替原有的铝锡合金熔丝。

(3)装拆电线和电气设备应由电工进行,避免发生短路和触电事故。

(4)不能在电线上晾晒衣物,以防电线绝缘破损,漏电伤人。

(5)不得在架空线路和室外变配电装置附近放风筝,以免造成短路或接地故障。

(6)不得用鸟枪或弹弓打停在电线上的鸟,以免击毁线路绝缘子。

(7)不得攀登电线杆和变配电装置的构架。

(8)移动电器的插座一般应采用带保护接地(PE)的插座。

(9)所有可触及的设备外露可导电部分必须接地,或接中性线(PEN线)或保护线(PE线)。

(10)当电线断落在地上时,不可走近,不能用手去捡。对落地的高压线,禁止人员进入距离落地点8~10m的范围;如果此时已有人在8~10m内,不要跨步奔走,应单足或并足跳离危险区,以防跨步电压触电,遇此断线接地故障,应划定禁止通行区,派人看守,并及时通知电工或供电部门前往处理。

(11)在打扫卫生、擦拭设备时,严禁用水冲洗,或用湿抹布擦拭电气设施,以防发生短路和触电事故。

(12)如遇有人触电,应按规定方法进行急救处理。

二、触电事故防护技术

触电事故分为直接触电和间接触电两种,这两种事故发生在电路或电气设备的不同状态下,因而防护措施也各不相同。

1. 直接触电防护技术

直接触电防护技术措施主要有绝缘、屏护和间距等。

1)绝缘

绝缘是用绝缘材料把带电体封闭起来。电气设备的绝缘应符合其相应的电压等级、环境条件和使用条件。绝缘良好是保证设备正常运行的必要条件;绝缘不良会导致设备漏电、短路,从而引发设备损坏及触电事故。因此,绝缘防护是最基本的安全防护措施。

(1)常用绝缘材料。绝缘材料又称电介质,它在直流电压的作用下,只有极小的电流通过。电工技术上将电阻率大于$10^7\Omega\cdot m$的材料称为绝缘材料。绝缘材料按形态可分为气体绝缘材料、液体绝缘材料和固体绝缘材料;按化学性质可分为无机绝缘材料、有机绝缘材料和混合绝缘材料。

常用的气体绝缘材料有空气、氮气、氢气、二氧化碳和六氟化硫等;常用的液体绝缘材料有矿物油、硅油、蓖麻油、十二烷基苯和二芳基乙烷等;常用的固体绝缘材料有电瓷、云母、玻璃、绝缘纤维制品、绝缘浸渍纤维制品、绝缘漆、绝缘胶、电工薄膜、复合制品、胶粘带、电工用塑料和橡胶等。

(2)绝缘破坏。绝缘材料在运行中电气性能逐渐恶化甚至被击穿而发生短路或漏电事故的现象,称为绝缘破坏。包括绝缘击穿和绝缘老化两种情况。

①绝缘击穿。绝缘材料在强电场等因素作用下发生破坏性放电的现象称为击穿。绝缘击穿的特点是电压作用时间短,击穿电压高。击穿场强与电场均匀程度有密切关系,但与周围温度及电压作用时间几乎无关。

②绝缘老化。引起老化的因素很多,主要有热的作用、电的作用(包括局部放电的作用)、机械力的作用以及周围环境的影响,如受潮等。

2)屏护

屏护是采用遮栏、护罩、护盖、箱盒、挡板等把带电体同外界隔离开来。屏护装置的作用有:

(1)防止工作人员意外碰触或过分接近带电体,如遮栏、栅栏、保护网、围墙等。

(2)作为检修部位与带电部位的距离小于安全距离时的安全措施,如绝缘隔板等。

(3)保护电气设备不受机械损伤,如低压电器的箱、盒、盖、罩、挡板等。

屏护装置应与带电体保持足够的安全距离,并根据现场需要配以明显的标志以引起人们的注意,还应有足够的力学强度和良好的耐火性能。金属材料制造的屏护装置应可靠接地(或接零)。遮栏、栅栏应根据需要挂标示牌。遮栏出入口的门上应安装信号装置和联锁装置。

3)间距

为防止发生人身触电事故和设备短路或接地故障,带电体与带电体之间、带电体与地面之间、带电体与其他设施之间,必须保持一定的距离,称为安全距离或安全间距,可简称间距。安全距离的大小取决于电压的高低、设备状况和安装方式等因素。

安全距离的项目较多,有变配电设备的安全净距离、架空线路的安全距离、电缆线路的安全距离、室内外配线的安全距离、低压进户装置的安全距离、低压用电装置的安全距离、检修时的安全距离、带电作业时的安全距离等。

2.间接触电防护技术

电气设备在运行中发生漏电或击穿(俗称"碰壳")时,正常运行时不带电的金属外壳以及与之相连的金属结构便带有电压,此时人体触及这些外露的金属部分所造成的触电,称为间接触电。间接触电防护技术有保护接地、保护接零等。

3.其他触电防护技术

1)双重绝缘和加强绝缘

双重绝缘是指除基本绝缘（工作绝缘）外，还有一层独立的附加绝缘（保护绝缘），用来保证在基本绝缘损坏时，对操作者进行触电保护。工作绝缘是带电体与不可触及的导体之间的绝缘，是保证设备正常工作和防止电击的基本绝缘；保护绝缘是不可触及的导体与可触及的导体之间的绝缘，是当工作绝缘损坏后用于防止电击的绝缘。加强绝缘是指绝缘材料对力学强度和绝缘性能都加强了的基本绝缘，它具有与双重绝缘相同的触电保护能力。

具有双重绝缘的电气设备工作绝缘电阻不得低于 $2M\Omega$，保护绝缘的绝缘电阻不得低于 $5M\Omega$，加强绝缘的绝缘电阻不得低于 $7M\Omega$。

2)安全电压

安全电压是在一定条件下、一定时间内不危及生命安全的电压。它是根据人体电阻、安全电流、环境条件而制定的电压系列。这个电压系列的上限值为：在任何情况下，两导体间或任一导体与地之间均不得超过交流(50~500Hz)有效值50V。我国规定工频有效值的额定值有42V、36V、24V、12V和6V。

凡在特别危险的环境中使用的携带式电动工具应采用42V安全电压；凡在有电击危险的环境中使用的手持照明灯和局部照明灯应采用36V或24V安全电压；在金属容器内、隧道内、水井内以及周围有大面积接地导体等工作地点狭窄、行动不便的环境中应采用12V安全电压；水下作业及接触人体的医疗器械等应采用6V安全电压。安全电压是相对安全的电压，而非绝对安全。因此，应用安全电压时应注意下列事项：

(1)采用安全隔离变压器作为安全电压的电源，不得采用电阻降压或自耦变压器。安全隔离变压器的一次侧与二次侧之间有良好的绝缘，其他还可用接地的屏蔽进行隔离。安全电压侧应与一次侧保持双重绝缘的水平。

(2)安全电压回路必须与其他电气系统和任何无关的可导电部分保持电气隔离，防止接地(不得与大地、中性线和保护零线、水管、暖气管道等连接)，但安全隔离变压器的铁芯应该接地。

(3)安全电压的插销座不得带有保护插头或插孔，并应有防止与其他电压等级的插销座互相插错的安全措施。

3)电气隔离

电气隔离指工作回路与其他回路实现电气上的隔离。电气隔离是通过1:1(即一次侧、二次侧电压相等)的隔离变压器来实现的。电气隔离通过阻断在二次侧工作的人员单相触电时电流的通路来确保人身安全。

电气隔离的电源变压器必须是隔离变压器，二次侧必须保持独立，应保证电源电压 U 不超过500V、线路长度不超过200m。

4)漏电保护

漏电保护装置主要用于防止由漏电引起的触电事故或防止单相触电事故，也用于防止漏电火灾及监视或切除一相接地故障。漏电保护装置有电压型和电流型两大类，目前我国及世界各国广泛采用电流型。

电流型漏电保护装置的动作电流分为15个等级。其中30mA及以下的属高灵敏度，主要用于防止触电事故；30mA以上、1000mA及以下的属中灵敏度，用于防止漏电火灾和触电事故；1000mA以上的属低灵敏度，用于防止漏电火灾和监视一相接地故障。为了避免误动作,保护装置的额定不动作电流不得低于额定动作电流的1/2。

漏电保护装置的动作时间指动作时的最大分断时间。为了防止各种人身触电事故,漏电保护装置宜采用高灵敏度、快速型的装置,其额定动作电流与动作时间的乘积不超过30mA·s。

以下场所必须安装漏电保护装置:

(1)建筑施工场所、临时线路的用电设备。

(2)除Ⅲ类设备外的手持式电动工具、除Ⅲ类设备外的移动式生活日常电器、其他移动式机电设备及触电危险性大的用电设备。

(3)潮湿、高温、金属占有系数大的场所及其他导电良好的场所,以及锅炉房、水泵房、浴室、医院等辅助场所。

(4)新制造的低压配电盘、动力柜、开关柜、操作台、试验台等。

三、雷电危害及安全防护技术

雷电是自然界的一种大气放电现象。当雷电流流过地表的被击物时具有极大的破坏性,其电压可达数百万伏至数千万伏,电流达几十万安,造成人畜伤亡、建筑物燃烧或炸毁、供电线路停电、电气设备损坏及电子系统中断等严重事故。

1.雷电的种类

(1)从危害角度分类,雷电可分为直击雷、感应雷和雷电侵入波三种。

①直击雷。直击雷是雷电直接击中电气设备、线路或建筑物,其过电压引起强大的雷电流,通过这些物体放电入地,从而产生破坏性极大的热效应和机械效应,相伴的还有电磁效应和闪络放电。直击雷云放电分为先导放电、主放电、余光三个阶段。约50%的直击雷有重复放电特征。

②感应雷。感应雷分为静电感应雷和电磁感应雷。感应雷是雷电未直接击中电气设备、线路或建筑物,而是由雷电对设备、线路或其他物体的静电感应或电磁感应所产生的过电压,造成屋内电线、金属管道和大型金属设备放电,引起建筑物内的易爆危险品爆炸或易燃品燃烧。

③雷电侵入波。雷电侵入波是指雷电在架空线路、金属管道上产生冲击电压,使雷电波沿线路或管道迅速传播。若雷电波侵入建筑物内,可造成配电装置和电气线路绝缘层击穿、电子系统损坏,或使建筑物内易燃易爆物品燃烧和爆炸。

(2)根据雷电的不同形状,雷电可分为片状、线状和球状三种形式。其中最常见的是线状雷。球状雷是雷电放电时产生的球状发光带电气体。

2.雷电的危害

雷电有很大的破坏力,有电性质、热性质、机械性质等多方面的破坏作用。它会造成设备或设施的损坏,造成大面积停电和生命财产损失。

(1)火灾和爆炸。直击雷放电的高温电弧、巨大的雷电流、球雷侵入、二次放电都可直接引起火灾和爆炸。电气设备的绝缘若被雷电波产生的冲击电压击穿,也可间接引起火灾和爆炸。

(2)触电。雷云可直接对人体放电、二次放电和球雷打击,雷电流产生的接触电压和跨步电压等都可以直接使人触电。因雷击,电气设备绝缘被击穿,也可使人遭到电击。雷击时产生的火花、电弧还可以使人遭到不同程度的烧伤。

(3)设备和设施毁坏。雷击产生的高电压、大电流伴随的汽化力、静电力、电磁力可毁坏重要电气装置、建筑物及其他设施。

(4)大面积停电。雷电放电产生极高的冲击电压,可击穿电气设备的绝缘,损坏电气设备和线路,可能导致大面积停电。

3. 设备和设施防雷

(1)直击雷的防护。直击雷防护的主要措施是采取防直击雷的措施,如装设避雷针、避雷线、避雷网、避雷带。一般来说,建筑物的易受雷击部位,遭受雷击后果比较严重的设施或堆料,高压架空电力线路、发电厂和变电站等,应采取防直击雷措施。

(2)二次放电的防护。防雷装置遭受雷击时,其接闪器、引下线和接地装置都出现很高的冲击电压,可能击穿邻近的导体之间的绝缘,造成二次放电。为了防止二次放电,必须保证邻近导体与接闪器、引下线、接地装置之间有足够的安全距离。在任何情况下,防雷建筑物防止二次放电的最小距离要满足要求,不能满足间距要求时应予以跨接,带电体可加装避雷器或保护间隙。

(3)感应雷的防护。为了防止静电感应雷,应将建筑物内不带电的金属装备、金属管道、结构钢筋连成整体并予以接地。为了防止电磁感应雷,应将平行管道、相距不到100mm的管道用金属线跨接起来,管道接头、弯头等接触不可靠的地方,也应用金属线跨接。

(4)雷电冲击波的防护。为了防止雷电冲击波侵入变配电装置,可在线路引入端安装避雷器。

4. 人身防雷

(1)发生雷暴时,尽量减少在户外或野外逗留;在户外或野外最好穿塑料等不浸水的雨衣、胶鞋;如有条件,可进入有宽大金属构架或有防雷设施的建筑物、汽车或船只。

(2)雷暴时,应尽量离开小山、小丘、隆起的小道、水面及水陆交界处,应尽量避开铁丝网、金属晒衣绳及旗杆、烟囱附近,不宜躲在大树底下,不宜进入没有防雷保护的低矮建筑物。

(3)若遇到突然雷雨,当头发变硬并竖起来时,应该蹲下,降低自己的高度,同时将双脚并拢,减少电压带来的危害。

(4)若在高架、地面线路上遇到打雷时,应尽量远离接触轨设备,双脚并拢蹲下,尽可能使人体高度低于周围设备设施,利用打雷的间隙,及时回到室内避雷、避雨。

(5)雷暴时,在户内应离开照明线、动力线、电话线、广播线、收音机和电视机电源线、收音机和电视机天线以及与其相连的各种金属设备。

(6)打雷时,应停止地面段及高架段接触轨区域的作业,禁止在露天段接触轨设备或与露天段接触轨设备有电气相连的设备上作业。

(7)雷雨天气时要注意关闭门窗。

四、静电危害与消除

1. 静电的产生

最常见的产生静电的方式是接触—分离起电。当两种物体接触,其间距小于25×10^{-8}cm时,将发生电子转移,并在分界面两侧出现大小相等、极性相反的两层电荷。当两种物体迅速分离时即可能产生静电。

在下列工艺过程中比较容易产生和积累危险静电:

(1)固体物质大面积摩擦。

(2)固体物质的粉碎、研磨过程,粉体物料的筛分、过滤、输送、干燥过程,悬浮粉尘的高速运动。

(3)在混合器内搅拌各种高电阻率物质。

(4)高电阻率液体在管道中高速流动、液体喷出管口、液体注入容器。

(5)液化气体、压缩气体或高压蒸气在管道中流动或由管口喷出。

(6)穿化纤布料衣服、高绝缘鞋的人员在操作时行走、起立等。

2. 静电的特点

(1)电压高。虽然静电能量不大,但其电压很高。固体静电电压可达 $25 \times 10^4 V$ 以上,液体静电和粉体静电电压可达数万伏,气体静电和蒸气静电电压可达1000V以上,人体静电电压也可达1000V以上。

(2)泄漏慢。由于积累静电的材料的电阻率都很高,因此其上的静电泄漏很慢。即使在产生静电的过程停止以后,在较长一段时间内,仍然存在静电危险。

(3)产生感应电压。由于静电感应或感应起电,可能在导体上产生很高的电压,导致危险的火花。

(4)影响因素多。静电的产生和积累受材质、杂质、物料特征、工艺设备(如几何形状、接触面积)和工艺参数(如作业速度)、湿度和温度、带电历程等因素的影响。由于静电的影响因素多,静电事故的随机性也强。

3. 静电的危害

工艺过程中产生的静电可能引起爆炸和火灾,也可能使人遭到电击,还可能妨碍生产。其中,爆炸或火灾是静电危害中最为严重的危害。

4. 防静电措施

(1)环境危险程度控制。静电引起爆炸和火灾的条件之一是有爆炸性混合物存在。为了防止静电的危害,可采取取代易燃介质、降低爆炸性混合物的浓度、减少氧化剂含量等控制所在环境爆炸和火灾危险程度的措施。

(2)工艺控制法。工艺控制法就是在工艺流程、设备结构、材料选择和操作管理等方面采取适当的措施,限制静电的产生或控制静电的积累,使之达不到危险的程度。例如,限制输送物料的流速,选用合适的材料,改变灌注方式,加速静电电荷的消散等。

(3)泄漏导走法。泄漏导走法即在工艺过程中,采用空气增湿、加抗静电添加剂、静电接地和规定静止时间的方法将带电体上的电荷向大地泄漏消散,以保证安全生产。

(4)采用静电中和器。静电中和器是能产生电子和离子的装置。静电中和器产生的电子和离子能与物料上的静电电荷中和,从而消除静电的危险。静电中和器主要用来消除非导体上的静电。

(5)加强静电安全管理。静电安全管理的目的是防止静电事故,以及尽量限制静电灾害的范围。静电安全管理包括制定静电安全操作规程、制定安全指标、进行静电安全教育、实行静电检测管理等内容。

(6)人体防静电。人体防静电主要是防止带电体向人体放电或人体带静电所造成的危害。可采用接地、穿防静电鞋和防静电工作服等具体措施,减少静电在人体上的积累。同时要加强规章制度和安全技术教育,保证静电安全操作。

五、电焊安全

1. 线路安全要求

合理选择电焊电缆截面,绝缘要符合规定,一般电焊机一次绝缘电阻不应低于1MΩ,二次绝缘电阻不应低于0.5MΩ。电焊机电源线一般以20~30m为宜。严禁利用厂房、金属结构、管道、轨道和其他金属件搭接作导线用。电焊机应有可靠的接地接零设施,地线接头要牢固,禁止用钢丝绳或机电设备代替零线。

2. 防触电措施

要保证电焊设备绝缘,并与所采用的电压等级相适应,防止周围环境和运行条件损坏绝缘。在潮湿地点作业时,应站在绝缘板或干木板上,要采用护栏、护罩、盒箱等作为屏护,使带电体与外界隔开。另外,要保证设备的带电体与人体及其他设备保持一定间距。电焊机的电源上应装设有隔离电器、主开关和短路保护装置,还可以安装空载自停装置。

3. 电焊作业环境

雷雨时,禁止露天作业;禁止在带压力的容器和管道上施焊。在危险环境中作业,如在油槽、气柜、锅炉、管道等金属构件和狭小场所作业时,要使用安全电压,并用橡胶垫绝缘,同时设专人监护。焊接容器时,要防止残留气体或液化气而导致爆炸事故。

4. 防弧光辐射

电焊工应按规定穿戴防护服、手套、鞋盖及面罩。在焊接固定处所设置防护屏。电焊工的防护用品还应能防止烧伤和射线伤害。

5. 通风防尘

在各类电焊作业中,焊接烟尘是一个严重的问题。烟尘中含有大量有害物质,因此,在作业时应加强通风。在室内或密闭处所施焊时,应使用局部抽风装置,抽风罩要尽可能接近作业点。焊接前,要清除焊点周围的涂料、塑料和污物,以减少烟尘。

六、电气系统故障

电气系统故障引发的事故包括异常停电、异常带电、电气设备损坏、电气线路损坏、短路、断路、接地、电气火灾等。

异常停电指在正常生产过程中供电突然中断。异常停电会使生产过程陷入混乱,造成经济损失,甚至还会造成事故和人员伤亡。在工程设计和安全管理中,必须考虑到异常停电的可能,从技术和管理角度消除或尽量减少异常停电可能造成的损失。

异常带电指在正常情况下不应带电的设备设施或其中的部分意外带电。异常带电容易导致人员受到伤害。在工程设计和安全管理中,应当充分考虑到这一因素,适当安装漏电保护器等安全装置和采取保护接地(零)措施,保证人员不受到伤害。

异常带电比异常停电危害更大。

七、手持电动工具和移动式电气设备的使用

手持电动工具和移动式电气设备是最常用的小型电气设备,也是容易发生触电事故的用电设备。手持电动工具包括手电钻、手砂轮、冲击电钻、电锤、手电锯等。移动式电气设备包括振捣器等电气设备。

1. 手持电动工具的分类

手持电动工具按电气安全保护措施分Ⅰ类、Ⅱ类、Ⅲ类。Ⅰ类工具为金属外壳，电源部分具有绝缘性能，外壳也是绝缘体，适用于干燥场所；Ⅱ类工具具有双重绝缘性能，不仅电源部分具有绝缘性能，外壳也是绝缘体，工具铭牌上有"回"字标记，适用于比较潮湿的作业场所；Ⅲ类工具采用安全电压，适用于特别潮湿的作业场所和在金属容器内作业。

2. 触电危险性

手持电动工具和移动式电气设备是易引发触电事故的用电设备，主要是因为：

（1）这些工具和设备是用手持握，一旦工具外壳带电，将造成操作者触电，同时，操作者一旦触电，由于肌肉收缩而难以摆脱带电体，容易造成严重后果。

（2）这些工具和设备有很大的移动性，其电源线容易受拉、磨而损坏，电源线连接处容易脱落而使金属外壳带电，也容易造成严重后果。

（3）这些工具和设备没有固定安装，运行时振动大，而且可能在恶劣的条件下运行，本身容易损坏而使金属外壳带电，导致触电事故。

3. 安全使用条件

（1）Ⅱ类、Ⅲ类设备没有保护接地或保护接零的要求，Ⅰ类设备必须采取保护接地或保护接零措施，设备的保护线应接到保护干线上。

（2）在潮湿或金属构架上等场所，必须使用Ⅱ类或Ⅲ类设备。在锅炉内、金属容器内、管道内等狭窄的特别危险场所，应使用Ⅲ类设备。

（3）在一般场所，为保证使用的安全，应选用Ⅱ类设备，并装设漏电保护器、安全隔离变压器等。否则，使用者必须戴绝缘手套、穿绝缘鞋或站在绝缘垫上。装设的漏电保护器的额定动作电流应不大于15mA，动作时间应不大于0.1s。

（4）使用Ⅰ类设备应配用绝缘手套、绝缘鞋、绝缘垫等安全用具。

（5）移动式电气设备的保护零线（或地线）不应单独敷设，而应当与电源线采取同样的防护措施，即采用带有保护芯线的橡皮套软线作为电源线。设备的软电缆及其插头不得任意接长、拆除或调换。

（6）移动式电气设备的电源插座和插销应有专用的接零（地）插孔和插头。其结构应能保证插入时接零（地）插头在导电插头之前接通，拔出时接零（地）插头在导电插头之后拔出。严禁直接将电线的金属丝插入插座。

（7）专用电缆不得有破损或龟裂，中间不得有接头。电源线与设备之间防止拉脱的紧固装置应保持完好。设备的软电缆及其插头不得任意接长、拆除或调换。

4. 使用安全要求

（1）使用前辨认铭牌，检查工具或设备的性能是否与使用条件相适应。

（2）检查其防护罩、防护盖、手柄防护装置等有无损伤、变形或松动。若发现工具外壳、手柄有破裂，应停止使用并及时更换。

（3）检查开关是否失灵、破损，是否牢固，接线是否松动。

（4）电源线应采用橡皮绝缘电缆；单相用三芯电缆，三相用四芯电缆；电缆不得有破损或龟裂，中间不得有接头。

（5）Ⅰ类设备应有良好的接零或接地措施，且保护导体应与工作零线分开；保护零线（或地线）应采用规定的多股软铜线，且保护零线（地线）最好与相线、工作零线在同一护套内。

（6）非专业人员不得擅自拆除和修理手持电动工具。

(7)严禁超载使用,注意声响和升温,发现异常应立即停机检查。

八、高压电气安全

运用中的电气设备是指全部带有电压、一部分带有电压或一经操作即带有电压的电气设备。电压等级在1000V及以上的电气设备称为高压电气设备,电压等级在1000V以下的电气设备称为低压电气设备。

1. 一般安全规定

(1)变电所的所有电气设备自第一次受电开始即认定为带电设备,之后,上述设备的一切作业必须按安全工作规程严格执行。

(2)若有停电的甚至是因事故停电的电气设备,在未断开有关断路器和隔离开关并按规定做好安全措施前,不得进入相关的设备区,且不得触摸该设备,以防突然来电。

(3)任何人发现有违反规程的情况应立即制止,经纠正后才能恢复作业。各类作业人员有权拒绝违章指挥和强令冒险作业;在发现直接危及人身、电网和设备安全的紧急情况时,有权停止作业或者在采取可能的紧急措施后撤离作业场所,并立即报告。

(4)在设备因事故停电时,若已派出人员到现场巡查,在未与现场人员取得联系前,不得对停电设备重新送电。

(5)当作业人员进入电容器室(柜)内或在电容器上工作时,要将电容器逐个放电,并进行接地和做好其他安全措施后方可作业。

(6)当电气设备着火时,要立即将该设备电源切断,然后按规定采取有效措施灭火。

(7)在变电所内作业时,带电部分严禁用棉纱、酒精等物品擦拭,以防起火。

(8)在所有供电设备附近搬动梯子或长大工具、材料、部件时,要时刻注意与带电设备部分保持足够的安全距离,并防止碰伤六氟化硫封闭式组合电器等设备的外壳。

(9)在室内给设备充装六氟化硫(SF_6)气体时,周围环境的相对湿度应不大于80%,同时必须开启通风系统,并避免六氟化硫(SF_6)气体泄漏到工作区。工作区空气中六氟化硫(SF_6)气体含量不得超过$1000\mu L/L$。

2. 安全教育规定

(1)对从事供电运行和检修工作的人员每年要进行一次安全考试。因故间断电气工作连续3个月以上或者因职务或工作岗位变更而需提高安全等级的人员,应重新学习安全工作规程,并经考试合格后方能恢复工作。

(2)新参加变电所运行和检修工作的人员、实习人员和临时参加劳动的人员(管理人员、临时工等),应经过安全知识教育后,方可下现场参加指定的工作,并且不得单独工作。

3. 高压设备巡视规定

一般情况下,变电所的巡视需两人同时进行。只有安全等级不低于三级的人员才可单独巡视。当一人单独巡视时,无论高压设备是否带电,不得进行其他作业,禁止打开高压设备室(柜)的防护栅或进入高压柜内。如要打开变压器室的防护栅,要注意与带电部分保持足够的安全距离,并要有安全等级不低于三级的人员在场监护。

4. 倒闸操作规定

(1)由电力调度管辖的设备的倒闸操作,必须要由电力调度发布倒闸操作命令。遇有危及人身和设备安全的紧急情况,值班人员(巡检人员)可先行断开有关的断路器和隔离开关,再报告电力调度,但再次合闸时,必须有电力调度的命令。

(2)倒闸操作必须由2人同时进行,一人操作、一人监护。就地操作时,操作人和监护人必须穿绝缘靴,同时操作人还要带绝缘手套。

5. 电气设备作业规定

在运用中的高压设备上的工作可分为高压设备的停电作业、高压设备不停电作业、低压设备作业三类。

1)高压设备的停电作业

高压设备的停电作业是指在停电的高压设备上进行的作业及在低压设备和二次回路、照明回路、消防等设备上进行的需要高压设备停电的作业。

高压设备停电作业应停电的设备如下:

(1)需检修的设备。

(2)在进行停电作业时,工作人员正常活动范围与带电设备的距离小的设备。

(3)在二次回路上作业,可能引起一次设备中断供电或影响其安全运行的有关设备。

(4)带电部分在工作人员后面、两侧、上下,且无可靠安全措施的设备。

2)高压设备不停电作业

高压设备不停电作业是指当作业人员与高压设备的带电部分之间保持规定的安全距离和没有偶然触及导电部分的危险,许可在带电设备外壳和附近进行的工作。

3)低压设备作业

低压设备作业分为在低压设备上进行的停电与不停电作业,在此不作详细介绍,具体可参考《电业安全操作规程(发电厂和变电所电气部分)》或《国家电网公司电力安全操作规程(变电站和发电厂电气部分)(试行)》的相关内容。

6. 二次系统上的工作规定

(1)在检修中进行下列工作时,需填用二次工作安全措施票:

①在运行设备的二次回路上进行拆、接线工作。

②在对检修设备执行隔离措施时,需拆断、短接和恢复同运行设备有联系的二次回路工作。

③在继电保护装置、自动装置、联锁回路及联跳回路上的工作。

(2)电流互感器二次侧严禁开路,电压互感器二次侧严禁短路。防止直流回路接地或短路。

7. 保证安全的组织措施和技术措施

电业作业的一般安全措施包括保证安全的组织措施和保证安全的技术措施。组织措施和技术措施是《变电所(站)安全工作规程》的核心部分,也是人们的活动最活跃的内容。为保证电气作业人员的人身安全,防止触电伤害,应采取以下组织措施和技术措施:

(1)保证安全的组织措施。

保证安全的组织措施是指在进行电气作业时,将与检修、试验、运行有关的部门组织起来,加强联系,密切配合,在统一指挥下,共同保证电气作业的安全。

在电气设备上工作,保证人身安全的电气作业组织措施包括四个方面的内容:工作票制度,工作许可制度,工作监护制度,工作间断、转移和终结制度。

(2)保证安全的技术措施。

保证安全的技术措施是指工作人员在电气设备上工作时,为防止人身触电而采取的技术措施。

为了防止停电检修设备突然来电,防止工作人员由于身体或使用的工具接近邻近设备的带电部分而超过允许的安全距离,防止人员误走带电间隔和带电设备而造成触电事故,在全部停电或部分停电的设备上作业时,必须采取下列保证安全的技术措施:停电、验电、装设接地线、挂标示牌和装设遮栏。上述技术措施由值班员(或工作许可人)执行。

九、城市轨道交通电气安全知识

1. 相关概念

(1)接触网。沿轨道线路架设,向电客车供给电能的特殊形式的输电线路,包括架空柔性接触网、架空刚性接触网和接触轨。

(2)牵引轨。用来流回牵引电流的钢轨。

(3)隔离开关。用来在接触网无负荷情况下切断或闭合供电回路的电气设备。

(4)接触线。接触悬挂中与受电弓接触的传导电流的导线。

(5)承力索。接触悬挂中用来承受接触悬挂重力的缆索。

(6)接触轨区域。安装有接触轨的轨行区。

2. 电气化线路电气安全要求

(1)接触网的各导线(如接触线、承力索、馈线、吊弦等)及其相连部件(如腕臂、定位器、定位管、拉杆、避雷器等)都带有高压电,禁止直接或间接地(指通过任何物件,如棒条、导线、水流等)与上述设备接触。

(2)当接触网的绝缘不良时,在其支柱、支撑结构及其金属结构上,在回流电缆与钢轨的连接点上,都可能出现高电压,因此,平常应避免与上述部件接触;当接触网绝缘损坏时,禁止与之接触。

(3)为保证人身安全,任何人员及其携带的物体(经检测合格的绝缘工具除外)应与带电接触网、受流器保持足够的安全距离。1500V 接触网的安全距离为 700mm。

(4)进行在接触网上或与接触网距离小于其安全距离的作业前,接触网必须停电,并做好安全措施后方可工作。一般来说,其安全措施是停电、验电、挂接地线和悬挂标志牌。

(5)接触网断线及其部件损坏或接触网上挂有异物时,不得与之接触,并对该处加以防护,任何人员均应与断线落下点保持 8m 以上距离,以防跨步电压触电。

(6)当行人持有木棒、竹竿、彩旗和皮鞭等高长物件,过道口走近接触网下时,不准高举挥动,须使物件保持水平状态走过道口。

(7)汽车过平交道口时,货物装载高度(从地面算起)不得超过 4.5m;在装载高度超过 2m 的货物上,通过道口时严禁坐人。

(8)当区段内接触网停电接地时,不得向该区段接发电客车;当司机发现接触网异常或出现故障时,要立即停车并降下受电弓。

(9)在接触网没有停电并接地的情况下,禁止到电客车、内燃机车及工程车车顶上进行任何作业。检修库内,在接触网停电并接地以前,禁止登上车顶平台。

(10)凡可能进入接触轨区域的地方必须张贴"当心触电"警告标志。

(11)所有进入接触轨区域的人员必须穿绝缘鞋(或绝缘靴)和有高可见度的反光背心。

(12)除接触网专业人员按规定检修接触轨设备外,其他任何人员,即使在接触轨已经停电挂地线的情况下,也不得擅自接触、碰摸接触轨及其附件。

(13)安装有接触轨的轨行区需疏散乘客时,原则上接触轨应停电,做好安全防护后再组织疏散。

（14）倒闸操作、验电、挂拆接地线、处理接触网（轨）上异物时，操作人员必须戴高压绝缘手套。

（15）带电更换低压熔断器时，操作人员要戴防护眼镜，站在绝缘垫上，并要使用绝缘柄钳或戴绝缘手套。

第三节　消防安全

消防安全（一）

一、城市轨道交通消防安全概述

1. 城市轨道交通火灾特点

城市轨道交通大部分运行于由车站和隧道构成的相对封闭的空间内，人和设备高度密集。在这种特殊的环境中，一旦发生火灾事故，其危害将是极其严重的。主要原因有：

（1）地下空间狭窄，大大增加了灭火救援的困难。

（2）火灾产生的烟气在相对封闭的空间内弥漫，容易造成人员窒息死亡。

（3）城市轨道交通地下空间人员疏散困难，乘客在紧急情况下容易发生惊慌，相互拥挤而造成踩踏伤亡。

2. 城市轨道交通消防安全的危害因素

（1）电气线路、电气设备故障引发火灾。城市轨道交通车站（含城市轨道交通列车）内电气线路、电气设备高度密集，这些电气线路和设备在运行中发生短路、过负荷、过热等故障是引发城市轨道交通火灾事故的重要因素。

（2）人为因素引发火灾。工作人员违章操作、用火不慎，乘客携带易燃易爆危险品乘车、在城市轨道车站内吸烟、人为纵火等也可能引发城市轨道交通火灾事故。

（3）环境因素引发火灾。主要包括城市轨道交通内部潮湿、高温、粉尘大、鼠害等因素。城市轨道交通内部通风不畅、隧道散热不良等原因导致温度过高；隧道内漏水情况比较普遍，地下湿气不易排出，导致地下空间湿度大；老鼠等小动物啃咬电缆电线。上述环境因素可能造成电气设备、线路绝缘性能下降，造成电气设备短路，从而引起火灾。

（4）与城市轨道交通车站合建的外来建筑物带来的危害因素。特别是处于中心闹市区的城市轨道交通车站，常常与地面商业建筑合建。由于商场、车库、写字楼等商业场所具有较高的火灾风险，同时此类场所的风险管理和控制工作通常不由城市轨道交通企业控制，因此较城市轨道交通运营本身而言相对薄弱，一旦发生火灾、爆炸及其他灾害，不仅可能对城市轨道交通的正常运营带来影响，严重时甚至可能造成城市轨道交通财产和人身方面的重大损失。对于存在此类商业经营场所的城市轨道交通车站，除城市轨道交通本身风险以外的各种风险（包括火灾和爆炸的风险）均不容忽视。

消防安全（一）

3. 城市轨道交通消防安全管理

城市轨道交通运营管理部门应结合运营特点制定完善的消防安全管理制度，对消防组织、消防安全责任、消防安全教育和培训、防火检查、消防值班、消防设施（器材）管理、用电管理、动火管理、施工管理、消防安全隐患整改、消防应急预案及演练、消防档案管理等方面进行规范，对消防安全进行严格管理。

二、防火灭火基本知识

1. "火"的概念

人们通常所说的"火",其实是物质燃烧的一种现象。燃烧是指可燃物与氧气或氧化剂作用发生的放热反应,通常伴有火苗和冒烟的现象。燃烧必须同时具备三个条件:

(1)可燃物,如汽油、液化石油气、木材、纸张等;

(2)助燃物,主要是空气中的氧气;

(3)着火源,如明火、电火花、雷击等。

只有以上三个条件同时具备,燃烧才会发生。燃烧根据表现形式不同可分为着火、自燃、闪燃、爆炸。

燃烧被人们控制和利用,可以造福人类,但一旦失去控制,将会造成极大危害。火灾是指在时间和空间上失去控制的燃烧所造成的灾害。火灾具有极大的危害性,主要表现在两个方面:一是人员伤亡,二是财物损失。

国家标准《火灾分类》(GB/T 4968—2008)将火灾分为A、B、C、D、E、F六类。

A类火灾指固体物质(如木材、纸张等)火灾。这种物质通常具有有机物性质,一般在燃烧时能产生灼热的余烬。

B类火灾指液体或可熔化的固体物质(如汽油、乙醇、石蜡等)火灾。

C类火灾指气体(如煤气、氢气、硫化氢等)火灾。

D类火灾指金属(如钠、钾等)火灾。

E类火灾指带电火灾。物体带电燃烧的火灾。

F类火灾指烹饪器具内的烹饪物(如动植物油脂)火灾。

2. 防火基本知识

一切防火措施都是以防止燃烧的三个条件同时结合在一起为目的。

(1)防火基本方法:控制可燃物、隔绝助燃物、消除着火源。

①控制可燃物。如以难燃或不燃材料代替易燃材料,对性质相互抵触的化学危险物品采用分仓、分堆存放等。

②隔绝助燃物。如对密闭容器抽真空以排除容器内的氧气,在容器内充入惰性气体等。

③消除着火源。如在易燃易爆场所严禁烟火,在有火灾危险的场所严格控制电焊、气割等动火作业。

(2)化学危险品。根据国家标准《危险货物分类和品名编号》(GB 6944—2005),所谓危险物品是指具有爆炸、易燃、毒害、腐蚀、放射性等特性,在运输、储存、生产、经营、使用和处置过程中,容易造成人身伤亡、财产损失或环境污染而需要特别防护的物质和物品。而其中的化学物品则称为化学危险品,具体包括:

①爆炸品。如黄色炸药、烟花爆竹、枪弹和雷管等。

②压缩气体和液化气体。指乙炔、一氧化碳、二氧化碳、石油气、压缩空气、氟利昂、氢气、氧气、液化石油气、煤气和各类压缩气体等。

③易燃液体。常见的有汽油、酒精(乙醇)、丙酮、油漆类、松节油、染色剂、香蕉水、煤油和塑料印刷油墨等。

④易燃固体、易自燃物质和遇湿放出易燃气体的物质。如磷、钠、钾、铝粉、锌粉等。

⑤氧化剂和有机过氧化物。如亚硝酸钠、高锰酸钾、漂白粉、硝酸钠和氯酸钾等。

⑥毒害品和感染性物品。如六六六、杀草丹、敌敌畏、灭鼠药、敌百虫、氰化钾、氰化钠等。

⑦放射性物品。如钴60、夜光粉、锆英石等。

⑧腐蚀性物质。如盐酸、硝酸、硫酸、磷酸等。

⑨其他危险物品。

(3)日常防火常识。

①不乱丢烟头,不躺在床上吸烟。

②不乱接乱拉电线,电路熔断器切勿用铜线、铁线代替。

③炉灶附近不放置可燃、易燃物品。

④明火照明时不离人,不要用明火照明寻找物品。

⑤离家或睡觉前要检查燃气阀门是否关闭,明火是否熄灭。

⑥利用电器烘烤衣物时要注意安全。

⑦不要将电磁炉、微波炉、电饭煲、电热水器、空调器等大功率用电器插在同一插座上使用,尽量少用或不用移动式的多用电源插座板。

⑧发现燃气泄漏,要迅速关闭气源阀门,打开门窗通风,同时切勿开启室内电器开关。

⑨不随意倾倒液化气残液。

⑩家中尽量不要存放汽油、酒精、香蕉水等易燃易爆物品。

⑪不要在住宅小区内燃放烟花爆竹。

⑫教育小孩不玩火。

3. 灭火基本知识

火灾通常都有一个从小到大、逐步发展、直到熄灭的过程。火灾过程一般可以分为初起、发展、猛烈、下降和熄灭五个阶段。在火灾初起阶段(一般为着火后5~7 min),燃烧面积不大,火焰不高,辐射热不强,是扑救的最好时机,只要发现及时,用较少的人力和应急消防器材就能将火控制或扑灭。

灭火的基本方法是根据起火物质的燃烧状态,为破坏燃烧必须具备的基本条件而采取的一些措施。灭火的基本方法有以下几种:

(1)冷却灭火法。就是将灭火剂直接喷洒在可燃物上,使可燃物的温度降低到燃点以下,从而使燃烧停止。用水扑救火灾的主要作用就是冷却灭火。

(2)窒息灭火法。就是采取措施,阻止空气进入燃烧区,或用惰性气体降低空气中的含氧量,使燃烧物质因缺乏氧气而熄灭。如用湿棉被、湿麻袋覆盖在燃烧着的液化石油气瓶上。

(3)隔离灭火法。就是将附近的可燃物质与正在燃烧的物品隔离或者疏散开,从而使燃烧停止。如拆除与火源相毗连的易燃建筑结构,建立阻止火势蔓延的空间地带。

(4)化学抑制灭火法。就是将化学灭火剂喷入燃烧区参与燃烧反应,中止链反应而使燃烧反应停止。最常见的就是用灭火器向着火点喷射灭火。

三、城市轨道交通消防设备设施的使用方法

1. 灭火器

灭火器是一种轻便的灭火器材,是扑救初起火灾最常用的灭火设备。灭火器种类较多,在城市轨道交通范围内使用的主要有干粉灭火器、二氧化

消防设备设施

碳(CO_2)灭火器、泡沫灭火器三种。

1）手提式干粉灭火器

手提式干粉灭火器主要有 MF1、MF2、MF3、MF4、MF5、MF6、MF8、MF10 等型号，主要用来扑救固体火灾（A 类）、液体火灾（B 类）、气体火灾（C 类）和电气火灾。

（1）使用方法。扑救火灾时，手提或肩扛干粉灭火器到火场，离火点 3～5m 时，撕去灭火器上的封记，拔出保险销，一只手握紧喷嘴，对准火源根部，另一只手的大拇指将压把按下，干粉即可喷出，并迅速摇摆喷嘴，使粉雾横扫整个火区，由近而远，将火扑灭。

（2）注意事项。灭火要果断迅速，不要遗留残火，以防复燃；扑灭液体火灾时，不要冲击液面，以防液体溅出，造成灭火困难。

（3）检查方法。发现指针指在红色区域或开启使用过，就表明已失效，应送修。

（4）有效期。干粉灭火器有效期一般首次使用 3 年，以后每 1 年维修一次，最长使用期限为 10 年，出厂 10 年后必须报废。

2）二氧化碳（CO_2）灭火器

二氧化碳灭火器适用于扑救液体、气体、电气设备的初起火灾，如带电的电路、贵重设备、图书资料等。二氧化碳灭火器的型号有 MT2、MT3、MT4、MT5、MT7 五种，按开关方式分为手轮式、鸭嘴式两种。

（1）使用方法。首先将灭火器提到距起火地点约 5m 处，放下灭火器，一只手握住喇叭形喷筒根部的手柄，把喷筒对准火焰，另一只手迅速旋开手轮或压下压把，气体就喷射出来。当扑救液体火灾时，应使二氧化碳射流由近而远向火焰喷射，如果燃烧面较大，操作者可左右摆动喷筒，直至把火扑灭。当扑救容器内火灾时，操作者应手持喷筒根部的手柄，从容器上部的一侧向容器内喷射，但不要使二氧化碳直接冲击到液面上，以免将可燃液体冲出容器而扩大火灾。总之，使用二氧化碳灭火器灭火时，应设法把二氧化碳尽量多地喷射到燃烧区域内，使之达到灭火浓度而使火焰熄灭。

（2）注意事项。灭火器在喷射过程中应保持直立状态，切不可平放或颠倒使用；不要用手直接握喷筒或金属管，以防冻伤；在室外使用时应选择在上风方向喷射，在室外大风条件下使用时，喷射的二氧化碳气体被风吹散，灭火效果很差；在狭小的室内使用时，灭火后操作者应迅速撤离，以防被二氧化碳窒息而发生意外，火灾完全扑灭后应打开门窗通风。

（3）检查方法。定期对灭火器进行称重，如泄漏的灭火剂质量大于总质量的 1/10 时，应补充灭火剂。

3）机械泡沫和合成泡沫灭火器

（1）使用范围。泡沫灭火器用来扑灭固体、液体火灾，不能扑灭带电火灾。

（2）使用方法。离火点 3～4m 时，撕去灭火器上的封记，拔出保险销，一只手握紧喷嘴，对准火源，另一只手的大拇指将压把按下，泡沫即可喷出，此时迅速摇摆喷嘴，使泡沫横扫整个火区，由近而远，将火扑灭。

（3）检查方法。发现指针指在红色区域或开启使用过，就表明已失效，应送修。

（4）有效期。一般为 2 年。

2. 消火栓给水系统

城市轨道交通消火栓给水系统主要由消防水源（市政供水或消防水池）、消防水管、室内消火栓箱（包括水带、水枪、消防软管卷盘）和室外消火栓、消防水泵、稳压泵、稳压罐、消防水泵控制柜、消防水泵接合器等组成。

1)消火栓的使用

(1)打开消火栓箱,取出水带。

(2)抛水带。右手握住水带,然后用力向正前方抛出,使水带向正前方摊开。

(3)接水带。右手将水带接头与消火栓接头对接,并顺时针转动至卡紧为止。

(4)接水枪、打开消火栓阀门。迅速拿起另一头水带接头,一手拿着水枪向着火部位冲去,将水枪头接上水带接口,并将消火栓阀门打开。

(5)灭火。射水时,采取包围灭火战术阻止火势和烟雾其向四周扩散,以便有效控制,直至将火扑灭。注意,如遇电气火灾,应先断电后方可灭火。

2)消防软管卷盘的使用

消防软管卷盘一般供扑救初期火灾使用。

使用消防软管卷盘时,首先打开箱门将卷盘旋出,拉出胶管和小口径水枪,开启供水闸阀即可进行灭火。消防软管卷盘除绕自身旋转外,还能随箱门旋转,比较灵活,不需将胶管全部拉出即能开启阀门供水。使用完毕后,先关闭供水闸阀,待胶管排除积水后卷回卷盘,将卷盘转回消火栓箱。

3.自动喷水灭火系统

自动喷水灭火系统是按一定的间距和高度安装一定数量喷头的供水灭火系统。按用途、组成部件和工作原理的不同,自动喷水灭火系统可分为湿式自动喷水灭火系统、干式自动喷水灭火系统、预作用式自动喷水灭火系统等。安装自动喷水灭火系统的场所发生火灾时,该系统能自动喷水灭火并自动报警。在所有固定式灭火设备中,自动喷水灭火系统具有使用范围最广、价格最便宜的特点。它工作性能稳定,灭火效果好,因而广泛应用于可以用水灭火的场所。

1)湿式自动喷水灭火系统的组成

湿式自动喷水灭火系统一般由以下四部分组成:

(1)湿式报警阀装置部分。主要由湿式阀、延时器、水源、系统压力表、报警控制阀、过滤器、止回阀、主排放阀、节流阀组件等组成。

(2)报警控制部分。主要由压力开关、水流指示器、水力警铃、报警控制柜等组成。

(3)供水部分。主要由蓄水池、喷淋泵、压力水罐、高位水箱、水泵接合器等组成。

(4)管网部分。主要由闭式玻璃球喷头、供水管、电磁阀门、末端泄放装置、压力表等组成。

2)湿式自动喷水灭火系统的动作原理

湿式自动喷水灭火系统的管网内充满了水,并保持一定的压力。被保护区域发生火灾后,当火灾区域燃烧产生的热气达到一定温度时(70℃时),洒水喷头的玻璃球受热膨胀破裂,喷头开始喷水灭火。管网水压降低,湿式报警阀的压力开关供水一侧压力大于管网压力,分割活塞自动开启向管网一侧补水,平衡压力,活塞同时牵动报警警铃。水力警铃开始报警,相关信号被发送到消防水泵控制柜,启动消防水泵供水。

4.气体灭火系统

以气体作为灭火介质的灭火系统称为气体灭火系统。根据灭火介质的不同,气体灭火系统可分为卤代烷1301气体灭火系统、二氧化碳气体灭火系统、烟烙烬气体灭火系统等。

气体灭火系统主要用于保护车站内火灾危险性较高的或重要的设备房,如高低压室、整流变电室、环控电控室、信号设备室、通信设备室、屏蔽门控制室等,部分主变电站、集中冷站的重要设备房也设有气体灭火系统。

气体灭火系统由药剂储存和喷放设备、报警和控制设备组成。药剂储存和喷放设备主要包括气体钢瓶、钢瓶固定支架、瓶头阀电磁启动器、瓶头阀手动启动器等。报警和控制设备主要包括火灾探测器、控制盘、手拉开关、紧急停止开关、手动/自动选择开关、警铃、蜂鸣器和闪灯、气体释放指示灯等。

5.火灾自动报警系统

火灾自动报警系统(Fire Alarm System,简称FAS)是为了及早发现、通报火灾,以便及时采取措施扑灭火灾而设置于建筑物内的一种自动消防设施。

通常,城市轨道交通每一条线的火灾自动报警系统以环网方式使各车站的报警控制器构成一个整体网络,在控制中心能对全线报警系统实行监控管理,随时掌握全线动态情况,在其所管辖范围内,对火灾状况进行监测报警和实施有关消防操作。火灾自动报警系统主要实现火灾监测的报警、其他系统消防设备的监视及控制、系统故障报警、消防电话通信等重要功能。

1)火灾自动报警系统的设备及分布

在城市轨道交通各车站、主变电所、车辆段、集中冷站、区间风机房和控制中心大楼均设有火灾自动报警系统,分为中央级设备、车站级设备和现场设备。

中央级设备为安装在控制中心的中央级计算机图形中心,作为全线火灾自动报警系统的操作管理和资料存档管理平台,随时接收显示各车站传送来的报警信号,对车站报警点按全貌、分区等逐级进行图形显示,并打印、存档各类信息资料。

车站级设备包括火灾报警控制盘与站级计算机图形中心、站内的自动报警设备、手动报警器、消防紧急电话等。

现场设备包括智能烟感探测器、智能温感探测器、普通烟感探测器、普通温感探测器、光电感烟探测器、离子感烟探测器、光电离子感烟探测器、感温电缆、对射探头、手拉报警器、破玻报警器(手拉报警器和破玻报警器统称为手动报警器)。

2)火灾自动报警系统的功能

(1)火灾报警功能。系统通过现场火灾探测器监测到火灾情况时,控制盘便产生火灾报警信号。

(2)消防设备的监视功能。对其他系统设备,如防火阀、气体灭火系统、消防水泵等进行监视,当设备动作或异常时便产生监视报警,如防火阀关闭、气体灭火系统打手动、气体灭火系统报一级火警等。

(3)系统故障报警功能。当系统本身存在故障时,车站级控制盘及中央级计算机进行故障报警,如烟感器"极脏"等。

(4)消防设备的控制功能。当发生火灾需要对某些消防设备进行控制时,系统可以通过控制模块(辅助继电器)对其他系统的某些消防设备进行强行启动,如关闭防火阀、启动消防水泵、降下防火卷帘门等。

(5)消防通信功能。通过电话插孔、挂箱电话使现场与车控室进行直接通话。

四、火灾自救与逃生方法

许多火灾事故中,有的人能火里逃生,有的却丧身火海,这固然与火势大小、起火地点、起火时间、建筑物内消防设施、扑救是否及时等因素有关,但受害者火场积极自救、互救而成功逃生是不乏先例的。能否成功从火场逃生取决于被困者的自救知识和相应的自救能力。除突发性爆炸、爆燃等火灾事故外,在绝大多数火灾现场中,被困人员是可以逃生自救的。因此,掌握一定的消防知识,增强自救意识,提高逃生技能,对每一个人来说都是非常必要的。

1. 楼宇火灾自救与逃生

(1)火灾发生时,不要贪恋财物,应及时报警,积极自救。

(2)平时应了解、掌握必要的逃生路线,熟悉安全通道和安全出口。

(3)受到火势威胁时,要当机立断披上浸湿的衣物、被褥等向安全出口方向冲出。

(4)穿过浓烟逃生时,要尽量使身体贴近地面,并用湿毛巾捂住口鼻。

(5)身上着火时,千万不要奔跑,可就地打滚或用厚衣物压灭火苗。

(6)遇火灾不可乘坐电梯,要走疏散楼梯逃生,注意随手关闭防火门。

(7)室外防火门已发烫时,千万不要开门,以防火窜入室内。要用浸湿的被褥、衣物等堵塞门窗缝隙,并泼水降温。

(8)若所有逃生线路均被大火封锁,要立即退回室内,用打手电筒、挥舞衣物、呼叫等方式向窗外发送求救信号,等待救援。

(9)千万不要盲目跳楼逃生,可利用疏散楼梯、阳台、排水管等逃生,也可用绳子或把床单、窗帘、被套撕成条状连成绳索等方式逃生。

(10)在陌生的场所遇到火灾时,应按地标灯、疏散指示灯、安全出口指示方向逃生,不要惊慌失措,不要从众乱跑。

2. 城市轨道交通车站火灾自救与逃生

(1)贯彻"救人第一,救人与灭火同步进行"的原则,积极施救。

(2)火灾发生后,车站工作人员应首先做好乘客的疏散、防烟、救护工作。

(3)把握起火初期的关键时间,在消防员到来前积极组织灭火自救。

(4)车站工作人员开展灭火自救工作时应注意做好个人防护。

(5)消防员到场后,灭火任务应交给消防员。

(6)当火势不可控制,可能危及自身生命安全时,车站工作人员应主动撤离。

(7)乘客在车站遇到火灾时,应服从工作人员指挥,听从事故广播指引,沿疏散标志指示方向出站逃生。

(8)车站发生火灾时,不要使用垂直升降电梯。

3. 城市轨道交通列车火灾逃生

1)列车在车站内发生火灾时的逃生

(1)乘客应保持镇静。

(2)按压车厢内的紧急情况按钮或紧急通话器(各线列车因生产厂家不同,设置略有不同,详见电客车应急设备使用说明),通知司机车厢内发生的情况。

(3)在可能的情况下,使用车载灭火器灭火。

(4)必要时可拉下列车车门紧急解锁手柄,向两侧用力推开车门。

(5)向站外方向疏散。

2)列车在隧道内发生火灾时的逃生

(1)乘客应保持镇静。

(2)按压车厢内的紧急情况按钮或紧急通话器,通知司机车厢内发生的情况。

(3)在可能的情况下,使用车载灭火器灭火。

(4)列车将会尽可能到车站进行人员疏散,因此,乘客应听从列车广播的指挥,千万不要惊慌失措,不要乱动车厢内其他设备。

(5)在列车无法到达前方车站而又需要紧急疏散的情况下(因隧道内紧急疏散设计不同,各条线路的隧道内疏散方式是不同的),车厢内乘客应该听从列车广播的指挥。

一般情况下,隧道内的防排烟设计原理为:迎向乘客疏散方向的两座车站的轴流风机开启送风模式进行强力送风,背向乘客疏散方向的两座车站的轴流风机开启排烟模式进行排烟,保护乘客安全疏散,促使烟火背向乘客疏散方向蔓延。

地铁车厢火灾应急逃生

火灾扑救逃生

思考题

1. 简述行车调度工作的基本任务。
2. 简述城市轨道交通消防安全的危害因素。
3. 直接触电事故防护技术有哪些?请说明其含义。
4. 简述列车在车站内发生火灾时逃生的注意事项。

第七章　城市轨道交通应急救援

从风险的理论出发,降低和控制风险的策略,一是降低事件、事故发生的可能性,需要采取预测、监测、预警、控制等预防性措施;二是减轻事件、事故的严重程度,需要采取应急救援措施。本章将重点围绕城市轨道交通的应急管理进行阐述。

第一节　城市轨道交通应急管理体系

一、制定事故应急预案的法规要求

根据我国有关法律、法规的要求,企业和各级政府都应针对重大危险源制定有效的应急预案。

《中华人民共和国安全生产法》第五章"应急救援和事故调查处理"中指出:事故应急救援预案、应急救援体系对发生事故后及时组织抢救、防止事故扩大、减少人员伤亡和财产损失具有十分重要的作用。其中第六十八条要求:县级以上地方各级人民政府应当组织有关部门制定本行政区域内特大生产安全应急救援预案,建立应急救援体系。

《城市轨道交通运营管理办法》第四章"应急管理"也有相关的要求,其中第二十四条明确要求:"城市人民政府城市轨道交通主管部门应当会同有关部门制定处理突发事件的应急预案;城市轨道交通运营单位应当根据实际运营情况制定地震、火灾、浸水、停电、反恐、防爆等分专题的应急预案,建立应急救援组织,配备救援器材设备,并定期组织演练。当发生地震、火灾或者其他突发事件时,城市轨道交通运营单位和工作人员应当立即报警和疏散人员,并采取相应的紧急救援措施。"

2006年1月8日,国务院发布了《国家突发公共事件总体应急预案》,明确了各类突发公共事件的分级分类和预案框架体系,是指导预防和处置各类突发公共事件的规范性文件。随后,国务院又相继发布了《国家安全生产事故灾难应急预案》、《国家处置城市地铁事故灾难应急预案》等共9个事故灾难类突发公共事件专项应急预案。其中,发布《国家处置城市地铁事故灾难应急预案》的目的是:做好城市地铁事故灾难的防范与处置工作,保证及时、有序、高效、妥善地处置城市地铁事故灾难,最大限度地减少人员伤亡和财产损失,维护社会稳定,支持和保障经济发展。

二、应急救援体系的建设

在城市轨道交通系统中,可能会发生或存在多种潜在的事故类型,例如:大面积的长时间停电、火灾、水灾、地震、危险物质泄漏、放射性物质泄漏、恐怖袭击等。此外,城市在开展各类大型活动时也可能出现重大客流等紧急情况。因此,在建设城市轨道交通应急救援体系时,就必须进行合理策划。既要做到突出重点,准确反映城市轨道交通的主要重大事故风险,又要合理地编制各类预案,避免各类预案间相互孤立、交叉和矛盾,从而使任何可能发生的事故局部化,尽可能地消除、减少事故造成的人员伤亡和财产损失,尽快恢复交通。

1. 应急救援体系的主要应急机制

应急救援活动一般划分为应急准备、初级反应、扩大反应和应急恢复四个阶段。应急机制与这些应急活动密切相关。应急机制主要由统一指挥、分级响应、属地为主和公众动员四个基本机制组成。

(1) 统一指挥是应急活动的最基本原则。应急指挥一般可分为集中指挥与现场指挥或场外指挥与场内指挥几种形式,但无论采用哪一种指挥系统都必须实行统一指挥模式,无论应急救援活动涉及单位级别高低和隶属关系如何,都必须在救援指挥中心的统一组织协调下开展相关工作,使各参与单位既能充分发挥自己的作用,又能相互配合,提高整体效能。

(2) 分级响应是指在初级响应到扩大应急的过程中实行分级响应的机制。扩大或提高应急响应级别的主要依据是:事故灾难的危险程度,事故灾难的影响范围,事故灾难的控制事态能力。而事故灾难的控制事态能力是"升级"的最基本条件,扩大应急救援主要是提高指挥级别,扩大应急范围等。

(3) 属地为主是强调"第一反应"的思想和以现场应急为现场指挥的原则,即强化属地部门在应急救援体制管理工作中的主导作用,以提高应急救援工作的时效。

(4) 公众动员机制是应急机制的基础,也是最薄弱、最难以控制的环节,即现场应急机构组织调动所能动用的资源进行应急救援工作,当事故超出本单位的处置能力时,向本单位外寻求其他社会力量支援的一种方式。

2. 应急救援体系建设的主要内容

安全生产是一项系统工程,需要从系统的整体性出发,科学地规划和设计。应急救援体系建设与发展属于安全生产系统工程的一个组成部分。应急救援体系的建设应着重从以下几个方面进行:

(1) 事故预防。许多事故的发生都是因正常条件发生偏差而引起的,如果能事先确定出来某些特定条件及其潜在后果,就可利用相应手段减少事故的发生,或者减少事故对外界的影响,预防事故要比发生事故后再纠正容易得多。因此,在城市轨道交通新线设计及旧线改造中,必须设计必要的安全装置和设施,以提高城市轨道交通运营系统的安全程度。另外,事故预防工作也不可忽视操作规程、应急规程和管理策略的建立及其定期的培训和维护。

(2) 应急预案的准备。主要包括:预测任何可能出现的紧急事故类型及其影响程度;制订紧急状态下的反应行动方案,以提高准备程度;确保系统在紧急情况下,做到准备充分和通信畅通,从而保证决策和反应过程有条不紊;保证人员进行培训和演习,定期更新应急预案和重新评价其有效性。

(3) 应急救援系统的组成。应急救援系统从功能上讲,可由应急指挥中心、事故现场指挥中心、后勤保障中心、媒体中心和信息管理中心五个运作中心组成。要做到快速、有序、高效地处理应急事故,需要应急救援系统中相互之间的协调努力。

(4) 应急培训与演习。其目的主要有以下几个方面:测试应急救援预案的充分程度;测试应急培训的有效性和队员的熟练性;测试现有应急装置和设备供应的充分性;确定训练的类型和频率;提高与现场外应急部门的协调能力;通过训练来识别和改正应急救援预案缺陷。

（5）应急救援行动。一个完善的应急救援体系应能在事故和灾害发生时及时调动并合理利用应急资源(包括人力资源和物资设备资源)投入救援行动事故现场,针对事故灾害的具体情况,选择适当的应急对策和行动方案,从而能及时有效地进行应急救援行动,使伤害和损失降低到最低程度和最小范围,并在最短时间内控制事故。

（6）事故的恢复与善后。当应急阶段结束后,从紧急情况恢复到正常状态需要的时间、人员、资金和正确的指挥,对恢复能力和预先估计将变得十分重要。通常情况下,重要的恢复活动包括事故现场清理、恢复期间的管理、事故调查、现场的警戒与安全、安全和应急系统的恢复、人员的救助、法律问题的解决、损失状况的评估、保险与索赔、相关数据收集、公共关系等。

三、应急救援机构

根据《国家处置城市地铁事故灾难应急预案》,城市地铁事故灾难应急处置组织机构分为三个层次:一是国家应急机构,即国务院或国务院授权(原)建设部设立城市地铁事故灾难应急领导小组(以下简称"领导小组"),领导小组下设办公室、联络组和专家组;二是省级、市级地铁事故灾难应急机构,该机构比照国家地铁事故灾难应急机构的组成、职责,结合本地实际情况确定;三是地铁企业事故灾难应急机构,地铁企业应建立由企业主要负责人、分管安全生产的负责人、有关部门参加的地铁事故灾难应急机构。

应急救援机构从功能上讲,可由应急运转指挥中心、事故现场指挥中心、支持保障中心、媒体中心和信息管理中心五个运作中心组成。

其中应急运转指挥中心负责协调应急组织各个机构的运作和关系,主持日常工作,维持应急救援系统的日常运作;事故现场指挥中心负责事故现场应急的指挥工作、人员调度、资源的有效利用;支持保障中心负责提供应急物质资源和人员的后方保障;媒体中心负责处理媒体报道、采访、新闻发布会;信息管理中心负责信息管理、信息服务。各中心要不断调整运行状态,协调关系,形成一个有机的整体,使系统快速、高效地施行现场应急救援行动。

城市轨道交通企业应急救援机构应按照属地为主、分工协作、应急处置与日常建设相结合的原则建立,在应急处置过程中实现统一指挥、分级负责、科学决策,保证事故灾难信息的及时准确传递、事故快速有效处置,同时还要做到既保证常备不懈,又降低运行成本。

目前,应急管理体系、机构设置主要有以下几类:

1. 层级型

由地铁运营企业主要负责人为总负责,组建公司、部门两级应急系统。公司级包括企业主要负责人、分管安全生产的负责人及安全、保卫、调度、设备、信息管理、对外联络、卫生、物资保障、环保等各部门负责人员;建立二级部门应急机构,并延伸至基层班组。

2. 联动型

由地铁运营企业主要负责人为总负责,将运营中发生的所有行车、设备、消防、治安等安全信息报地铁控制中心,地铁控制中心组成联动中心,统一指挥相关部门处置各类安全减灾及应急工作。

3. 专职型

地铁运营企业建立应急救援管理指挥专门机构和专业应急救援队伍,内设信息管理、应急管理(抢险、指挥)、重大危险源管理三个职能部门,负责地铁安全生产信息接收、汇总、上报、发布,重大事故隐患、预案编制管理,应急培训,预案演练,救援物资管理,抢险指挥,重大危险源建档、管理,专家库管理,查处谎报、瞒报案件等工作,使应急救援工作贯穿于安全生产事故的事前预防、事中应急、事后管理中,形成安全生产应急救援工作的一条较为完整的工作链和工作体制、机制。

《国家处置城市地铁事故灾难应急预案》中规定:城市地铁企业必须建立由企业主要负责人、分管安全生产的负责人、有关部门参加的地铁事故灾难应急机构。地铁企业可根据自身的发展规模、线路长度、员工素质等情况选择适合自身企业的安全、应急管理体系和机构。

四、应急预案

1. 应急预案的作用

应急救援预案是应急救援准备工作的核心内容。应急预案又称应急计划,是针对可能的重大事故(件)或灾害,为保证迅速、有序、有效地开展应急救援行动而预先制订的有关计划或方案。它是在辨识和评估潜在的重大危险、事故类型、发生的可能性及发生过程、事故后果及影响程度的基础上,为应急机构、人员、技术、装备、设施(备)、行动方案以及救援行动的指挥与协调等方面预先作出的具体安排,它明确了在突发事件发生之前、发生过程中以及刚结束之后,谁负责做什么、何时做以及相应的策略和资源准备等。

应急预案在应急管理中的重要作用和地位主要体现在以下几方面:

(1)明确了应急救援的范围和体系,使应急准备和应急管理,尤其是培训和演习工作的开展有据可依、有章可循。

(2)有利于及时作出应急响应,降低事故危害程度。

(3)成为各类突发事故的应急基础。通过编制基本应急预案,可保证应急预案具有足够的灵活性,对那些事先无法预料到的突发事件或事故,也可以起到基本的应急指导作用;针对特定危害编制专项应急预案,有针对性地制订应急措施,进行专项应急准备和演习。

(4)当发生超过应急能力的重大事故时,便于与上级应急部门协调。

(5)有利于提高各级人员的风险防范意识。

2. 应急预案的层次和文件体系

(1)应急预案的层次。城市轨道交通系统中可能发生的事故是多种多样的,对应急预案合理地划分层次,是将各种类型应急预案有机结合在一起的有效方法。

城市轨道交通事故灾害大致可分为安全事故、自然灾害、人为突发事件三类。针对每一类灾害的具体措施可能千差万别,但其导致的后果和产生的影响却是大同小异的。这就意味着可以通过制订出一个基本的应急模式,由一个综合的标准化应急体系有效地应对不同类型危险所造成的共性影响。

城市轨道交通系统应急救援体系的总目标是控制事态发展、保障生命财产安全、恢复正常运营。可以针对不同事故的特点,如爆发速度、持续时间、范围和强度等,制订具有较强针对性的专项应急预案。为了保证各种类型预案之间的整体协调和层次清晰,实现共性与个性、通用性与专业性的结合,宜采用分层次的综合应急预案。从保证预案文件体系的层次清晰及开放性角度考虑,可划分为三个层次,即综合预案、专项预案和现场预案。

城市轨道交通运营应急预案一般有:特殊气象及自然灾害应急预案、防淹门故障应急处理程序、控制中心应急处理程序、疫情爆发应急预案、应急信息报告程序、处置大面积停电事件应急预案、保卫应急预案、地铁消防应急预案、机电设备(电梯、给排水、事故照明装置)应急处理措施及程序、供电专业抢修应急预案、工建专业应急预案、车辆专业应急处理办法、水污染应急处理预案、车务安全应急处理程序、接触网(轨)附近有异物的应急处理程序等,都属于专项预案和现场预案的范畴。

(2)应急预案的文件体系。从广义上来说,应急预案是一个由各级预案构成的文件体系。它不仅是应急预案本身,也包括针对某个特定的应急任务或功能所制订的工作程序等。一个完整应急预案的文件体系应包括预案、程序、指导书和记录,是一个四级文件体系。

3.应急预案的演练

应急预案的演练是检验、评价和保持应急能力的一种重要手段。其作用体现在:可在事故真正发生前发现预案存在的问题和缺陷,发现应急资源的不足,从而改善应急部门、机构和人员之间的协调,增强相关人员应对突发事故救援的信心和应急意识,提高应急人员的熟练程度和应急能力,增强各级预案之间的协调性和整体的应急反应能力。应急预案演练一般可分为桌面演练、功能演练和全面演练。

4.演练效果的评价

应急演练结束后应对演练的效果作出评价,并提交演练报告,详细说明演练中存在的问题,按照对应急救援工作的影响程度,可以将演练中发现的问题分为改进项、不足项、整改项。其目的是通过演练,及时发现问题,并进行改进完善,避免因预案不完善而导致事故的扩大化,从而确保预案的高效性。

第二节 应急设备及事故应急处理

城市轨道交通系统的地铁列车是在封闭状态下运营的大型载客交通工具,因设备故障、技术行为、人为破坏、不可抗力等原因,均可能会发生突发事故。为能保证紧急情况下乘客的人身安全,在列车和车站都安装有相应的应急设备,当出现紧急情况时,乘客可以通过应急设备进行报警或自救。

一、列车应急设备

一般情况下,地铁列车上应配备的应急设备有:紧急报警按钮或紧急对讲器、紧急开门装置、灭火器、逃生装置。

列车的每节车厢至少要安装两个紧急报警按钮或紧急对讲器,当车厢内发生意外事件、火警等紧急情况时,乘客可以立即使用该装置通知列车司机,以便列车司机及时采取相应措施进行处理。

在列车的每个车门上都安装有紧急开门装置,其主要作用是列车在故障或紧急情况下,需要人工开门时使用。

灭火器是为预防列车发生火灾情况配备的应急设备。每节车厢一般配两个6kg的灭火器,放置于车厢两端的座位下。当列车发生火灾初期,乘客除可以通过车厢内的紧急报警按钮或紧急对讲器通知列车司机外,还可以用列车上配备的灭火器灭火自救,尽量将火势控制、扑灭。

逃生装置一般安装在列车两端的司机室。如果该城市的轨道交通系统采取疏散平台方式进行疏散,列车的逃生装置则为客室门。列车逃生装置一般在发生紧急情况下,必须通过人工疏散时才使用。

二、车站应急设备

车站的应急设备分为：火灾紧急报警器、自动扶梯紧急停止装置、紧急停车按钮、屏蔽门紧急开关四类。其安装位置和数量均根据不同的城市轨道交通系统建设的要求而有所不同，但各类应急设备的启用时机相同，即必须在发生危及列车行车安全或危及人身安全的紧急情况下使用。

三、突发事故的应急处理

城市轨道交通系统作为一种大型载客交通工具，因设备故障或人为行为等因素，可能会发生突发事故。在发生突发事故后，有效的应急处理可以避免事故扩大并减少事故损失。下面简单介绍突发事故发生后的一些基本处理要点。

1. 各类突发事故信息的报告原则

（1）迅速、准确、客观的原则。

（2）逐级报告的原则。事故发生在区间时，列车司机应立即报告行车调度。事故发生在车站内或车场内时，车站值班站长或车场调度员应立即报告行车调度。

发生人员伤亡、火灾、爆炸、毒气袭击、聚众闹事、劫持人质及其他恐怖活动等事故，需要报告119火警、120急救中心或110匪警时，由现场负责人或目击者在第一时间直接报告；如果无法直接报告，则应以尽快报告的原则，向就近的车站或控制中心（车场控制中心）或上级报告，再报告119火警、120急救中心或110匪警。

因为公安部门派驻车站民警，一般发生应急事件时应报驻车站公安人员，如车站无公安人员再报110。

2. 大面积停电的应急处理

（1）地铁线路发生停电事故时，应沉着镇静，稳定乘客情绪、维持秩序，尽力保证乘客安全。控制中心根据停电影响情况，组织抢修抢险，发布列车停运、急救和车站关闭命令，并及时将灾情向上级报告。

（2）车站工作人员应加强检查紧急照明的启动情况，巡查各部位如升降电梯中是否有人员被困等，根据控制中心命令清站和关闭车站。

列车司机负责维持列车进站停车后，组织车上乘客向车站疏散。如果列车在区间停车，则利用列车广播安抚乘客，要求乘客不得擅自操作车上设备，并立即报告行车调度，按行车调度指令操作。

3. 火灾的应急处理

（1）车站发生火灾时的处理措施。

①车站立即向乘客广播发生火灾情况，暂停列车服务，并指引车站乘客有序地进行疏散，撤离车站。同时，向控制中心报告，视火灾情况报119和120。

②组织人员进行灭火和关闭车站的各类电梯，救助受伤的乘客。

③列车司机接到车站火灾通知后，听从行车调度指挥，并通过列车做好乘客广播。

④控制中心接报后，立即执行列车火灾应急程序，扣住列车使其不能进入火灾车站，保持与司机和车站的联系，并视情况报119和120。

（2）列车在站台发生火灾时的处理措施。

①司机开启客室门(屏蔽门),并通过列车广播安抚乘客,引导乘客疏散和使用列车的灭火器进行灭火自救,并确认火灾位置,向车站和控制中心报告。

②车站接报后,立即广播通知乘客列车发生火灾情况,暂停列车服务。同时,组织人员进行灭火和引导乘客有序进行疏散,并视火灾情况报119和120。

③控制中心接报后,立即执行列车火灾应急程序,控制好列车间的距离,保持与司机和车站的联系,并视情况报119和120。

(3)列车在区间(隧道)发生火灾时的处理措施。

①司机保持列车运行至前方车站后,开门疏散乘客。在运行途中通过列车广播安抚乘客,引导乘客使用车厢内的灭火器进行灭火自救,并确认火灾位置,向车站和控制中心报告。

②如列车在区间(隧道)不能运行,则应打开列车的逃生装置,引导乘客有序向逆风方向疏散,因为控制中心会向车站送风。

③车站接报后,立即广播通知乘客,引导乘客进行紧急疏散,并安排人员前往事故列车接应司机,组织乘客进行疏散。

④控制中心接报后,立即执行列车火灾应急程序,控制好列车间的距离,保持与司机和车站的联系,并视情况报119和120。

4. 特殊气象的应急处理

(1)特殊气象应急预案分类。根据特殊气象对城市轨道交通运营的影响,特殊气象应急预案包含以下六个类别。

①台风、雷雨大风(含龙卷风)应急预案。

②暴雨应急预案。

③高温应急预案。

④大雾、灰霾应急预案。

⑤冰雹、道路结冰应急预案。

⑥雪灾应急预案。

(2)特殊气象应急预案启动原则。以当地气象台发布的气象预警信号为准。当当地某区域气象台发布相应的台风和雷雨大风、暴雨、高温、大雾和灰霾、冰雹和道路结冰及寒冷气象预警信号后,由责任控制中心在受影响的线路范围内启动相应的特殊气象应急预案。

(3)相应的特殊气象应急预案的解除原则。满足以下两个条件,责任控制中心可解除相应的特殊气象灾害应急预案,并向下令启动预案的领导汇报。

①当地某区域气象台解除相应的台风和雷雨大风、暴雨、高温、大雾和灰霾、冰雹和道路结冰及寒冷气象预警信号后。

②控制中心确认受相应的特殊气象影响的设备已全部恢复正常。

(4)停止某线路段运营的启动及解除程序。

①启动程序。当需要停止某线路段运营时,控制中心OCC向运营总部总经理汇报,总经理下令启动。因特殊情况联系不上时,分别依次由运营分管安全、行车组织的副总经理下令启动。

②解除程序。当达到恢复某线路段运营条件时,控制中心OCC向运营总部总经理汇报,总经理下令恢复。因特殊情况联系不上时,分别依次由运营分管安全、行车组织的副总经理下令解除。

③恢复因台风、雷雨大风(含龙卷风)造成高架或地面路段停运的行车条件:接获气象台

取消橙色信号及在过去1h监测到的最高风速低于74km/h(8级)。

恢复高架段行车的程序:首先,组织客车或工程车限速25km/h进行线路检查;然后,安排专业维修人员跟车检查相关设备设施;确认具备条件后,恢复正常运营服务。

(5)特殊气象发生险情的应急处理原则

①抓住主要矛盾,先全面、后局部,先救人、后救物,先抢救通信、供电等要害部位,后抢救一般设施。

②根据需要,各部门积极合理地调动人力、物力投入抢险,在确保安全的情况下,尽快开通线路,恢复运营(含局部线路)。

③发生灾害时,应迅速准确地报告事故情况,确保信息渠道畅通。

④各部门、员工均应采取有效措施控制事态、减少损失,防止次生灾害的发生。

⑤贯彻抢险与运营并重、地铁运输与公交运输系统统筹兼顾的方针,在积极稳妥地处理事故的同时,按照总部相关规定最大限度地维持地铁运营或尽快恢复地铁运营。

5. 正线车辆脱轨的应急处理

(1)确定脱轨后,控制中心立即扣停开往受影响区域的列车,对已进入该区间的列车,组织其退回始发车站。

(2)控制中心通知电力调度做好关闭脱轨区段的牵引电流和挂接地线的准备。

(3)通知相关线路的车辆控制中心派出救援队起复车辆,启动应急轨道交通—公交接驳预案。

(4)控制中心、司机和车站组织乘客疏散。确认具备停电条件后,控制中心组织停电。

(5)如在隧道内脱轨,控制中心组织隧道送风。

(6)组织好抢修期间的客车降级运营工作(小交路运营)。

(7)维修调度在接到车辆脱轨事故的明确报告后,应立即组织车辆抢险队前往事故现场,车辆抢险队员接到车场控制中心DCC维修调度命令时须在10min内出发前往事故现场。

(8)第一个赶往事故现场的车辆员工,自动成为车辆事故现场抢险指挥负责人,负责现场抢险工作并将所观察到的情况反馈回事发分部车场控制中心DCC,使DCC能够及时获得现场情况,做出有利于抢险工作的人员和设备安排;当车辆抢险指挥小组成员赶到后,现场抢险指挥向车辆抢险指挥小组成员汇报现场情况,并将指挥权移交。

(9)起复后,必须进行以下的工作:

①确认接地线拆除和线路出清后,通知电力调度送电,做好恢复正常运营准备工作。

②组织一列客车清客或工程车前往救援,连挂脱轨列车限速运行进入就近的存车线,待运营结束后再安排事故列车回场检修。

(10)组织备用客车上线服务。

6. 大客流应急处理

(1)启动条件。因地铁周边环境影响或因设备故障导致设备能力不足等不可预见的情况造成突发性进、出站客流增大,超过车站设备承受能力。

(2)现场应急处理。车站发生突发性大客流时,由站长或值班站长负责现场客运组织,安排、监督各岗位的职责实施情况。

①根据"三级客流控制"的原则,站长或值班站长在车站出入口、入闸机组、站厅与站台的楼梯、扶梯处进行客流控制。

②站长或值班站长及时了解产生突发客流的原因、规模,及可能持续的时间,合理安排岗位。

③车站行车值班员及时播放相应的广播疏导乘客。

④值班站长及时组织人员维持购票秩序,增设兑零点,对乘客做好疏导、服务工作。

⑤票亭减缓兑零速度。

⑥行车值班员监控15min进站客流变化。如车站现有人员无法应付突发性大客流时,值班站长组织驻站人员参与客流控制,同时安排行车值班员通知公安部门协助,报告行车调度请求支援。

⑦出现特大客流时,车务部门应立即请示控制中心,要求调派列车直达特大客流车站进行增援。

⑧站台拥挤时,值班站长立即安排其他岗位员工或支援人员到站台维持候车秩序,对站厅与站台的楼梯、扶梯处进行第一级客流控制,先让下车乘客出站,再放坐车的乘客进入站台,控制进站的乘客人数。行车值班员及站台员工利用广播提醒乘客注意安全,同时加强对站台乘客候车动态及站台屏蔽门工作状态的监控。

⑨若因设备故障,造成列车晚点,车站乘客拥挤时,车站值班站长安排行车值班员及时通知公安部门协助,安排巡视岗、客运值班员在出入口、票亭及进闸机前摆放立柱告示,告知购票进闸的乘客客车延误信息。同时做好退票和公交接驳的准备工作。

⑩由于特殊气象(如暴雨)导致突发性大客流时,车站值班站长及时安排员工做好滞留乘客的疏散工作。

⑪需调整本站员工工作岗位或工作内容时,由站长、值班站长根据现场情况组织安排;需抽调其他车站临时支援人员时,由站长、值班站长报车务部门生产管理人员,由车务部门生产管理人员协调人员配置。

(3)结束条件。车站客流有效缓解,恢复正常,站长或值班站长报告地铁控制中心,经地铁控制中心同意后宣布结束预案的实施,各岗位员工恢复正常工作,临时支援人员在现场指挥的安排下回原车站、原岗位。

7.隧道疏散的应急处理

(1)司机的应急处理。

①列车停车后,应立即播放广播安抚乘客,提醒乘客保持镇定,切勿打开车门跳下轨道,并将列车位置(区间、百米标、上下行正线)及现场情况报告控制中心,或设法联系就近车站。

②接到行车调度通知疏散后,确认疏散方向,并做好疏散准备。

③待车站工作人员到达后,打开每列车疏散平台侧疏散方向的第一、二个车门,组织乘客从该车门下车,通过疏散平台疏散到就近车站。

④广播引导乘客疏散,并协助车站工作人员维持疏散的秩序。

(2)控制中心的应急处理。

①控制中心接报信息,确认需进行乘客疏散后,按向就近车站疏散的原则组织乘客疏散。

②通知就近车站安排人员进入区间组织乘客疏散。

③通知邻线列车在疏散的区间限速运行,并注意瞭望和鸣笛。

④按规定开启区间照明和隧道通风系统。

(3)车站的应急处理。

①接到行车调度要组织列车区间疏散的命令后,确认疏散方向。

②按规定穿戴好防护用品,得到行车调度同意后,值班站长带领人员进入区间。

③车站工作人员到达现场后,安排人员在列车头部及尾部引导,在正线与入段线连接处、联络通道、疏散平台断开处等关键地点安排人员引导乘客。

④通知司机在疏散平台侧,打开每列车疏散方向的第一、二个车门,组织乘客从该车门下车,通过疏散平台疏散到就近车站。

8. 列车故障救援

(1)出现列车故障时,及时组织备用车上线调整运行。

(2)若故障车在车站内,故障车在清客后再与救援列车连挂;若故障车在区间,故障车与救援列车连挂后运行到前方车站清客。担任救援任务的客车,按《行车组织规则》执行。

(3)列车发生故障时,行车调度视情况及时扣停后续第二列或第三列客车在就近设有辅助线的车站内,并做好小交路运营的准备。

(4)发生客车故障救援时,运营遵循有限度列车服务的原则,列车的运行间隔由行调组织调整,在中间站折返至上行线或下行线时,如客车采用站前折返,需在折返站的前一站清客;如采用站后折返,则在折返站本站清客,行车调度必须按要求及时通知本线和另一线车站相关的运营信息。必要时,另一线路行车调度应采取有效措施配合、协助故障线路的行车调度进行救援。

(5)在故障明确、可以进行准确判断后,调度应严格遵循行车组织方案组织。若在各项前提条件不满足,或故障不明显、判断偏误下,应采取机动灵活的措施进行行车组织。

(6)列车救援时,按规定速度推进(司机须按车辆故障处理指南操作相应的开关)。

(7)列车在区间出现故障,如无人引导时,原则上不要求司机到后端司机室尝试动车,达到时限后立即组织救援。

思考题

1. 简述应急救援体系建设的主要内容。
2. 如何进行大面积停电的应急处理?
3. 特殊气象发生险情的应急处理原则有哪些?
4. 列车在站台发生火灾时的处理措施有哪些?

第八章 伤害急救常识

第一节 机械伤害急救要点

在任何生产活动过程中,都可能会发生一些人身伤害事故,城市轨道交通系统也不例外,而发生事故后的现场急救对抢救伤者非常关键,如果现场急救正确及时,不仅可以减轻伤者的痛苦,降低事故的严重程度,而且可以争取抢救时间,挽救人的生命。本节内容将重点介绍机械伤害与触电伤害的现场急救技术和应该注意的事项。

(1)发生机械伤害事故后,现场人员不要害怕和慌乱,要保持冷静,迅速对受伤人员进行检查。

急救检查应先看神志、呼吸,接着摸脉搏、听心跳,再查看瞳孔,有条件者应测血压。检查局部有无创伤、出血、骨折、畸形等变化,根据伤者的情况,有针对性地采取人工呼吸、心脏挤压、止血、包扎、固定等临时应急措施。

(2)迅速拨打急救电话,向医疗救护单位求援。记住报警电话很重要,我国通用的医疗急救电话为120,但除了120以外,各地还有一些其他的急救电话,也要留意。在发生伤害事故后,要迅速及时拨打急救电话。拨打急救电话时,要注意以下问题:

①在电话中应向医生讲清伤员的确切地点、联系方法(如电话号码)、行驶路线。
②简要说明伤员的受伤情况、症状等,并询问清楚在救护车到来之前,应该做些什么。
③派人到路口迎候救护人员。

(3)遵循"先救命、后救肢"的原则,优先处理颅脑伤、胸伤、肝或脾破裂等危及生命的内脏伤,然后处理肢体出血、骨折等伤。

(4)检查伤者呼吸道是否被舌头、分泌物或其他异物堵塞。

(5)如果呼吸已经停止,立即实施人工呼吸。

(6)如果脉搏不存在,心脏停止跳动,立即进行心肺复苏。

(7)如果伤者出血,要进行必要的止血及包扎。

(8)对大多数伤员可以毫无顾忌地抬送至医院,但对于颈部、背部严重受损者要慎重,以防止其进一步受伤。

(9)让患者平卧并保持安静,如有呕吐,同时无颈部骨折时,应将其头部侧向一边以防止噎塞。

(10)动作轻缓地检查患者,必要时剪开其衣服,避免突然挪动增加患者痛苦。

(11)救护人员既要安慰患者,自己也应尽量保持镇静,以消除患者的恐惧。

(12)不要给昏迷或半昏迷者喝水,以防液体进入呼吸道而导致窒息,也不要用拍击或摇动的方式试图唤醒昏迷者。

第二节 机械伤害的现场急救技术

一、人工呼吸

口对口(鼻)吹气法是现场急救中采用最多的一种人工呼吸方法,其操作方法是:

(1)对伤员进行初步处理。将需要进行人工呼吸的伤员放在通风良好、空气新鲜、气温适宜的地方,解开伤员的衣领、裤带、内衣(包括乳罩),清除口鼻分泌物、呕吐物及其他杂物,保证呼吸道畅通。

(2)使伤员仰卧,施救人员位于其头部一侧,捏住伤员的鼻孔,深吸气后,将自己的嘴紧贴伤员的嘴吹入气体。之后,离开伤员的嘴,放开鼻孔,以一手压伤员胸部,助其呼出体内气体。如此,有节律地反复进行,每分钟进行15次。吹气时不要用力过度,以免造成伤员肺泡破裂。

(3)吹气时,应配合对伤员进行胸外心脏按摩。一般地,吹一次气后,做四次心脏按摩。

二、心肺复苏

胸外心脏按摩是心肺复苏的主要方法,它是通过压迫胸骨,对心脏进行间接按摩,使心脏排出血液,参与血液循环,以恢复心脏的自主跳动。

1. 具体操作方法

(1)让需要进行心脏按摩的伤员仰卧在平整的地面或木板上。

(2)施救人员位于伤员一侧,双手重叠放在伤员胸部两乳正中间处,用力向下挤压胸骨,使胸骨下陷 3~4 cm,然后迅速放松,放松时手不离开胸部。如此反复有节律地进行。其按摩速度为每分钟 60~80 次。

2. 胸外心脏按摩时的注意事项

(1)胸部严重损伤、肋骨骨折、气胸或心包填塞的伤员,不应采用此法。

(2)胸外心脏按摩应与人工呼吸配合进行。

(3)按摩时,用力要均匀,力量大小看伤员的身体及胸部情况而定;按压时,手臂不要弯曲,用力不要过猛,以免使伤员肋骨骨折。

(4)随时观察伤员情况,作出相应的处理。

三、止血方法

当伤员身体有外伤出血现象时,应及时采取止血措施。常用的止血方法有以下几种:

(1)伤口加压法。这种方法主要适用于出血量不太大的一般伤口,通过对伤口的加压和包扎,减少出血,让血液凝固。其具体做法是如果伤口处没有异物,用干净的纱布、布块、手绢、绷带等物或直接用手紧压伤口止血;如果出血较多时,可以用纱布、毛巾等柔软物垫在伤口上,再用绷带包扎以增加压力,达到止血的目的。

(2)手压止血法。临时用手指或手掌压迫伤口靠近心端的动脉,将动脉压向深部的骨头上,阻断血液的流通,从而达到临时止血的目的。这种方法通常是在急救中与其他止血方法配合使用,其关键是要掌握身体各部位血管止血的压迫点。

手压法仅限无法止住伤口出血或准备敷料包扎伤口的时候。施压时间切勿超过15min。如施压过久,肢体组织可能因缺氧而损坏,以致不能康复,继而还可能需要截肢。

(3)止血带法。这种方法适合于四肢伤口大量出血时使用。主要有布止血带绞紧止血、布止血带加垫止血、橡皮止血带止血三种。使用止血带法止血时,绑扎松紧要适宜,以出血停止、远端不能摸到脉搏为好。使用止血带的时间越短越好,最长不宜超过3h,并在此期间内每隔0.5h(冷天)或1h慢慢解开、放松一次。每次放松1~2min,放松时可用指压法暂时止血。不到万不得已时不要轻易使用止血带,因为上好的止血带能把远端肢体的全部血流阻断,造成组织缺血,时间过长会引起肢体坏死。

四、搬运转送

转送是危重伤病员经过现场急救后由救护人员安全送往医院的过程,是现场急救过程中的重要环节。因此,必须寻找合适的担架,准备必要的途中急救力量和器材,尽可能调度速度快、振动小的运输工具。同时,应注意掌握各种伤病员不同的搬运方式。

(1)对上肢骨折的伤员,托住固定伤肢后,可让其自行行走。

(2)对下肢骨折的伤员,用担架抬送。

(3)对脊柱骨折伤员,用硬板或其他宽布带将伤员绑在担架上。

(4)对昏迷病人,可将其头部稍垫高并转向一侧,以免呕吐物吸入气管。

第三节 触电伤害的急救方法

一、脱离电源

触电发生后,必须迅速使触电者脱离电源。如果触电者触及低压带电设备,应立即切断电源,拉开电源开关或刀闸,使用绝缘工具、绝缘手套和干燥的木棒、竹竿等不导电物体使触电者脱离电源。抢救者要避免碰到金属物体和触电者裸露的身躯,切忌直接用手去接触触电者或用无绝缘的东西接触触电者,抢救者也可以站在绝缘垫或干木板上再进行抢救。

如果触电者触及断落在地上的带电高压导线时,在尚未确定线路是否带电、救护人员尚未做好安全措施(如穿救援靴等)前,不得进入断线点8~10m范围内,以防止跨步电压伤人。触电者脱离带电导线后亦应迅速离开断线点8~10m以外处进行急救。如已确定线路无电,可在触电者脱离触电导线后,立即就地进行抢救。

如触电者位于高处,脱离电源后会自高处坠落,应做好预防坠落措施。

二、现场急救

迅速将脱离电源的触电者移至通风、凉爽处,平卧并解松触电者衣裤,保持呼吸道畅通,检查触电者有无呼吸、心跳。若发现呼吸停止,应立即实施心肺复苏术。及时、正确地施行心肺复苏术,不但能挽救触电者的生命,而且能减少和减轻并发症和后遗症的发生。

要坚持不懈地进行人工呼吸和胸外心脏按压,在医务人员未到达接替抢救之前,现场的抢救人员不应放弃现场抢救,直至触电者复苏或出现尸僵、尸斑为止。触电者复苏后应密切注意其心跳情况,千万不要随意搬动,以防心室颤动再次发生而导致心跳停止,应该等医务人员到达或触电者完全清醒后再对其搬动。切忌在未弄清触电者情况时作长途搬运而错过抢救时机。

在现场急救的同时,应请其他人协助拨打120急救电话并通知附近的医疗单位。

第四节　其他伤害的急救方法

一、中暑

中暑是指在高温的作用下,机体发生体温调节功能障碍,水电解质平衡失调,以心血管和中枢神经系统功能紊乱等为主要症状的一组综合征。

根据我国《职业性中暑诊断标准》,中暑分为先兆中暑、轻症中暑和重症中暑三级。

中暑的急救方法如下:

(1)对于先兆中暑、轻症中暑的患者,应使患者迅速脱离高温环境,转移至阴凉通风处休息或平卧,给予口服凉盐水、糖盐水、各种含盐的清凉饮料、仁丹、藿香正气水,涂擦清凉油、万金油,掐捏合谷穴、风池穴、太阳穴等穴位。

(2)对于重症中暑的患者,除积极采取以上措施外,还应采取以下的急救措施:

①将患者移至空调室内,没有空调设备时,可在室内放置冰块、电风扇,尽快使室温降至25℃以下。

②用凉水淋浴,用冰水或酒精擦浴,亦可在头部、腋窝、腹沟等处放置冰袋。

③保持呼吸道畅通,改善缺氧。

④在采取以上各种措施的同时,请其他人协助拨打120急救电话,尽快将患者送往就近医院治疗。

二、高空坠落

高空坠落伤是指人们日常工作或生活中,从高处坠落,受到高速的冲击力,使人体组织和器官遭到一定程度破坏而引起的损伤。高空坠落伤除有直接或间接受伤器官表现外,尚可有昏迷、呼吸窘迫、面色苍白和表情淡漠等症状,可导致胸、腹腔内脏组织器官发生广泛的损伤。

高空坠落时,足或臀部先着地,外力可沿脊柱传导到颅脑而致伤;由高处仰面跌下时,背或腰部受冲击可引起腰椎前纵韧带撕裂、椎体裂开或椎弓根骨折,易引起脊髓损伤。脑干损伤时常有较重的意识障碍、光反射消失等症状,也可有严重合并症的出现。

高空坠落的急救方法如下:

(1)去除伤员身上的用具和口袋中的硬物。

(2)在搬运和转送过程中,颈部和躯干不能前屈或扭转,而应使脊柱伸直,绝对禁止一个抬肩一个抬腿的搬法,以免发生或加重截瘫。

(3)对创伤局部妥善包扎,但对疑颅底骨折和脑脊液漏患者切忌作填塞,以免导致颅内感染。

(4)对于颌面部受伤伤员,首先应使其保持呼吸道畅通,撤除假牙,清除移位的组织碎片、血凝块、口腔分泌物等,同时松解伤员的颈、胸部纽扣。

(5)复合伤要求平仰卧位,保持呼吸道畅通,解开衣领扣。

(6)对于周围血管伤,压迫伤部以上动脉干至骨骼。直接在伤口上放置厚敷料,绷带加压包扎,以不出血和不影响肢体血循环为宜。当上述方法无效时可用止血带,原则上尽量缩短使用时间,一般以不超过1h为宜,做好标记,注明上止血带时间。

(7)快速平稳地送医院救治。

思考题

1.陈述拨打急救电话要注意的问题。
2.简述止血带法的使用情况、种类和注意事项。
3.列出高空坠落的急救方法。

第九章 安全生产

第一节 职业健康安全管理体系

一、职业健康安全管理体系概述

职业健康安全管理体系是20世纪80年代兴起的现代安全生产管理模式,它与ISO9000、ISO14000等标准化管理体系一样被称为后工业化时代的管理方法。

职业健康安全管理体系标准化的提出,根本上出于两方面因素:一方面,随着生产的发展,职业健康安全问题的不断突出,人们在寻求有效的职业健康安全管理方法,期待有一个系统的、结构化的管理模式;另一方面,在世界经济贸易活动中,企业的活动中所涉及的职业健康安全问题受到普遍关注,需要统一的国际标准规范相关的职业健康安全行为,特别是ISO9000、ISO14000系列标准在世界范围内的成功实施,促进了国际职业健康安全管理体系标准化的发展。

我国加入WTO之后,企业在国际贸易活动中会面临更多的职业健康安全的要求与挑战。企业通过实施职业健康安全管理体系,能够系统化、规范化地管理其职业健康安全行为,提高其职业健康安全绩效,进而在国际贸易活动中处于主动地位。

职业健康安全管理体系标准是以系统安全的思想为核心,采用系统、结构化的管理模式,为组织提供了一种科学、有效的职业健康安全管理规范和指南。

1. 职业健康安全管理体系的运行模式

职业健康安全管理体系是一套系统化、程序化,同时具有高度自我约束、自我完善机制的科学管理体系。实施职业健康安全管理体系,不仅可以强化企业的安全管理,完善企业安全生产的自我约束机制和激励机制,达到保护员工安全与健康的目的,也有利于增强企业的凝聚力和竞争力。

职业健康安全管理体系以著名的戴明管理思想,即"戴明模式"或称为PDCA模型为基础。一个组织的活动可分策划(Plan)、实施(Do)、检查(Check)、改进(Act)四个相互联系的环节来实现,通过此类方式可有效改善组织的职业健康安全管理绩效。

(1)策划环节:建立所需的目标和过程,以实现组织的职业健康安全方针所期望的结果。

(2)实施环节:对过程予以实施。

(3)检查环节:根据职业健康安全方针、目标、法规和其他要求,对过程进行监测和测量,并报告结果。

(4)改进环节:采取措施以持续改进职业健康安全管理绩效。

许多组织通过由过程组成的体系以及过程之间的相互作用对其运行进行管理,这种方式称为"过程方法"。

2. 职业健康安全管理体系要素

《职业健康安全管理体系要求》(GB/T 28001—2011)所规定的职业健康安全管理体系依据 PDCA 管理模式,提出了由职业健康安全方针、策划、实施与运行、检查与纠正措施、管理评审所组成的五大基本运行过程。其要素包括:

(1)总要求。组织应根据本标准的要求建立、实施、保持和持续改进职业健康安全管理体系,确定如何满足这些要求,并形成文件。

组织应界定其职业健康安全管理体系的范围,并形成文件。

(2)职业健康安全方针。最高管理者应确定和批准本组织的职业健康安全方针,并确保职业健康安全方针在界定的职业健康安全管理体系范围内:

①适合于组织的职业健康安全风险的性质和规模。

②包括防止人身伤害与健康损害和持续改进职业健康安全管理与职业健康安全绩效的承诺。

③包括至少遵守与其职业健康安全危险源有关的适用法律法规要求及组织应遵守的其他要求的承诺。

④为制订和评审职业健康安全目标提供框架。

⑤形成文件,付诸实施,并予以保持。

⑥传达到所有在组织控制下工作的人员,旨在使其认识到各自的职业健康安全义务。

⑦可为相关方所获取。

⑧定期评审,以确保其与组织保持相关和适宜。

(3)策划。策划是组织建立与运行职业健康安全管理体系的启动阶段,目的是对如何实现职业健康安全方针作出明确的规划。该阶段包括四个要素:对危险源辨识,风险评价和控制措施的确定,法律法规和其他要求,目标和方案。

(4)实施与运行。实施与运行的目的是开发实现组织的方针、目标和指标所需要的能力和支持机制,以确保体系的有效运行和计划内容的有效实施。这一大要素包括:资源、作用、职责、责任和权限,能力、培训和意识,沟通、参与和协商,文件,文件控制,运行控制,应急准备和响应,共七个要素。

(5)检查。组织应通过检查与纠正措施这一基本过程来经常和定期地监督、测量和评价管理体系的运行情况,对发生偏离职业健康安全方针、目标和指标的情况及时加以纠正,并防止事故、事件和不符合事项的再次发生。这一大要素包括绩效测量和监视,合规性评价,事件调查、不符合、纠正措施和预防措施,记录控制,内部审核,共五个要素。

(6)管理评审。最高管理者应按计划的时间间隔,对组织的职业健康安全管理体系进行评审,以确保其持续适宜性、充分性和有效性。评审应包括评价改进的可能性和对职业健康安全管理体系进行修改的需求,包括对职业健康安全方针和职业健康安全目标的修改需求。应保存管理评审记录。

3. 建立职业健康安全管理体系的步骤

不同的组织在建立、完善职业健康安全管理体系时,可根据自己的特点和具体情况,采取不同的步骤和方法。但总体来说,建立职业健康安全管理体系一般要经过下列基本步骤:

(1)前期准备。包括最高管理者在内的全员培训,是建立和保持职业健康安全管理体系的基本保证。组织要针对不同的人员组织不同形式的培训,为保证职业健康安全管理体系的顺利实施,组织应明确管理者代表,确定体系,建立负责机构,以及与体系有关的各单位的工作任务。

(2)初始状态评审。初始状态评审是建立职业健康安全管理体系的基础和关键环节。其主要目的是了解组织的职业健康安全管理现状,为建立体系收集信息,确定职业健康安全绩效持续改进的依据。

(3)体系策划。包括:制订职业健康安全方针、目标和管理方案;进行职能分析和机构确定;进行职能分配;确定职业健康安全管理体系文件的结构和各层次文件清单等。

(4)文件编写。文件是职业健康安全管理体系的主要特点之一,对体系策划的结构形成适用的权威性的文件,是对各类组织风险有效控制和管理的保证。

(5)体系运行。通过体系运行,检验体系策划与设计及文件的充分性、有效性和适宜性,充分发现体系存在的问题,利用体系自我发现、自我纠正和自我完善的机制,使体系不断得到完善。

(6)监督和评审。及时发现职业健康安全管理体系运行过程中出现的问题,是体系不断完善和改进的重要手段,通过体系自身的各种监督机制,检查体系是否按计划运行,判定体系的有效性、适宜性和充分性。

(7)纠正和预防。为保证体系能够有效发挥作用,对检查中发现的问题必须采取纠正措施,以保证体系按计划实施。为防止类似的问题重复出现,还应制订相应的预防措施,并保证实施。

(8)持续改进和保持。"建立和保持"是职业健康安全管理体系的重要要求,体系能否持续有效和适用,保持是关键。体系保持是根据组织情况和外部环境的变化而动态适应的过程。

4.职业健康安全管理体系认证实施程序

职业健康安全管理体系认证是依据审核准则,由获得认可资格的认证机构,对受审核方的职业健康安全管理体系实施认证及认证评定,确认受审核方的职业健康安全管理体系的符合性,并颁发认证证书与标志的过程。

职业健康安全管理体系认证具有以下特征:认证的对象是组织的职业健康安全管理体系;认证的依据是职业健康安全管理体系规范;认证的方法是由认证机构派遣审核人员对组织的职业健康安全管理体系进行评定,提交审核结论,获得认证的结果;组织通过认证机构的审核,最终取得认证机构的职业健康安全管理体系认证证书和认证标志,证书和标志将向外部相关方证明,该组织的职业健康安全管理体系符合职业健康安全管理体系规范的要求;认证的性质:职业健康安全管理体系认证是第三方从事的活动,第三方是独立于第一方(供方)和第二方(需方)之外的一方,强调这一点是为了确保认证活动的公正性。

二、我国安全生产管理现状

1.我国的安全生产方针

我国安全生产工作的基本方针为:安全第一,预防为主。

2.安全生产法律法规体系建设

改革开放以来,我国相继制定并颁布了近20部有关安全生产的法律和行政法规,如《中华人民共和国海上交通法》、《中华人民共和国铁路法》、《中华人民共和国矿山安全法》、《中华人民共和国民航法》、《中华人民共和国煤炭法》、《中华人民共和国公路法》、《中华人民共和国建筑法》、《中华人民共和国消防法》和《中华人民共和国安全生产法》等。这些法律和行政法规对依法加强安全生产管理工作发挥了重要作用,促进了安全生产法制建设。其中,2002年颁布实施的《中华人民共和国安全生产法》,全面、完整地反映了国家关于加强安全生产监督管理的基本方针、基本原则,确定了各行业、各部门和各类企业普遍使用的安全生产基本管理制度,并对安全生产管理中普遍存在的共性的、基本的法律问题作出了统一规范。以《中华人民共和国安全生产法》为核心,包括法律、行政法规、部门规章及地方性安全生产法规和规章在内的我国安全生产法律法规体系正在逐步建立并完善。

3. 安全生产监督管理

我国目前实行的是国家监察、地方监管、企业负责的安全工作体制:在国家与行政管理部门之间实行的是综合监管和行业监管;在中央政府与地方政府之间,实行的是国家监察与地方监管;在政府与企业之间,实行的是政府监管与企业管理。

第二节 企业安全管理

一、安全生产责任制

1. 安全生产责任制的定义

安全生产责任制是按照"安全第一,预防为主"的安全生产方针和"管生产必须管安全"的原则,将各级负责人员、各职能部门及其工作人员和各岗位生产人员在安全生产方面应做的事情和应负的责任加以明确规定的一种制度。安全生产责任制是企业岗位责任制和经济责任制的重要组成部分,是企业各项安全生产规章制度的核心,同时也是企业最基本的安全管理制度。

2. 建立安全生产责任制的目的

建立安全生产责任制的目的,一方面是增强企业各级负责人员、各职能部门及其工作人员和各岗位生产人员对安全生产的责任感;另一方面是明确企业各级负责人员、各职能部门及其工作人员和各岗位生产人员在安全生产中应履行的职责,以充分调动各部门和各级人员在安全生产方面的积极性和主观能动性,确保安全生产。

3. 建立安全生产责任制的要求

建立完善的安全生产责任制的总体要求是:横向到边、纵向到底,并由企业的主要负责人组织建立。具体要求如下:

(1)必须符合国家安全生产法律法规和方针、政策的要求。

(2)与企业管理体制协调一致。

(3)要根据本单位、部门、班组、岗位的实际情况制定,既明确、具体,又具有可操作性,防止形式主义。

(4)由专门的人员与机构制定和落实,并应适时修订。

(5)应有配套的监督检查等制度,以保证安全生产责任制得到真正落实。

4. 安全生产责任制的主要内容

安全生产责任制的内容主要包括两个方面:一是纵向方面,即从上到下所有人员的安全生产职责;二是横向方面,即各职能部门(包括党、政、工、团)的安全生产职责。

企业在建立安全生产责任制时,在纵向方面至少应包括下列几类人员:

(1)企业的主要负责人。企业的主要负责人是本单位安全生产的第一责任人,对安全生产工作全面负责。《中华人民共和国安全生产法》第十七条规定其职责为:

①建立、健全本单位安全生产责任制。
②组织制定本单位安全生产规章和操作规程。
③保证本单位安全生产投入的有效实施。
④督促、检查本单位的安全生产工作,及时消除生产安全事故隐患。
⑤组织制定并实施本单位的生产安全事故应急救援预案。
⑥及时、如实报告生产安全事故。

应根据上述六个方面,并结合本单位的实际情况对主要负责人的职责作出具体规定。

(2)生产经营单位其他负责人。企业其他负责人的职责是协助主要负责人做好安全生产工作。不同的负责人分管的工作不同,应根据其具体分管工作,对其在安全生产方面应承担的具体职责作出规定。

(3)生产经营单位各职能部门负责人及其工作人员。各职能部门的安全生产职责需根据各部门职责分工作出具体规定。各职能部门负责人的职责是按照本部门的安全生产职责,组织有关人员做好本部门安全生产责任制的落实,并对本部门职责范围内的安全生产工作负责,各职能部门的工作人员则在本人职责范围内做好有关安全生产工作,并对自己职责范围内的安全生产工作负责。

(4)班组长。班组是做好生产经营单位安全生产工作的关键环节,班组长全面负责本班组的安全生产工作,是安全生产法律、法规和规章制度的直接执行者。班组长的主要职责是贯彻执行本单位对安全生产的规定和要求。督促本班组的工人遵守有关安全生产制度和安全操作规程,切实做到不违章指挥,不违章作业,遵守作业纪律。

(5)岗位工人。岗位工人对本岗位的安全生产负直接责任。岗位工人的主要职责是接受安全生产教育和培训,遵守有关安全生产规章和安全操作规程,遵守劳动纪律,不违章作业。特种作业人员必须接受专门的培训,经考核合格取得操作资格证书方可上岗作业。

二、企业安全生产管理的组织保障

企业的安全生产管理必须有组织上的保障,否则安全生产管理工作就无从谈起。安全生产管理的组织保障主要包括两个方面:一是安全生产管理机构的保障,二是安全生产管理人员的保障。

安全生产管理机构是指企业中专门负责安全生产监督管理的内设机构。安全生产管理人员是指在企业从事安全生产管理工作的专职或兼职人员。在企业专门从事安全生产管理工作的人员是专职安全生产管理人员;在企业既承担其他工作职责同时又承担安全生产管理职责的人员则为兼职安全生产管理人员。

三、生产投入与安全技术措施计划

1. 对安全生产投入的基本要求

企业必须安排适当的资金,用于改善安全设施、进行安全教育培训,更新安全技术装备、器材及其他安全生产设备设施,以保证生产经营单位达到法律、法规、标准规定的安全生产条件,并对由于安全生产必需的资金投入不足而导致的事故后果承担责任。

对于安全生产投入资金,一般来说,股份制企业、合资企业由董事会予以保证;一般国有企业由厂长或者经理予以保证;个体工商户等个体经济组织由投资人予以保证。上述保证人承担由于安全生产所必需的资金投入不足而导致事故后果的法律责任。

安全生产投入主要用于以下方面:

(1)建设安全和卫生技术措施工程,如防火防爆工程、通风除尘工程等。

(2)增设和更新安全设备、器材等,以及这些安全设备、器材的日常维护。

(3)重大安全生产课题的研究。

(4)按照国家标准为员工配备劳动保护用品和设施。

(5)员工的安全生产教育和培训。

(6)其他有关预防事故发生的安全技术措施费用,如用于制订及落实生产事故应急救援预案等。

2.编制安全技术措施计划的基本原则

(1)安全技术措施计划与安全技术措施。

①安全技术措施计划。安全技术措施计划是企业生产财务计划的一个组成部分,是改善企业生产条件、有效防止事故和职业病的重要保证措施。为保证安全资金的有效投入,企业应编制安全技术措施计划。

在《中华人民共和国安全生产法》、《安全技术措施计划项目总名称表》、《关于安排落实劳动保护措施经费的通知》等法律法规和文件中均对编制安全技术措施计划提出了明确的要求。

②安全技术措施。安全技术措施是指运用工程技术手段消除物的不安全因素,实现生产工艺和机械设备等生产条件本质安全的措施。安全技术措施是安全技术措施计划的核心。

安全技术措施按照导致事故原因的不同可分为防止事故发生的安全技术措施和减少事故损失的安全技术措施。其中,防止事故发生的安全技术措施有:消除危险源、限制能量或危险物质、隔离、故障安全设计、减少故障和失误。减少事故损失的安全技术措施有:隔离、处治薄弱环节、个体防护、避难与救援。此外,安全监控系统作为防止事故发生和减少事故损失的安全技术措施,是发现系统故障和异常的重要手段。

(2)编制安全技术措施计划应遵循的原则。

①必要性和可行性原则。

②自力更生与勤俭节约的原则。

③轻重缓急与统筹安排的原则。

④领导和群众相结合的原则。

(3)安全技术措施计划的基本内容。

①措施应用单位或工作场所。

②措施名称。

③措施的目的和内容。

④经费预算及来源。

⑤负责施工的单位或负责人。

⑥开工日期和竣工日期。

⑦措施的预期效果及检查验收。
(4)安全技术措施计划的编制方法。
①确定措施计划编制时间。
②布置措施计划编制工作。
③确定措施计划的项目和内容。
④编制措施计划。
⑤审批措施计划。
⑥下达措施计划。

四、安全生产教育培训

1. 安全生产教育培训的对象和内容
1)对企业主要负责人的教育培训
(1)基本要求。企业主要负责人必须按照国家有关规定进行安全生产教育培训,经培训单位考核合格并取得安全培训合格证后方可任职。所有单位主要负责人应进行安全生产再培训。
(2)安全生产教育培训的主要内容。
①国家安全生产方针、政策和有关安全生产的法律法规及标准。
②安全生产管理基本知识、安全生产技术、安全生产专业知识。
③重大危险源管理、重大生产安全事故防范、应急管理和救援组织及事故调查处理的有关规定。
④职业危害及其预防措施。
⑤国内外先进的安全生产管理经验。
⑥典型生产安全事故和应急救援案例分析。
⑦其他需要培训的内容。
(3)安全生产再培训的主要内容。
①有关安全生产的法律法规、规章、规程、标准和政策。
②安全生产的新技术、新知识。
③安全生产管理经验。
(4)培训时间。施工单位主要负责人的安全资格培训时间不得少于48学时,每年再培训时间不得少于16学时。其他单位主要负责人的安全生产管理培训时间不得少于32学时,每年再培训时间不得少于12学时。
2)对安全生产管理人员的教育培训
(1)基本要求。施工单位的安全生产管理人员必须经安全生产监督管理部门或法律法规规定的有关主管部门考核合格并取得安全资格证书后方可任职。其他单位安全生产管理人员必须按照国家有关规定进行安全生产培训,经培训单位考核合格并取得安全培训合格证后方可任职。所有单位安全生产管理人员每年应进行安全生产再培训。
(2)安全生产教育培训的主要内容。
①国家安全生产方针、政策和有关安全生产的法律法规及标准。
②安全生产管理、安全生产技术、职业卫生等知识。
③伤亡事故统计报告及职业危害的调查处理方法。

④应急管理、应急预案编制及应急处置的内容和要求。
⑤国内外先进的安全生产管理经验。
⑥典型生产安全事故和应急救援案例分析。
⑦其他需要培训的内容。

(3)安全生产再培训的主要内容。
①有关安全生产的法律法规、规程和政策。
②安全生产的新技术、新知识。
③安全生产管理经验。
④典型生产安全事故案例。

(4)培训时间。危险物品生产、经营、储存单位,矿山、烟花爆竹生产单位,建筑施工单位的安全管理人员的安全资格培训时间不得少于48学时,每年再培训时间不得少于16学时。其他企业的安全生产管理人员安全生产管理培训时间不得少于32学时,每年再培训时间不得少于12学时。

3)特种作业人员的教育培训

(1)对特种作业人员的培训、考核和取证要求。特种作业人员上岗前必须进行专门的安全技术和操作技能的培训与考核,并经考核合格,取得《特种作业人员操作证》后方可上岗。特种作业人员的培训实行全国统一培训大纲、统一考核标准、统一证件制度,《特种作业人员操作证》由国家统一印制,地、市级以上行政主管部门负责签发,全国通用。特种作业人员安全技术考核包括安全技术理论考试与实际操作技能考核两部分,以实际操作技能考核为主。

(2)特种作业人员重新考核和证件的复审要求。离开特种作业岗位达6个月以上的特种作业人员,应当重新进行实际操作技能考核,经确认合格后方可上岗作业。取得《特种作业人员操作证》者,每两年进行一次复审。连续从事本工种10年以上的,经用人单位进行知识更新教育后,每四年复审一次。复审的内容包括健康检查、违章记录检查、安全新知识和事故案例教育、本工种安全知识考试。未按期复审或复审不合格者,其操作证自行失效。

4)对企业其他从业人员的教育培训

(1)对企业其他从业人员。生产经营单位其他从业人员是指除主要负责人和安全生产管理人员以外,该单位从事生产经营活动的所有人员,包括其他负责人、管理人员、技术人员和各岗位的工人,以及临时聘用的人员。

(2)对新从业人员。对新从业人员应进行厂级、车间级、班组级三级安全生产教育培训。

厂级安全教育培训的内容主要是:本单位安全生产情况及安全生产基本知识;本单位安全生产规章制度和劳动纪律;从业人员的安全生产权利和义务;有关事故案例。

车间级安全生产教育培训的内容主要是:本车间安全生产状况和规章制度;工作环境及危险因素;所从事工种可能遭受的职业伤害和伤亡事故,所从事工种的安全职责、操作技能及强制性标准;自救、互救、急救方法,疏散和现场紧急情况的处理;安全设备设施、工人防护用品的使用和维护;预防事故和职业危害的措施以及应注意的安全事项;有关事故案例;其他需要培训的内容。

班组级安全生产教育培训的内容主要是:岗位安全操作规程;岗位之间工作衔接配合的安全与职业卫生事项;有关事故案例;其他需要培训的内容。

新从业人员安全生产教育培训时间不得少于24学时,每年接受再培训的时间不得少于20学时。

（3）对调整工作岗位或离岗一年以上重新上岗的从业人员。从业人员调整岗位或离岗一年以上重新上岗时,应进行相应的车间级和班组级安全生产教育培训,脱离原岗位半年以上重新上岗时,须重新接受班组级安全教育培训。

企业实施新工艺、新技术或使用新设备、新材料时,应对从业人员进行有针对性的安全生产教育培训。

（4）经常性的安全培训。企业要确立终身教育的观念和全员培训的目标,对在岗的从业人员应进行经常性的安全生产教育培训。其主要内容是:安全生产新知识、新技术;安全生产法律法规;作业场所和工作岗位存在的危险因素、防范措施;有关事故案例等。

2. 安全生产教育的形式和方法

安全生产教育的形式有:三级安全教育、特种作业人员安全教育训练、经常性的安全教育等。经常性的安全教育形式有:每天的班前班后会上说明安全注意事项,举办安全活动日、安全生产月、各类安全生产业务培训班、召开安全生产会议、事故现场分析会,张贴安全生产招贴画、宣传标语及标志,开展安全竞赛、安全考试、安全演讲等。

安全生产教育的方法有:课堂讲授法、实操演练法、案例研讨法、读书指导法、宣传娱乐法等。

五、安全生产检查

1. 安全生产检查的定义

安全生产检查是指对生产过程及安全管理中可能存在的隐患、有害与危险因素、缺陷等进行查证,确定隐患或有害与危险因素、缺陷的存在状态,以及它们转化为事故的条件,以便制订整改措施,消除隐患和有害与危险因素,确保生产的安全。

2. 安全生产检查的内容

安全生产检查的内容包括软件系统和硬件系统。软件系统检查是查思想、查意识、查制度、查管理、查事故处理、查隐患、查整改等。硬件系统检查包括查生产设备、查辅助设施、查安全设施、查作业环境等。

3. 安全生产检查的方式

安全生产检查的方式主要有以下几种:

（1）经常性安全检查。经常性安全检查是采取个别的、日常的巡视方式来实现的。在生产(施工)过程中进行经常性的预防检查能及时发现隐患,及时整改,保证生产的正常进行。经常性安全检查的形式一般有巡回检查、岗位检查、日查等。

（2）定期安全检查。定期安全检查是企业或主管部门定期组织的全面安全检查,如季节性检查、季度检查、半年或年度检查等。这种检查声势浩大,不仅能查出并解决一些隐患问题,而且在客观上还能起到"敲警钟"的作用。

（3）专业性安全检查。专业性安全检查是企业根据安全生产的需要,组织专业人员用仪器和其他检测手段,有计划、有重点地对某项专业工作进行的安全检查。通过检查,可以了解某专业方面的设备可靠程度、维护管理状况、岗位人员的安全技术素质等情况,如锅炉及压力容器安全检查、电气安全检查、起重机安全检查等。

（4）群众性安全检查。群众性安全检查是指发动群众普遍进行的安全检查。如组织职代会代表进行安全检查,检查出的问题以职代会的名义提交行政领导解决,就是群众性安全检查的一种形式。

4.安全生产检查的方法

(1)常规检查。常规检查是常见的一种检查方法。通常是由安全管理人员作为检查工作的主体,到作业场所的现场,通过感官或辅以一定的简单工具、仪器等,对作业人员的行为、作业场所的环境条件、生产设备设施等进行的定性检查。检查人员通过这一手段,能及时发现现场存在的安全隐患并采取措施消除、纠正施工人员的不安全行为。

常规检查完全依赖检查人员的经验和能力,检查的结果受检查人员个人素质的影响,因此,对检查人员个人素质的要求较高。

(2)安全检查表(SCL)法。安全检查表法是事先把系统加以剖析,列出各层次的不安全因素,确定检查项目,并把检查项目按系统的组成顺序编制成表,以便进行检查或评审。这种表就叫做安全检查表。安全检查表法是进行安全检查,监督各项安全规章制度的实施,发现和查明各种危险及隐患,及时发现并制止违章行为的一种有力工具。

安全检查表应列举需查明的所有可能会导致事故的不安全因素,注明检查时间、检查者、直接负责人等,以便分清责任。编制安全检查表的主要依据是:有关标准、规程、规范及规定;国内外事故案例及本单位在安全生产管理中的经验;通过系统分析确定的危险部位及防范措施;新知识、新技术、新法规和新标准。

(3)仪器检查法。机器、设备内部的缺陷以及作业环境条件的真实信息或定量数据,只能通过仪器检查法来进行定量化的检查与测量,发现安全隐患,从而为后续整改提供信息。检查不同对象所用的仪器和手段也不同。

5.安全生产检查准备

要使安全检查达到预期效果,必须做好充分准备,包括思想上的和业务上的准备。

1)思想准备

思想准备主要是发动职工,开展群众性的自检活动,做到群众自检和检查组检查相结合,从而形成自检自改、边检边改的局面。这样,既可提高职工主人翁的思想意识,又可锻炼职工自己发现问题、自己动手解决问题的能力。

2)业务准备

业务准备主要有以下几个方面:

(1)确定检查的目的、步骤和方法,抽调检查人员,建立检查组织,安排检查日程;

(2)分析过去几年所发生的各类事故的资料,确定检查重点,以便把精力集中在那些事故多发的部门和工种上;

(3)运用系统工程原理,设计、印制检查表格,以便按要求逐项检查,做好记录,避免遗漏应检的项目,使安全检查逐步做到系统化、科学化。

6.安全生产检查的工作程序

安全生产检查一般包括安全检查准备、实施安全检查、通过分析作出判断、及时作出决定进行处理和整改落实五个步骤。

安全检查是做好安全管理、促进安全生产的一种手段,目的是消除隐患,克服不安全因素,达到安全生产的要求。消除事故隐患的关键是及时整改。由于某些原因不能立即整改的隐患,应逐项分析研究,做到"三定四不推",即定具体负责人、定措施办法、定整改时间;凡是自己能够解决的问题,班组不推给车间,车间不推给厂,厂不推给主管局,主管局不推给上一级。

第三节 现场安全管理

一、现场安全管理概述

1. 现场安全管理的定义

现场安全管理是指生产经营单位按照国家有关安全生产法规和本单位的安全生产规章制度,以直接消除生产过程中出现的人的不安全行为和物的不安全状态为目的的一种最基层的、具有终结性的安全管理活动。

现场安全管理是最低层次的安全管理活动,是组成生产经营单位安全管理活动的"细胞",是其他高层次管理活动得以实施的保证。

生产经营单位的现场安全管理水平是其安全管理水平的重要标志。

2. 现场安全管理的内容

1)加强对人的管理,控制违章违纪行为

伤亡事故一般是由人的不安全行为和物的不安全状态所致。在人机系统中,人起着主导作用,物的不安全状态与操作者的操作紧密联系。人的行为受其生理、心理、环境和素质等因素的影响,易产生违章、违纪行为,导致因不安全行为和物的不安全状态而发生的事故。因此,必须严格强化现场管理,控制违章、违纪,防止事故发生。

2)加强对设备(工具)及作业环境的管理,控制物的不安全状态

物的不安全状态主要是以能量的形式对外泄放,作用于人体或被人体吸收,消耗人体能量,致使人体生理机能部分损伤或全部损伤。现场物的不安全状态一般有以下几种形式:

(1)安全设施、安全装置的缺陷。

(2)物体的放置或工作场所的缺陷。

(3)劳动防护用品的缺陷。

(4)生产设备(工具)没有处于完好的技术状态。

因此,必须加强对设备(工具)的管理,及时发现、消除上述物的不安全状态,以保证安全生产。

3. 行为管理

人的不安全行为是造成安全事故的直接原因之一,人的不安全行为就是不符合安全生产客观规律,有可能导致伤亡事故和财产损失的行为。人的不安全行为可以分为有意的不安全行为和无意的不安全行为两类。有意的不安全行为是指有目的、有意图、明知故犯的不安全行为,是故意的违章行为。无意的不安全行为是无意识的或非故意的不安全行为,是不存在需要和目的的不安全行为。

人有自由意志,容易受环境的干扰和影响,生理、心理状态不稳定,其安全可靠性就比较差,往往会由于一些偶然因素而产生事先难以预料和防止的错误行为。人的不安全行为的概率是不可能为零的。

为控制人的不安全行为,可采取如下对策:

(1)对员工进行职业适应性检查。

(2)合理选拔和调配人员。

(3)制定安全操作规程,明确哪些是不安全行为,禁止员工以不安全行为操作。

(4)制定安全操作标准,推行标准化作业。

(5)做好安全生产的教育工作,使员工增强安全意识,提高遵章守纪的自觉性,提高安全操作技能的水平。

(6)实行确认制。

(7)切实加强现场安全操作检查,及时发现、制止和纠正违章作业。

(8)竞赛评比,奖优罚劣。

现场安全管理的行为管理,就是要求生产作业的现场管理人员和专(兼)职安全管理人员认真履行安全生产的职责,对生产岗位操作人员的操作行为进行检查,及时发现、制止、纠正违章行为,并给予批评教育,依章处罚。

4. 生产设备及安全设施管理

加强生产设备及安全设施的管理,对消除或控制物的不安全状态十分重要。要使生产设备安全可靠地运行,使安全设施有效地运行,就必须认真做好生产设备及安全设施的管理、使用、保养、维修等技术管理工作,使其处于完好的技术状态。设备管理工作主要由生产经营单位的设备管理部门负责。设备及安全设施现场安全管理,就是要严格按照安全检查制度的规定,进行日常安全检查,以及时发现生产设备、安全设施出现的故障和使用过程中遭受的破坏,及时予以修复,确保在用的生产设备、安全设施保持完好的技术状态。

二、作业过程安全管理

作业过程指以一定方式组织起来的人群,在一定的作业环境内,使用设备和各种工具,采用一定的方法把原材料和半成品加工、制造、组合成为产品,并安全运输和妥善保存的过程。

大部分的员工伤亡事故都是在作业过程中发生的。因此,分析和认识作业过程中的不安全因素并采取对策加以消除和控制,对于实现安全生产至关重要。作业过程是以人为主体进行的。实现作业过程安全化应主要着眼于消除人的不安全行为,为此而采取的对策和措施应该包括:合理安排劳动和休息时间,调节单调性作业,确定适当的工作节奏,实行标准化作业,实行确认制。

1. 合理安排劳动和休息时间

(1)工作时间制度。我国实行法定8小时工作制。为了保证8小时工作制的实施,必须严格限制加班加点。企业由于生产需要,经与工会和劳动者协商之后可以延长工作时间,但一般每日加点不得超过1h。因特殊原因需加点的,在保障劳动者身体健康的条件下,加点不得超过3h,且每月累计加班加点不得超过36h。禁止安排未成年工、怀孕7个月以上的女工、哺乳未满1周岁婴儿的女工加班加点。

有下列情形之一的,加班加点不受有关法规限制:发生自然灾害、事故或者其他原因的;威胁劳动者生命安全健康和财产安全,需要紧急处理的;生产设备、交通运输线路、公共设施发生故障,影响生产和公众利益,必须及时抢修的;法律、行政法规规定的其他情形。

(2)工间休息。在工间适当安排一定的休息,能缓解疲劳,避免因疲劳引发事故。根据我国的实际情况,以每半天各安排一次15~20min工间休息为宜。

2. 调节单调性作业

单调的工作使人感到枯燥乏味,容易产生心理疲劳,使生理疲劳提前到来。单调重复的工作在熟练以后,可以大大减少对意识控制的要求,容易导致工人在工作时精神涣散、漫不

经心。如果所从事的是危险较大的作业,就有可能发生事故。完全消除单调是困难的,但可以减轻其影响。改善单调的措施有:

(1)充实操作内容。简单地重复一两个动作是枯燥的,而轮流进行不少于5~6个动作可大大提高工作的兴趣。按此原则,在进行动作设计时,应力求把一些简单的操作适当合并,使每个工人都能从事多种多样的工作。

(2)建立中间目标。没有目标、没完没了的单调工作会使人感到十分疲劳和沮丧,而把工作分解成许多阶段,每个阶段都设置一个工作目标,就能改善这种状况。

(3)定期轮换工作,创造新鲜感。

(4)实行色彩和音乐的调节。

3.确定适当的工作节奏

工作节奏过快会增加劳动的强度并使工人感到紧张,导致疲劳加剧并诱发操作失误,造成事故;工作节奏过慢会使工人因等待而烦躁不安,注意力分散,反应速度降低,对安全也是不利的。

确定适当的工作节奏应该兼顾提高工作效率和减轻工人劳动强度两方面的要求。

4.实行标准化作业

在总结实践经验和进行科学分析的基础上,对作业方法加以优选优化,制定作业标准,按照作业标准进行作业就是标准化作业。

标准化作业的作业标准是安全生产规章制度的具体化。作业标准不但规定了不准干什么,更明确规定了具体的操作程序和方法,这些方法都是安全行为。实行标准化作业可以让工人的操作形成习惯,避免不安全行为和违章行为。

5.实行确认制

(1)确认制的应用范围。凡是可能发生误操作,而误操作又可能造成严重后果的都应制定并实施可靠的确认制。如:开动、关停机器和固定设备,驾驶车辆,危险作业,多人作业中的指挥联络,送、变电作业,检修后的开机,重要防护用品的使用及曾经发生过误操作事故的作业等。

(2)按作业程序制定确认制

①作业准备的确认。作业人员在接班后应对设备、作业环境状态进行检查,采用安全检查表进行检查,确认安全、正常后才允许开始操作。

②作业方法的确认。即对照工艺规程或标准化作业的标准,确认采用的作业方式无误后才允许开始作业。

③设备运行确认。设备开动后,应对设备的运行情况进行检查,确认正常后才允许继续运行。

④关闭设备的确认。按作业标准或操作规程的规定进行检查,确认符合规定后才允许关闭设备。

⑤多人作业的确认。如多人协同作业,则在开始作业前,按照工艺规程或作业方案的规定,对参加作业的人员、人员的作业位置、作业方法、指挥联络方式和作业中出现异常情况时的对策等进行确认,确认无误后才允许开始作业。

三、作业环境管理

作业环境即生产现场的空间和生产设施所构成的人、机环境。在作业环境中,有各种机器、设备、原材料、半成品和产品等,机械设备产生的噪声和振动,泄漏的有害气体、蒸汽、粉尘和热量等。在这样的人、机、环境里,管理有缺陷或不符合安全规范、标准要求,都有可能给操作者带来危害。

作业环境管理包括下列内容:

1. 作业空间的合理设计

作业空间的合理设计就是按照人的操作要求,对机器、设备、工具进行合理空间布置,以及在机器、设备上合理地安排操纵器、指示器和零部件的位置。

作业空间设计的基本原则是按照为操作者创造舒适、安全的作业条件的要求,合理地设计、布置机器、设备和工具。

2. 作业场所的清理、整顿

作业场所的清理、整顿是保证作业场所清洁、整齐,实现文明生产,保证作业高效安全的重要条件。

清理即把需要的和不需要的物品区分开,并且清除不需要的物品。对生产过程中产生的垃圾和边角料应及时清除,除了为参加生产因条件所限不得不带进作业场所的少量生活、学习用品外,其他的个人用品都不允许带进生产作业场所。

整顿就是把需要的东西以适当的方式放在该放的地方以便于使用。

(1)化学危险物品(包括易燃、易爆物品,压缩气体,毒品等)要按有关安全法规规定存放、保管。

(2)安全通道上在任何时候都不能放置物品。

(3)对安全通道和堆放物品的场所要划出明显的界限或架设围栏,堆放物品的场所应悬挂标牌,写明放置物品的名称和要求。

3. 合适的照明、通风、温度、湿度

(1)合适照明的目的在于创造一个良好的光环境。良好的照明能提高人的视觉灵敏度,使人容易看清物体,减缓视觉疲劳。明亮、整洁的作业环境还可以使人在工作时心情舒畅,精力集中,情绪高昂。所有这些都有助于减少事故的发生。

良好的光环境主要体现在两个方面,即适当的照度和良好的光的质量。

①照度要求。照度反映了光的量的要求。照度过大或过小都会加速人的视觉疲劳。照度不足往往可能成为安全事故的诱因。适当的照度应使人既能清楚地看清外界情况,又不容易产生视觉疲劳。

②光的质量要求。光的质量要求主要是均匀、稳定,光色效果得当,有适当的亮度对比和亮度分配,不产生眩光。均匀主要是指照度均匀和在视野内的亮度均匀。稳定则指光源不产生频闪,照度应保持标准值,不产生波动。光色效果是指照明的光色与设备的色彩一致,照明光源的显色性应该保证设备和物品在受到照射时显示本色而不失真。

物体与背景的亮度对比(或颜色对比)对视觉灵敏度的影响很大,对比越大,辨别物体越清楚,反之越困难。好的光照应该保证有适当的对比度。

良好的照明还应有适当的亮度分配。一方面要保证操作面和周围环境的亮度大致相等。或使周围的亮度稍低一些;另一方面应保证物体不产生对比度过强的阴影。

眩光即刺眼和耀眼的强烈光线。眩光产生的原因是物体表面过于光亮、亮度对比过大或直接强光照射,眩光可使人视力下降,造成不适的视觉条件,容易引发事故。

作业环境采光照明的具体要求和实际应用可参照《建筑采光设计标准》(GB/T 50033—

2001)和《建筑照明设计标准》(GB 50034—2004)。

(2)合适的温度、湿度和通风的目的在于创造一个良好的热环境。温度、湿度和通风情况三者相互联系、相互影响,构成了作业场所的热环境。其中,环境温度即环境中的空气温度,起主导作用。人体主观感觉到的温度不仅与环境温度有关,还受到环境湿度和通风情况的影响。在环境温度、湿度和气流速度的综合作用下,人的主观感觉温度称为有效温度。人感觉舒适的有效温度范围大体为20~28℃。人在这个温度范围内心情愉快、精力集中,不易疲劳,能安全而高效地工作。

改善高温环境的措施如下:

①减少热源的热作用。首先应考虑改革工艺,实现机械化、自动化,消除或减轻体力劳动,以减少工人与热源的接触,这是本质安全措施。其次是疏散热源,将热源移至室外,将加工完的灼热工件尽快运出车间。第三是隔离热源,割断热源的热辐射是有效的降温措施。

②通风散热。采用自然通风和机械通风,安装空调设备。

③局部降温冷却。安装风扇或喷雾风扇,以及用冰块降温等。

有关改善高温环境的具体要求可参照《工业企业设计卫生标准》(GBZ 1—2010)。

4. 安全信号装置、安全标志的完善

安全信号装置和安全标志是警告装置,它在不能消除、控制危险的情况下,提醒人们避开危险的装置。虽然是一种消极被动的、防御性的措施,但对于防止伤亡事故、实现安全生产仍然有十分重要的作用。

安全信号装置分声、光信号装置(如警铃、信号灯等)和各种显示设备(运行参数的仪器、仪表,如温度计、压力计、液位计等)。

安全标志即用简明醒目的颜色(安全色)、几何图形符号并辅以必要的文字说明,以提醒、警告人们防止危险,注意安全。

企业应视生产的实际情况及按国家安全法规的要求设置安全信号装置和安全标志。

作业环境的现场安全管理就是要在具备了国家安全生产法规要求的作业环境条件后,通过编制安全检查表,按安全检查制度的规定,进行严格的检查、检测,以及时发现不符合国家安全生产法规和本单位安全管理规章制度要求的隐患并及时整改,使作业环境持续保持符合安全生产要求的状态。

四、危险作业的现场管理

1. 危险作业的概念

危险作业即容易造成严重伤害事故和财产损失的作业,主要是指临时性作业、非生产性作业和劳动条件恶劣的作业,如:清扫作业场所,立体交叉作业,易燃易爆场所动火,重大设备的拆迁、吊运、安装、带电作业等。

2. 危险作业的基本特点

危险作业的基本特点是临时性、不固定性和危险性,具体表现在:

(1)作业时间、地点不固定。

(2)临时组织作业人员,彼此不熟悉,难以配合默契。

(3)作业程序不固定,不熟悉,甚至是完全生疏的。

(4)使用的设备、工具不固定,甚至不适合,缺乏安全保障。

(5)一般都比较复杂、困难,技术要求高,危险性大。

危险作业的这些特点决定了它比固定地点的重复性作业有更多的潜在危险,如不认真对待,极容易发生事故,且事故的后果往往比较严重。

3.危险作业的确定

为对危险作业实行安全控制,生产经营单位应根据危险作业的特点结合本单位的具体情况,划分危险作业的范围,确定本单位常见的危险作业。

由于危险作业的时间、地点、条件、规模等变化差异较大,要想预先规定所有危险作业的危险等级是困难的。但应该就本单位开展得较多,规模、条件相对较为固定的危险作业作出危险性评价。

危险作业的等级一般可定为两级,分别由厂级和车间级两级进行控制。危险作业等级的评定可按照危险性评价的方法并结合实践经验进行。

4.危险作业的控制管理

(1)提出申请。需要进行危险作业的部门应向上级提出申请,说明要求作业的理由及作业时间、地点和内容。由厂级控制的危险作业由厂主管领导审批,由车间级控制的危险作业由车间领导审批。

(2)危险辨识和危险评价。接受申请的领导应组织有关部门的有关人员和专职安全管理人员,对作业的全过程进行危险辨识和危险评价。

(3)制订控制危险的措施。针对危险辨识找出的不安全因素,制订相应的消除、控制措施。

(4)审批。如落实上述措施后可确保消除、控制这些不安全因素,则可批准作业。

(5)下达作业任务。下达、布置进行危险作业的任务时,应同时布置须采取的消除、控制不安全因素的措施,并明确批准作业的时间、地点、参加的人员、作业的分工及指定作业的负责人。

(6)作业前的准备。由作业负责人和作业单位安全管理人员负责对参加作业的全部人员进行培训,使他们熟悉作业安全措施及要求,掌握作业的操作技能,经考试合格后才能进行作业。作业前必须经过检查,确认已落实了应采取的消除、控制不安全因素的各项措施后方可进行作业。

(7)监督检查。审批单位应派出安全管理人员到作业现场进行监督检查。监督检查应使用安全检查表进行。一旦发现有违反安全措施的情况,应立即制止、纠正甚至停止作业。

危险作业的现场安全管理的重点是确保上述第六点和第七点的落实。

五、交叉作业的现场安全管理

1.交叉作业的定义

交叉作业是指两个以上的生产经营单位(或部门)在同一区域内进行生产经营活动,可能危及对方安全生产的施工作业行为。

2.交叉作业的现场安全管理

(1)交叉作业的作业单位应在作业前派出本单位的安全管理人员共同研究,进行危险辨识,找出交叉作业全过程存在的各方可能危及他方安全的因素,制订消除这些因素的措施,签订安全生产管理协议,以明确各方的安全生产管理职责和应采取的安全措施,并指定专人进行安全检查与协调。

(2)交叉作业的单位必须制订交叉作业的安全管理办法,对于危险性大、影响人身安全的交叉作业,必须制订专项安全方案;开展交叉作业的安全技术交底,确保作业人员清楚作业场所和岗位存在的危险因素、了解作业规程和作业标准、掌握异常情况的应急措施。必须严格按照技术方案、安全技术规程进行施工作业,加强安全检查,落实各项安全防护措施,切实保护人员安全和设备安全。

①在城市轨道交通运营正线、辅助线路、车场、车站、主变电所、控制中心进行交叉作业,必须严格按照城市轨道交通企业制定的有关行车设备维修施工管理等的规定,落实施工安全防护措施。

②在运营正线、辅助线路、车场等进行列车、工程车调试、试验的交叉作业,必须严格按照城市轨道交通企业有关行车设备维修施工管理等的规定,落实调试、试验安全防护措施。

③在城市轨道交通建设期间,轨行区与轨道车的运行是重点的交叉作业,必须严格按照城市轨道交通企业制定的有关轨道交通建设工程车运输管理等的规定,落实工程车运行、施工的安全防护措施。

3. 交叉作业的安全检查与监察

(1)交叉作业的安全检查必须坚持作业前安全检查、作业中安全监护、作业后安全清理。主要内容包括:作业前的安全培训,作业规程与标准,作业安全要点与异常情况的对策,设备工具的完好,监护人员的配备,安全标志的使用,作业中的指挥联络方式,作业场所的清理整顿等。对检查发现的问题和隐患必须立即进行整改,落实防护措施之后方能作业。

(2)交叉作业的安全检查必须坚持作业人员自我检查、负责人检查、安全管理人员检查,对检查发现的问题和隐患必须立即进行整改,落实防护措施之后方能作业。

(3)交叉作业的主体单位(部门)负有检查其他作业单位(部门)安全情况的责任,其他作业单位(部门)必须积极支持、配合主体单位(部门)的安全检查,落实每次交叉作业的安全检查。施工监理单位负有检查作业单位(部门)交叉作业安全情况的责任,对于危险性大、影响人身安全的交叉作业,监理人员必须实行旁站监理。城市轨道交通企业对本单位管辖内的交叉作业,必须定期或不定期地进行安全检查或抽查;安全监察部门应定期或不定期地进行安全监察。

第四节 城市轨道交通危险源与职业危害

一、危险源辨识与控制

1. 危险源的识别

危险源:可能造成人员伤害、职业病、财产损失、工作环境破坏或这些情况组合的根源或状态。

危险源识别:确认危险源的存在并确定其特性的过程,实质是找出组织中存在的人的不安全行为、物的不安全状态、作业环境中存在的危害因素及管理缺陷。

1)危险源类别

实际生活和工作中危险源很多,存在的形式也较复杂,这在辨识上给我们增加了难度。如果把各种构成危险源的因素,按照其在事故发生、发展过程中所起的作用按类别划分,无疑会给危险源辨识工作带来方便。

安全科学理论根据危险源在事故发生、发展过程中的作用,把危险源划分为以下两大类：

(1)第一类危险源。

根据能量意外释放理论，能量或危险物质的意外释放是伤亡事故发生的物理本质。于是，把生产过程中存在的，可能发生意外释放的能量（能源或能量载体）或危险物质称作第一类危险源。

为了防止第一类危险源导致事故，必须采取措施约束、限制能量或危险物质，控制危险源。

(2)第二类危险源。

正常情况下，生产过程中的能量或危险物质受到约束或限制，不会发生意外释放，即不会发生事故。但是，一旦这些约束或限制能量或危险物质的措施受到破坏或失效（故障），则将发生事故。导致能量或危险物质约束或限制措施破坏或失效的各种因素称作第二类危险源。

第二类危险源主要包括以下三种：

①物的故障。

物的故障是指机械设备、装置、元部件等由于性能低下而不能实现预定的功能的现象。从安全功能角度，物的不安全状态也是物的故障。物的故障可能是固有的，由于设计、制造缺陷造成的；也可能由于维修、使用不当，或磨损、腐蚀、老化等原因造成的。

②人的失误。

人的失误是指人的行为结果偏离了被要求的标准，即没有完成规定功能的现象。人的不安全行为也属于人的失误。人的失误会造成能量或危险物质控制系统故障，使屏蔽破坏或失效，从而导致事故发生。

③环境因素。

人和物存在的环境，即生产作业环境中的温度、湿度、噪声、振动、照明或通风换气等方面的问题，会促使人的失误或物的故障发生。

一起伤亡事故的发生往往是两类危险源共同作用的结果。第一类危险源是伤亡事故发生的能量主体，决定事故后果的严重程度。第二类危险源是第一类危险源造成事故的必要条件，决定事故发生的可能性。两类危险源相互关联、相互依存。第一类危险源的存在是第二类危险源出现的前提，第二类危险源的出现是第一类危险源导致事故的必要条件。因此，危险源辨识的首要任务是辨识第一类危险源，在此基础上再辨识第二类危险源。

此外，还可从一些广义的角度对危险源进行分类，例如：

a. 机械类、电气类、辐射类、物质类、火灾与爆炸类；

b. 物理性、化学性、生物性、心理和生理性、行为性、其他。

在进行危险源辨识时也可列出一份问题的提示单，例如：

——在平地上滑倒（跌倒）；

——人员从高处坠落；

——工具、材料等从高处坠落；

——头上空间不足；

——与工具、材料等的手提/搬运有关的危险源；

——与装配、试车、操作、维护、改型、修理和拆卸有关的装置、机械的危险源；

——车辆危险源，包括场地运输和公路运输；

——火灾和爆炸；
——对员工的暴力行为；
——可吸入的物质；
——可伤害眼睛的物质或试剂；
——可通过皮肤接触和吸收而造成伤害的物质；
——可通过摄入（如通过口腔进入体内）造成伤害的物质；
——有害能量（如电、辐射、噪声、振动）；
——由于经常性的重复动作而造成的与工作有关的上肢损伤；
——不适当的热环境，如过热；
——照明度；
——易滑、不平坦的场地或地面；
——不适当的楼梯护栏或扶手；
——合同方人员的活动。

上面所列并不全面。组织必须根据其工作活动的性质和工作场所的特点编制危险源提示单。

2）危险源的识别过程与方法

（1）识别危险源的步骤。

①识别准备。

a. 确定分工；

b. 收集识别范围内的资料；

c. 列出识别范围内的活动或流程涉及的所有方面。

②分类识别危险源。

从厂址、厂区平面布局，建（构）筑物，生产工艺过程，生产设备、装置，作业环境及管理措施六个方面进行分类识别。

③划分识别单元。

识别单元是分类识别危险源的细化，可以按照工艺、设备、物料、过程来细化；同类的过程或设备可以划为一类识别单元；识别对象不宜过粗或过细。

④危险源的识别。

先找出可能的事故伤害方式，再找出其原因。

⑤填写危险源登记表（表9-1）。

危险源清单及辨识评价表　　　　　　　　　　　　　　　　　表9-1

单位：

责任人：　　　　　　　　　时间：　　　年　　月　　日

序号	危险源	可能导致事故	L	E	C	D	风险分级	控制措施

（2）危险源识别方法。

危险源识别的方法很多，每一种方法都有其目的性和应用的范围。下面介绍几种可用于建立体系的危险源识别方法：

①询问、交谈。对于组织的某项工作具有经验的人，往往能指出其工作中的危害。从指

出的危害中,可初步分析出工作所存在的一、二类危险源。

②现场观察。通过对工作环境的现场观察,可发现存在的危险源。从事现场观察的人员,要求具有安全技术知识和掌握完善的职业健康安全法规、标准。

③查阅有关记录。查阅组织的事故、职业病的记录,可从中发现存在的危险源。

④获取外部信息。从有关类似组织、文献资料、专家咨询等方面获取有关危险源信息,加以分析研究,可辨识出组织存在的危险源。

⑤工作任务分析。通过分析组织成员工作任务中所涉及的危害,可识别出有关的危险源。

⑥安全检查表(Safety Check List,缩写为SCL)。运用已编制好的安全检查表,对组织进行系统的安全检查,可辨识出存在的危险源。

⑦危险与可操作性研究(Hazard and Operability Study,缩写为HAZOP)。危险与可操作性研究是一种对工艺过程中的危险源实行严格审查和控制的技术。它通过指导语句和标准格式寻找工艺偏差,以辨识系统存在的危险源,并确定控制危险源风险的对策。

⑧事件树分析(Event Tree Analysis,缩写为ETA)。事件树分析是一种从初始原因事件起,分析各环节事件"成功(正常)"或"失败(失效)"的发展变化过程,并预测各种可能结果的方法,即时序逻辑分析判断方法。应用这种方法,通过对系统各环节事件的分析,可辨识出系统的危险源。

⑨故障树分析(FTA)。故障树分析是一种根据系统可能发生的或已经发生的事故结果,去寻找与事故发生有关的原因、条件和规律。通过这样一个过程分析,可辨识出系统中导致事故的有关危险源。

上述几种危险源识别方法从切入点和分析过程上都有各自特点,也有各自的适用范围或局限性。所以,组织在识别危险源的过程中,往往使用一种方法,还不足以全面地识别其所存在的危险源,必须综合地运用两种或两种以上方法。

2. 城市轨道交通危险源的识别

城市轨道交通危险源识别涉及员工的健康与安全、行车安全、设备安全、消防安全、交通安全、乘客及相关安全、财产损失和列车延误等范畴。

1)危险源识别范围

危险源识别范围包括城市轨道交通覆盖范围内工作区域及其他相关范围内的生产经营活动、人员、设施等。根据城市轨道交通管理及其他活动情况,可分成以下类别:

(1)按地点划分:轨道交通沿线车站、车辆段、控制中心(OCC)大楼、办公楼等。

(2)按活动划分:常规活动、非常规活动、潜在的紧急情况。

2)确定危险源事故类型

在进行危险源识别前必须把危险源事故类型确定下来,以防止危险源识别不清晰、不全面。通过借鉴《企业职工伤亡事故分类》(GB 6441—1986)及分析城市轨道交通运营过程可能产生的行车事故/事件、列车延误及财产损失等事故类别,确定危险源事故类型表。

3)划分危险源识别对象

在各部门列出识别范围内的活动或流程所涉及的所有方面后,选用合适的设备分析法、工艺流程分析法或其他划分方法,根据事故类型划分危害事件,并根据以下过程划分危险源识别对象:

(1)对车辆设备大修的活动,可按照其工艺流程分析法划分识别对象。

(2)对设备维护及保养的活动,可按照设备分析法依据划分的设备作为危险源识别对象,并结合活动实施过程划分。

(3)使用设备时可根据具体操作过程划分。

(4)根据采购、存放、检测设备的过程划分。

(5)根据行车组织、客运组织过程划分。

(6)针对每一危险源辨识对象,参考危险源事故类型表,识别可能存在的事故/事件,并登记在危险源辨识及风险评价登记表中"危害事件"栏以及"事故类型"栏内。

3. 城市轨道交通危险源的控制

1)风险评价

对已识别出的危险源,通常采用风险评价方法进行分类评价。风险评价的方法一般有下列几种:

(1)专家讨论与比较。由专业人员对控制水平进行判断,并分析确定,一般需要考虑专业性及倾向性。

(2)权重与打分法(作业条件危险性评价法)。选择几个评价因子,用公式计算得到。

(3)民意测验法。对广泛调查表的结果进行统计分析。

(4)是非判断法。给出明确的标准,直接判断。

(5)事故树或事件树分析法。

2)划分风险等级

根据风险评价的结果,可将风险分为五级:第一级,极其危险;第二级,高度危险;第三级,中度危险;第四级,一般危险;第五级,可容忍危险。

3)风险控制措施

(1)对第一级和第二级的风险,一定要制订职业健康安全目标和职业健康安全管理方案。

(2)对第三级风险,视情况制订职业健康安全目标和职业健康安全管理方案。

(3)对第一、二、三、四级的风险,要制订运行控制程序,按程序进行管理。

(4)对第五级的风险,可维持现有的风险控制措施。

(5)对其他认为需要控制的风险,则根据实际情况的需要制订管理方案。

(6)对于潜在的紧急风险情况,应制订应急准备和响应控制程序,按程序进行管理。

城市轨道交通运营系统的复杂性带来运营风险的多变性。因此,运营风险管理必须要常抓不懈,不断进行自我纠正,为广大职工和乘客提供良好的安全运营大环境。

二、职业危害与职业病

1. 职业性危害因素

职业性有害因素又称生产性有害因素,是指能对职工的健康和劳动能力产生有害作用并导致疾病的生产因素。按其来源和性质可分为生产过程中的、劳动过程中的和与作业场所有关的有害因素三种。

1)生产过程中的有害因素

(1)化学因素。目前,引发职业病的最主要的职业性有害因素被公认为化学因素。它包括生产性毒物和生产性粉尘。生产性毒物可分为窒息性毒物(硫化氢、一氧化碳、氢化物等)、刺激性毒物(光气、氨气、二氧化硫等)、伺液性毒物(苯、苯的硝基化合物等)和神经性毒物(铅、汞、锰、有机磷农药等)。它们主要通过呼吸道(特殊情况下通过消化道或通过皮肤)侵入人体,对人体的组织、器官产生毒害作用,再依毒性的不同对人体的神经系统、血液系统、呼吸系统、消化系统、骨组织等产生作用。除了产生局部刺激和腐蚀作用及中毒现象以外,还可产生致突变作用、致癌作用、致畸作用等。生产性粉尘是指能长期悬浮在空气中的固体微粒,包括无机性粉尘(如石棉、煤、金属性粉尘、水泥等)、有机性粉尘(如烟草、麻、棉、人造纤维等)和混合性粉尘(如金属研磨尘、合金加工尘等)。劳动者在生产过程中被动吸入的这些生产性粉尘随时间的推移在肺内逐渐沉积到一定程度时,会引起以肺组织纤维化为主的病变,即导致尘肺病的发生。

(2)物理因素。物理性职业有害因素主要包括:①不良的气候条件;②异常气压;③生产性噪声、振动;④电离辐射,如α射线,β射线,γ射线或中子流等;⑤非电离辐射,如紫外线、红外线、微波、高频电磁场等。

(3)生物因素。生物因素主要指病原微生物和致病寄生虫,如炭疽杆菌、布氏杆菌、森林脑炎病毒等。

2)劳动过程中的职业性有害因素

这主要包括劳动时间过长、劳动强度过大、作业安排与劳动者的生理状态不相适应、长时间处于某种不良体位、长时间从事某一单调动作的作业或身体的个别器官和肢体过度紧张等。

3)与作业场所有关的职业性有害因素

(1)作业场所的设计不符合卫生标准和要求,厂房狭小、厂房建筑及车间布置不合理。

(2)缺乏必要的卫生技术设施,如缺少通风换气设施、采暖设施、防尘防毒设施、防暑降温设施、防噪防振设施、防射线设施等。

(3)安全防护设施不完善,使用个人防护用具方法不当或防护用具本身有缺陷等。

上述各种职业性有害因素对人体产生不良影响并显现病状,是要满足一定条件的。如有害因素的强度(数量)、人体接触有害因素的时间和程度、个体因素及环境因素等。当职业性有害因素作用于人体并造成人体功能性或器质性病变时所导致的疾病即为职业病。

2. 职业病的概念与特点

1)职业病的定义

广义上的职业病泛指劳动者在生产劳动及其他职业活动中,由于职业性有害因素的影响而引起的疾病。本节论及的职业病是狭义的职业病,即法定职业病。它是指职工因受职业性有害因素的影响引起的,由国家以法规形式规定并经国家指定的医疗机构确诊的疾病。

1987年11月,卫生部、劳动人事部、财政部、中华全国总工会联合发布了《职业病范围和职业病患者处理办法的规定》,确定了我国现阶段九大类共99种法定职业病的名单。

2)职业病的特点

与其他职业伤害相比,职业病有以下特点:

(1)职业病的起因是由于劳动者在职业性活动过程中或长期受到来自化学的、物理的、生物的职业性危害因素的侵蚀,或长期受不良的作业方法、恶劣的作业条件的影响。这些因素及影响可能直接或间接地、个别或共同地发生着作用。

(2)职业病不同于突发的事故或疾病,其病症要经过一个较长的逐渐形成期或潜伏期后才能显现,属于缓发性伤残。

(3)由于职业病多表现为体内生理器官或生理功能的损伤,因而是只见"疾病",不见

"外伤"。

(4)职业病属于不可逆性损伤,很少有痊愈的可能。换言之,除了促使患者远离致病源自然痊愈之外没有更为积极的治疗方法,因而对职业病预防问题的研究尤为重要。可以通过作业者的注意、作业环境条件的改善和作业方法的改进等管理手段减少患病率。

可见,职业病虽然被列入因工伤残的范围,但它同工伤伤残又是有区别的。

3. 职业病的认定

职业病认定是指在确认患者所得的疾患与生产劳动直接相关的前提下,从患者的病因、病种和职业接触史等多方面规定职业病的资格条件。依据《职业病范围和职业病患者处理办法的规定》,凡有下列病症之一者,应被认定为职业病患者。

(1)职业中毒类。包括以下各种类型:铅及其化合物中毒(不包括四乙基铅);汞及其化合物中毒;锰及其化合物中毒;镉及其化合物中毒;铍病;铊及其化合物中毒;钒及其化合物中毒;磷及其化合物中毒(不包括磷化氢、磷化锌、磷化铝);砷及其化合物中毒(不包括砷化氢);砷化氢中毒;氯气中毒;二氧化硫中毒;光气中毒;氨中毒;氮氧化物中毒;一氧化碳中毒;二硫化碳中毒;硫化氢中毒;磷化氢、磷化锌、磷化铝中毒;工业性氟病;氰及腈类化合物中毒;四乙基铅中毒;有机锡中毒;羰基镍中毒;苯中毒;甲苯中毒;二甲苯中毒;正己烷中毒;汽油中毒;有机氟聚化物单体及其热裂解物中毒;二氯乙烷中毒;四氯化碳中毒;氯乙烯中毒;三氯乙烯中毒;氯丙烯中毒;氯丁二烯中毒;苯的氨基及硝基化合物(不包括三硝基甲苯)中毒;三硝基甲苯中毒;甲醇中毒;酚中毒;五氯酚中毒;甲醛中毒;硫酸二甲酯中毒;丙烯酰胺中毒;有机磷农药中毒;氨基甲酸酯类农药中毒;杀虫脒中毒;溴甲烷中毒;拟除虫菊酯类农药中毒;根据《职业性中毒肝病诊断标准与处理原则》可以诊断的职业性中毒性肝病;根据《职业性急性中毒诊断标准及处理原则总则》可以诊断的其他职业性急性中毒。

职业中毒类职业病是由于长期接触职业性有毒物质,并且这些物质在人体内积累到一定浓度后所造成的。职业中毒又有急性中毒、亚急性中毒和慢性中毒之分。

(2)尘肺类。包括:矽肺;煤工尘肺;石墨尘肺;炭墨尘肺;石棉肺;滑石尘肺;水泥尘肺;云母尘肺;陶工尘肺;铝尘肺;电焊工尘肺;铸工尘肺。

尘肺类职业病的起因是劳动者长期工作在生产性微尘浓度较大的场所,吸入的粉尘在体内(肺部)沉淀所致。其中危害最严重和危害最普遍的尘肺病分别是矽肺和煤工尘肺。

(3)物理因素职业病。包括:中暑;减压病;高原病;航空病;局部振动病;放射性疾病,包括急性外照射放射病、慢性外照射放射病、内照射放射病和放射性皮肤烧伤。

(4)职业性传染病。包括:炭疽;森林脑炎;布氏杆菌病。

(5)职业性皮肤病。由于劳动者皮肤经常接触毒物、毒气,使皮层中有毒物质积累所致的皮肤病。包括:接触性皮炎;光敏性皮炎;电光性皮炎;黑变病;痤疮;溃疡;根据《职业性皮肤病诊断标准及处理原则》可以诊断的其他职业性皮肤病。

(6)职业性眼病。劳动者眼睛长期受紫外电弧光刺激所致的眼病。包括:化学性眼部烧伤;电光性眼炎;职业性白内障(含放射性白内障)。

(7)职业性耳鼻喉疾病。包括职业性耳聋和铬鼻病两种病症。前者是劳动者长期在超标的高分贝噪声环境中工作形成的听觉不可逆性疲劳损害的反映;后者是由于重金属在鼻腔内积累而导致的损伤。

(8)职业性肿瘤。包括:石棉所致肺癌、间皮瘤;联苯胺所致膀胱癌;苯所致白血病;氯甲醚所致肺癌;砷所致肺癌、皮肤癌;氯乙烯所致肝血管肉瘤;焦炉工人肺癌;铬酸盐制造工人肺癌。这些病皆为劳动者长期接触的有毒物质在体内积累并逐渐造成细胞癌变的结果。

(9)其他职业病。包括：化学灼伤；金属烟热；职业性哮喘；职业性变态反应性肺泡炎；棉尘病；煤矿井下工人滑囊炎；牙酸蚀病。

在进行职业病认定时，不能只靠某一单项指标轻易得出结论，而是要根据患者的接触史、劳动环境和劳动条件以及患者的临床表现检查化验，结合现场调查，进行综合分析，排除其他疾病后才能作出判断。

职业病患者在经过职业病诊断机构（而不是一般的医疗机构）确诊后，领取《职业病诊断证明书》并开始享受工伤保险待遇。

4. 职业病的预防和管理

职业病的防和管理工作包括作业环境管理、作业管理和健康管理三个方面的内容。

1）作业环境管理

作业环境即生产环境，是指在生产劳动过程中由人员环境与自然环境因素组合而成的小环境。它受自然环境的影响，劳动者对其适应能力的大小除了与其自身条件有关外，主要受作业性质、作业方式和相应的技术组织措施的影响。作业环境不仅会影响工作效率，更会直接影响到职工的安全与健康。

在掌握了不同的作业及作业环境中使用的物质、机器可能给人体健康带来何种危害的知识的基础上，必须考虑有效的作业环境对策。包括：①换气设备：设置换气、排气设备，并进行经常的保养、检查或改进。此外，设置必要的排出物收集、集尘装置。②环境测定：从最重要的环境因素开始，对作业的特性以及有害物质的发生源、发生量随时间、空间的改变而变化的情况进行测定。对那些看似不重要的环境因素也不能轻视。③采用封闭系统，探讨自动化或代替物品的使用。④建立休息室、配置卫生设施等。

2）作业管理

作业管理是指在给定的作业环境范围内，为使作业最安全、最舒适、最高效地进行而采取的保证措施。包括：①坚持不懈地进行卫生教育，特别是以使作业者对与之相关的作业对象的充分认识为目的的卫生教育尤为重要。②标准化的严格遵守及协调性的作业是安全、高效地从事作业的重要保障。因此必须对机械的配置、清洁、整顿，有害物的标示及处理方法，作业程序、作业姿势，应当使用的器具等内容进行管理和监督。③责任者的选任及其职责权限的明确。④个人防护用品、用具的选用及保养管理。

3）健康管理

健康管理是指对职工的健康状况进行定期检查并依据检查结果对其进行适当处置的过程，它是以对职工健康障碍进行早期发现为主要目的的。健康管理主要包括：

(1)建立健康检查制度。分以下两种情况进行：

①对新员工（包括因调动工作新上岗的人员）进行从事岗位工作前的健康检查，根据检查结果，对其从事该岗位工作的适宜性与否作出评价。

②对从事有害工种作业的职工，其所在单位要定期组织健康检查，并建立健康档案。由于按规定接受职业性健康检查所占用的生产、工作时间应按正常出勤处理。

(2)健康检查的事后处理。根据健康检查的结果，既能观察职工群体健康指标的变化，又可以对职工个体的健康状况逐一进行评价并对其进行适当的健康指导和治疗。健康检查的事后处理应从医疗和工作安排两个方面同时展开，如要观察、要治疗、要调动、要进行工作限定等。当职工被确认患有职业病后，其所在单位应根据职业病诊断机构的意见，安排其医疗和疗养。对在医治和疗养后被确认不宜继续从事原有害工种作业的职工,应在确认之日起的两个月内将其调离原工作岗位,另行安排工作。

5. 职业病的统计分析

1) 有关概念

(1) 职业病例数。在进行职业病规模的统计时,一般都使用病例作为统计单位。所谓病例,是指一个人每次或每种患病,即一个人每患一次或一种职业病时就是一个病例,一个病人可能因同时患两种以上职业病而作为两个以上的病例出现。

(2) 发生职业病例数。指一定时期内新发生的职业病的病例数。它是反映该时期新发生的职业病规模的指标。

(3) 患有职业病例数。指一定时点上或一定时期内职业病的总病例数,即不仅包括新发生的病例,还包括已有的旧病例。它反映了该时期职工患有职业病的总规模。

2) 常用的职业病统计分析指标

(1) 职业病受检率。职业病受检率是指在职业病普查时实际受检人数占应受检人数的比例。作为职业病统计的一个重要指标,受检率直接关系着职业病例数,即职业病患者规模的可信程度。其计算公式为:

$$职业病受检率 = \frac{实际受检人数}{应受检人数} \times 100\%$$

(2) 某种职业病的发病率。它表示在每百名(或千名)从事某种作业的职工中新发现的某种职业病例数的指标,即

$$某种职业病发病率 = \frac{某时期内发现某种职业病新病例数}{某时期内某种作业职工数(百人或千人)} \times 100\%$$

(3) 某种职业病患病率。它是指每百名(或千名)职工中患有某种职业病的总病例数。该项计算应在受检率达到90%以上的基础上进行,否则就不足以保证统计的可靠性。其计算公式为:

$$某种职业病患病率 = \frac{某时期内发现的某种职业病新、旧病例总数}{某时期内某种作业职工数(百人或千人)} \times 100\%$$

(4) 某种职业病受检人患病率。它是指在一次检查中,受检人中被确认患某种职业病的人数占此次检查的受检人总数的比率。它反映了某一时点上从事某种作业的职工患有某种职业病的程度。其计算公式为:

$$某种职业病受检人患病率 = \frac{受检人数中患某种职业病人数}{受检人数(百人或千人)} \times 100\%$$

需要注意的是对"一次检查中"的理解。有时,因某种职业病普查涉及的范围广、受检人数多、检查条件的限制等客观原因,有可能使对所有受检者的检查在数天、数周甚至数月内才能完成。此时,虽然各部分受检者未在同一时点接受检查,但仍应作为"一次检查中"的结果予以记录或统计,它与时点患病率具有相同的意义。

(5) 某种职业病平均发病工龄。发病工龄是指职工开始从事某种作业起到被确诊为职业病患者时的工龄。某种职业病平均发病工龄则是某种职业病的患者发生该病时的工龄的一般水平,按下式计算:

$$某种职业病平均发病工龄 = \frac{某种职业病患者到确诊时的工龄总和}{某种职业病例数}$$

(6) 某种职业病死亡率。它是指某一时期内,每百名某种职业病患者中,因该种职业病

而死亡的人数。它反映了各种职业病对职工生命安全的危害程度,即对劳动力的损害程度。其计算公式为:

$$某种职业病死亡率 = \frac{某种职业病死亡人数}{同种职业病患者人数(百人)} \times 100\%$$

6. 城市轨道交通运营中存在的职业病因素及防治方法

1) 城市轨道交通运营生产岗位主要存在的职业病危害因素

车辆检修岗位:粉尘、噪声、化学毒物(苯系物)、射频辐射。

车辆维修设备、工建维修岗位:粉尘、噪声。

通信信号维修岗位:工频电磁场。

机电维修岗位:噪声、工频电磁辐射。

自动化维修岗位:噪声、工频电磁辐射、油漆。

供电维修岗位:粉尘、噪声、工频电磁辐射。

中心站、车站岗位:射频辐射、工频辐射。

乘务岗位:粉尘、噪声、工频电磁辐射、射频辐射。

调度中心岗位:工频电磁辐射。

2) 城市轨道交通运营中存在的职业病危害因素的防治措施

(1) 化学毒物危害的防治措施。在运营日常检修维护中,车辆段和区间隧道检修作业基本采用机械化及自动化控制,员工按照操作规程进行操作;加强有毒岗位作业的通风,并保证使用的固定防毒设施正常运行;加强有效的个人职业卫生防护,员工可能接触的绝大部分化学毒物都可控制在《工业场所有害因素职业接触限值》(GBZ 2.1—2007)所规定的职业接触限值内。对于接触化学危害因素的作业人员,按国家有关规定定期安排职业健康检查。

(2) 粉尘危害的控制。在工作过程中必须进行必要的个人防护,工作后及时冲洗。对于接触粉尘作业的人员,按照国家有关规定安排职业健康检查,以便及早发现肺部病变。

(3) 噪声危害的控制。个别工作场所噪声强度有超标现象,对于接触噪声危害因素的作业人员,在工作过程中必须进行必要的个人防护(如佩戴耳塞等),按国家有关规定定期安排职业健康检查。

(4) 电磁辐射危害的控制。

① 工人进行电焊作业时,应严格按操作规程进行作业,使用防护眼罩,防止紫外线辐射对眼睛的伤害。车站人员使用符合射频辐射标准的对讲机,则对工作人员可能造成的危害程度较小,工作时尽量缩短接触时间,也可降低对人体的危害。

② 在设备投入使用后,经过检测各工作场所的工频电场强度应符合职业卫生接触限值。对于接触电磁辐射的作业人员,按国家有关规定定期安排职业健康检查。

思考题

1. 简述安全生产检查的方式及其含义。
2. 简述建立安全生产责任制的目的。
3. 轨道交通运营岗位职业危害的防治措施有哪些?

第十章 员工安全保障

第一节 安全教育与培训

一、安全教育的意义

安全教育是事故预防与控制的重要手段之一。根据事故致因理论,要想控制事故,首先是通过技术手段(如报警装置等)、通过某种信息交流方式告知人们危险的存在或发生;其次则是要求人在感知到有关信息后,正确理解信息的意义,即何种危险发生或存在,该危险对人会有何伤害,以及有无必要采取措施和应采取何种应对措施等。而上述过程中有关人对信息的理解认识和反应的部门均是通过安全教育的手段实现的。

诚然,用安全技术手段消除或控制事故是解决安全问题的最佳选择。但在科学技术较为发达的今天,即使人们已经采取了较好的技术措施对事故进行预防和控制,人的行为仍要受到某种程度的制约。相对于用制度和法规对人的制约,安全教育是采用一种和缓的说服、诱导的方式,授人以改造、改善和控制危险的手段和指明通往安全稳定境界的途径,因而更容易为大多数人所接受,更能从根本上起到消除和控制事故的作用;而且通过接受安全教育,人们会逐渐提高其安全素质,使得其在面对新环境、新条件时,仍有一定的保证安全的能力和手段。

所谓安全教育,实际上包括安全教育和安全培训两大部分。

安全教育是通过各种形式,包括学校的教育、媒体宣传、政策导向等,努力提高人的安全意识和素质,学会从安全的角度观察和理解要从事的活动和面临的形势,用安全的观点解释和处理自己遇到的新问题。安全教育主要是一种意识的培养,是长时期的甚至贯穿于人的一生的,并在人的所有行为中体现出来,而与其所从事的职业并无直接关系。

安全培训虽然也包含有关教育的内容,但其内容相对于安全教育要具体得多,范围要小得多,主要是一种技能的培训。安全培训的主要目的是使人掌握在某种特定的作业或环境下正确并安全地完成其应完成的任务,故也有人称在生产领域的安全培训为安全生产教育。

安全教育的内容非常广泛,学校教育是最主要的教育途径之一。无论是小学、还是中学、大学,都应通过各种形式对学生进行安全意识的培养,包括组织活动、开设有关课程等。

在高等教育中,国外一般均采用两种方式进行安全教育,一是培养安全专业人才的专业教育,一是对所有大学生的普及教育,包括开设辅修专业或选修、必修课程等。我国基本上也采用了这种模式。目前,已有近 50 所高等院校培养安全工程及相关专业的本科生,近 30

所院校招收硕士研究生,并通过函授进修等方式对在职安全技术干部进行教育培训,努力提高其安全素质和专业知识水平。另外,部分院校也采用开设选修课程等方式进行安全教育。

但总的说来,由于观念上的差异及学时、师资等方面的限制,高校中对非安全类专业学生的安全教育迄今尚停留在较低的水平上,这也使得我国在培养了极少量的专业安全人才的同时,却输出了一大批不具备基本的安全素质的工程技术人才和管理人才。实际上,这也成为了近年来恶性事故频发、安全类诉讼急升的间接原因。

安全培训,亦称安全生产教育,主要是指企业为提高职工安全技术水平和防范事故能力而进行的教育培训工作,也是企业安全管理的主要内容。它与消除事故隐患、创造良好的劳动条件相辅相成,二者缺一不可。

开展安全教育既是企业安全管理的需要,也是国家法律法规的要求。新中国成立至今,党和国家先后对安全教育工作作出了多次具体规定,颁布了多项法律、法规,明确提出要加强安全教育。同时,在重大事故调查过程中,是否对劳动者进行安全教育也是影响事故处理决策的主要因素之一。

开展安全教育,是企业发展经济的需要,是适应企业人员结构变化的需要,是发展、弘扬企业安全文化的需要,是安全生产向广度和深度发展的需要,也是做好安全管理的基础性工作,掌握各种安全知识,避免职业危害的主要途径。

二、安全教育的内容

安全教育内容可概括为3个方面,即安全态度教育、安全知识教育和安全技能教育。

1. 安全态度教育

要想增强人的安全意识,首先应使之对安全有一个正确的态度。安全态度教育包括两个方面,即思想教育和态度教育。

2. 安全知识教育

安全知识教育包括安全管理知识教育和安全技术知识教育。对于带有潜藏的只凭人的感觉不能直接感知其危险性的危险因素的操作,安全知识教育尤其重要。

(1)安全管理知识教育。

安全管理知识教育的内容包括对安全管理组织结构、管理体制、基本安全管理方法及安全心理学、安全人机工程学、系统安全工程等方面的知识。通过对这些知识的学习,可使各级领导和职工真正从理论到实践上认清事故是可以预防的;避免事故发生的管理措施和技术措施要符合人的生理和心理特点;安全管理是科学的管理,是科学性与艺术性的高度结合。

(2)安全技术知识教育。

安全技术知识教育的内容主要包括:一般生产技术知识、一般安全技术知识和专业安全技术知识教育。

一般生产技术知识教育主要包括:企业的基本生产概况,生产技术过程,作业方式或工艺流程,与生产过程和作业方法相适应的各种机器设备的性能和有关知识,工人在生产中积累的生产操作技能和经验及产品的构造、性能、质量和规格等。

一般安全技术知识是企业所有职工都必须具备的安全技术知识,主要包括:企业内危险设备所在的区域及其安全防护的基本知识和注意事项,有关电气设备(动力及照明)的基本安全知识,起重机械和厂内运输的有关安全知识,生产中使用的有毒、有害原材料或可能散发的有毒有害物质的安全防护基本知识，企业中一般消防制度和规划，个人防护用品的正确使用以及伤亡事故报告方法等。

专业安全技术知识是指从事某一作业的职工必须具备的安全技术知识。专业安全技术知识比较专门和深入，其中包括安全技术知识、工业卫生技术知识以及根据这些技术知识和经验制定的各种安全操作技术规程等。其内容涉及锅炉、受压容器、起重机械、电气、焊接、防爆、防尘、防毒和噪声控制等。

3. 安全技能教育

（1）安全技能。

仅有了安全技术知识，并不等于能够安全地从事操作，还必须把安全技术知识变成进行安全操作的本领，才能取得预期的安全效果。要实现从"知道"到"会做"的过程，就要借助于安全技能培训。

技能是人为了完成具有一定意义的任务，经过训练而获得的完善化、自动化的行为方式。技能达到一定的熟练程度，具有了高度的自动化和精密的准确性，便称为技巧。技能是个人全部行为的组成部分，是行为自动化的一部分，是经过练习逐渐形成的。

安全技能培训包括正常作业的安全技能培训，异常情况的处理技能培训。

安全技能培训应按照标准化作业要求来进行，预先制定作业标准或异常情况时的处理标准，有计划有步骤地进行培训。

安全技能的形成是有阶段性的，不同阶段显示出不同的特征。一般来说，安全技能的形成可以分为三个阶段，即掌握局部动作的阶段、初步掌握完整动作阶段、动作的协调和完善阶段。在技能形成过程中，各个阶段的变化主要表现在行为结构的改变，行为速度和品质的提高，以及行为调节能力的增强三个方面。

行为结构的改变主要体现在动作技能的形成，表现为许多局部动作联系为完整的动作系统，动作之间的互相干扰以及多余动作的逐渐减少；智力技能的形成表现为智力活动的多个环节逐渐联系成一个整体，概念之间的混淆现象逐渐减少以至消失，内部趋于概括化和简单化，在解决问题时由开展性的推理转化为"简缩推理"。

行为速度和品质的提高主要体现在动作技能的形成，动作速度的加快和动作的准确性、协调性、稳定性、灵活性的提高；智力技能的形成则表现为思维的敏捷性与灵活性、思维的广度与深度、思维的独立性等品质的提高，掌握新知识速度和水平是智力技能的重要标志。

行为调节能力的提高主要体现在一般动作技能形成，表现为视觉控制的减弱与动作控制的增强以及动作的紧张性的消失；智力技能则表现为智力活动的熟练化、大脑劳动的消耗减少等。

（2）安全技能培训计划。

在安全技能培训制订训练计划时，一般要考虑以下几个方面的问题：

①要循序渐进。对于一些较困难、较复杂的技能，可以把它划分成若干简单的局部的成分，有步骤地进行练习。在掌握了这些局部成分以后，再过渡到比较复杂的、完整的操作。

②正确掌握对练习的速度和质量的要求。在开始练习的阶段可以要求慢一些，而对操作的准确性则要严格要求，使之打下一个良好的基础。随着练习的进展，要适当地加快速度，逐步提高效率。

③正确安排练习时间。一般来说，在开始阶段，每次练习的时间不宜过长，各次练习之

间的间隔可以短一些。随着技能的掌握,可以适当地延长各次练习之间的间隔,每次练习的时间也可延长一些。

④练习方式要多样化。多样化的练习可以提高兴趣,促进练习的积极性,保持高度的注意力。练习方式的多样化还可以培养人们灵活运用知识的技能。当然,方式过多、变化过于频繁也会导致相反的结果,即影响技能的形成。

在安全教育中,第一阶段应该进行安全知识教育,使操作者了解生产操作过程中潜在的危险因素及防范措施等,即解决"知"的问题;第二阶段为安全技能训练,掌握和提高熟练程度,即解决"会"的问题;第三阶段为安全态度教育,使操作者尽可能地实行安全技能。三个阶段相辅相成,缺一不可。只有将这三种教育有机地结合在一起,才能取得较好的安全教育效果。在思想上有了强烈的安全要求,又具备了必要的安全技术知识,掌握了熟练的安全操作技能,才能取得安全的结果,避免事故和伤害的发生。

三、安全教育的形式和方法

按照教育的对象,可把安全教育分为对管理人员的安全教育和对生产岗位职工的安全教育两大部分。

1. 各级管理人员的安全教育

管理人员安全教育是指对企业管理人员、工程技术人员的安全教育。

2. 生产岗位职工安全教育

生产岗位职工的安全教育一般有:三级安全教育,特种作业人员安全教育,经常性安全教育,"五新"作业安全教育,复工、调岗安全教育等。

3. 安全教育的形式

安全教育应利用各种教育形式和教育手段,以生动活泼的方式,来实现安全生产这一严肃的课题。

安全教育形式大体可分为以下七种:

(1)广告式,包括安全广告、标语、宣传画、标志、展览、黑板报等形式,它以精炼的语言,醒目的方式,在醒目的地方展示,提醒人们注意安全和怎样才能安全。

(2)演讲式,包括教学、讲座的讲演,经验介绍,现身说法,演讲比赛等。这种教育形式可以是系统教学,也可以专题论证、讨论,用以丰富人们的安全知识,提高对安全生产的重视程度。

(3)会议讨论式,包括事故现场分析会、班前班后会、专题研讨会等,以集体讨论的形式,使与会者在参与过程中进行自我教育。

(4)竞赛式,包括口头、笔头知识竞赛,安全、消防技能竞赛,以及其他各种安全教育活动评比等,以激发人们学安全、懂安全、会安全的积极性,促进职工在竞赛活动中树立安全第一的思想,丰富安全知识,掌握安全技能。

(5)声像式,即用声像等现代艺术手段,使安全教育寓教于乐,主要有安全宣传广播、电影、电视、录像等。

(6)文艺演出式,即以安全为题材编写和演出的相声、小品、话剧等文艺演出的教育形式。

(7)学校正规教学,即利用国家或企业办的大学、高职、中职、技校,开办安全工程专业,或穿插渗透于其他专业的安全课程。

四、提高安全教育的效率

在进行安全教育过程中,为提高安全教育效果,应注意以下五个方面:
(1)领导者要重视安全教育。
(2)要注重安全教育的效果。
(3)要重视初始印象对学习者的重要性。
(4)要注意巩固学习成果。
(5)应与企业安全文化建设相结合。

第二节 劳动保护

劳动者在生产劳动过程中由于作业条件或其他突发原因,会受到尘、毒、噪声、辐射、电击、灼烧、淹溺、冻伤、腐蚀、打击、坠落、刺激、绞碾等危害,或导致损伤,或导致急性中毒、职业病,严重的甚至危及生命。尽管采取了必要的工艺改革和安装防护装置,但仍会有一些不安全因素无法用技术和设备排除。此时,应使用劳动防护用品保护人身安全与健康。

《中华人民共和国安全生产法》第三十七条规定:"生产经营单位必须为从业人员提供符合国家标准或者行业标准的劳动防护用品,并监督、教育从业人员按照使用规则佩戴、使用。"

一、劳动防护用品定义及作用

劳动防护用品指由生产经营单位为从业人员配备的,使其在劳动过程中免遭或者减轻事故伤害及职业危害的个人防护装备。

劳动防护用品分为特种劳动防护用品和一般劳动防护用品。特种劳动防护用品目录由国家安全生产监督管理总局确定并公布;未列出目录的劳动防护用品为一般劳动防护用品。

特种劳动防护用品安全标志是确认特种劳动防护用品安全防护性能符合国家标准、行业标准,准许生产经营单位配发和使用该劳动防护用品的凭证。特种劳动防护用品安全标志由特种劳动防护用品安全标志证书和特种劳动防护用品安全标志识别两部分组成。特种劳动防护用品安全标志证书由国家安全生产监督管理总局监制,加盖特种劳动防护用品安全标志管理中心印章。

特种劳动防护用品有头部护具类、呼吸护具类、眼(面)护具类、防护服类、防护鞋类和防坠落护具类。

二、常用劳动防护用品

企业应当按照《个体防护装备选用规范》(GB/T 11651—2008)和国家颁布的劳动防护用品配备标准以及有关规定,为从业人员配备劳动防护用品。为从业人员提供的劳动防护用品。必须符合国家标准或者行业标准,不得超过使用期限。

各单位不得采购和使用无安全标志的特种劳动防护用品;购买的特种劳动防护用品须经本单位的安全生产技术部门或者管理人员检查验收。

1. 头部防护用品

头部防护用品是为防御头部不受外来物体打击和其他因素危害而配备的劳动防护装

备。根据防护功能要求,主要是一般防护帽、防尘帽、防水帽、防寒帽、安全帽、防静电帽、防高温帽、防电磁辐射帽、防昆虫帽九类产品。在工伤、交通死亡事故中,因头部受伤致死的比例最高,使用安全帽能够避免或减轻上述伤害。

2. 呼吸器官防护用品

呼吸器官防护用品是为防御有害气体、蒸气、粉尘、烟、雾从呼吸道吸入,直接向使用者供氧或清洁空气,保证尘、毒污染或缺氧环境中作业人员正常呼吸的防护用品。

呼吸器官防护用品主要有防尘口罩和防毒口罩。

3. 眼(面)部防护用品

眼(面)部防护用品是为预防烟雾、尘粒、金属火花和飞屑、热辐射、电磁辐射、激光、化学飞溅等伤害眼睛或面部的防护用品。根据防护功能,大致可分为防尘类、防水类、防冲击类、防高温类、防电磁辐射类、防射线类、防化学飞溅类、防风沙类、防强光类九类。

4. 听觉器官防护用品

听觉器官防护用品是能够防止过量的声能侵入外耳道,使人耳避免噪声的过度刺激,减少听力损失,预防由噪声对人身引起不良影响的个体防护用品。听觉器官防护用品主要有耳塞、耳罩和防噪声头盔三类。

5. 手部防护用品

手部防护用品是具有保护手和手臂的功能,供作业者劳动时戴用的劳动防护手套。手部防护用品按照防护功能分为一般防护手套、防水手套、防寒手套、防毒手套、防静电手套、防高温手套、防X射线手套、防酸碱手套、防油手套、防振手套、防切割手套、绝缘手套等。

6. 足部防护用品

足部防护用品是防止生产过程中有害物质和能量损伤劳动者足部的防护用品。足部防护用品按照防护功能分为防尘鞋、防水鞋、防寒鞋、防冲击鞋、防静电鞋、防高温鞋、防酸碱鞋、防油鞋、防烫脚鞋、防滑鞋、防穿刺鞋、电绝缘鞋、防振鞋十三类。

7. 躯干防护用品

躯干防护用品是通常所讲的防护服。根据防护功能,防护服分为一般防护服、防水服、防寒服、防砸背心、防毒服、阻燃服、防静电服、防高温服、防电磁辐射服、耐酸碱服、防油服、水上救生衣、防昆虫服、防风沙服十四类。

8. 防坠落用品

防坠落用品是防止人体从高处坠落,通过绳带,将高处作业者的身体系接于固定物体上,或在作业场所的边沿下放张网,以防人员不慎坠落。这类用品主要有安全带和安全网。

9. 护肤用品

护肤用品用于防止皮肤免受化学、物理等因素的危害。按照防护功能,护肤用品分为防毒类、防腐蚀类、防射线类、防油漆类及其他类。

三、劳动防护用品管理

各单位根据安全生产、防止职业性伤害的需要,按照不同工种、不同劳动条件,为员工免费提供符合国家标准或者行业标准规定的劳动防护用品,并监督、教育、指导员工在作业时正确佩戴、使用劳动防护用品。各单位在新员工上岗前,应为新员工配置劳保防护用品,员工应按照劳动防护用品的使用规则和防护要求,正确使用劳动防护用品。未按规定佩戴和使用劳动防护用品的,不得上岗作业。

劳动防护用品的选定应遵循"安全、实用、经济、美观"的原则,质量必须满足国家相关规定要求。

各单位应制定劳动防护用品的管理制度和发放标准,建立健全劳动防护用品的购买、验收、保管、发放、更换、报废等管理制度,监控劳动防护用品的质量。

各单位应教育员工,使员工做到"三会":会检查劳动防护用品的可靠性;会正确使用劳动防护用品;会正确维护保养劳动防护用品。员工不得使用判废后的劳动防护用品;禁止在易燃、易爆、烧灼及有静电发生的作业场所,使用化纤劳动防护用品。特种劳动防护用品(特别是安全带、安全帽、绝缘/防毒用品)在使用前要仔细进行外观检查。若发现疑点应暂停使用并及时报告,部门负责人应及时调剂以保障生产。

思考题

1. 叙述安全教育的内容。
2. 叙述安全教育的形式。
3. 简述常用的劳动保护用品。

第十一章　安全生产法律法规

第一节　概　　述

一、安全生产法规的发展

我国党和政府十分重视安全生产工作,早在解放初期,国务院就颁布实施了"三大规程"和"五项规定"。"三大规程"就是《工厂安全生产卫生规程》、《建筑安装工程安全技术规程》和《工人职员伤亡事故报告规程》。"五项规定"就是国务院1963年颁布的《关于加强企业生产中安全工作的若干规定》中明确的落实安全生产责任制、落实安全技术措施计划、加强安全生产教育、加强安全生产的定期检查、严肃伤亡事故的调查和处理等规定。

1978年,中共中央在《关于加强安全生产工作的通知》中强调:"加强劳动保护,搞好安全生产,保护员工的安全和健康,是我们党的一贯方针,是社会主义企业管理的一项基本原则,必须使广大干部懂得,不断改善员工劳动条件,防止事故和职业病,是一项严肃的政治任务,也是保证生产健康发展的一个重要条件。听任员工伤亡、听任员工身体受到摧残而不认真解决,就是严重失职,是党纪国法不能允许的。"

为了加强安全生产监督管理工作,保障人民群众生命和财产安全,防止和减少生产安全事故,促进经济发展,我国在2002年6月29日通过并颁布了《中华人民共和国安全生产法》(以下简称《安全生产法》),以法律的形式对安全生产工作的宗旨、方针和政策作了进一步的规范,使安全生产工作沿着法制化、规范化的轨道发展。

二、安全生产法规的概念

安全生产法规是指国家机关为加强安全生产监督管理,落实安全生产技术措施,保护人民群众生命和财产的安全,防止和减少安全生产事故,促进经济发展,按照一定的法律程序制定并颁布实施的法律规范。

安全生产法规的主要任务,是调整在生产经营活动中相关组织之间及其与从业人员之间在安全生产方面权利和义务的关系,保护有关人员的人身和财产的安全。

安全生产法规具有国家强制性。一切生产经营单位、行政机关、社会团体和从业人员以及相关方都必须严格遵守,认真执行。对违反安全生产法规行为,造成重大后果的,要追究法律责任,并根据情节轻重分别给予行政处分、经济处罚,直至追究刑事责任。

三、安全生产法律体系

安全生产法律体系是指我国全部现行的、不同的法律规范形成的有机联系的统一整体。根据法律地位和效力不同,安全生产法律体系分为法律、法规、规章和法定安全生产标准。

法律是安全生产法律体系中的上位法,居于整个体系的最高层级,其法律地位和效力高于行政法规、地方法规、部门规章、地方政府规章等下位法。我国现行的有关安全生产的专门法律主要有《安全生产法》、《消防法》、《道路交通安全法》、《海上交通安全法》、《矿山安全法》;与安全生产相关的法律主要有《劳动法》、《职业病防治法》、《工会法》、《矿产资源法》、《铁路法》、《公路法》、《民用航空法》、《港口法》、《建筑法》、《煤炭法》、《电力法》等。

法规分为行政法规和地方性法规。安全生产行政法规的法律地位和效力低于有关安全生产法律,高于地方性安全生产法规、部门规章等。地方性安全生产法规的法律地位和法律效力低于有关安全生产的法律、行政法规,高于地方政府安全生产规章。经济特区和民族自治地方安全生产法规的法律地位和效力与地方性安全生产法规相同。

规章分为部门规章和地方政府规章。部门规章是国务院有关部门依照安全生产法律、行政法规的授权制定发布的,部门安全生产规章的法律地位和效力低于法律、行政法规,高于地方政府规章。地方政府规章是最低层级的安全生产立法,其法律地位和效力低于其他上位法,不得与上位法相抵触。

虽然我国没有技术法规的正式用语,也未将其纳入法律体系的范畴,但许多安全生产立法却将安全生产标准作为生产经营单位必须执行的技术规范而载入法律,安全生产标准法律化是我国安全生产立法的重要趋势。法定安全生产标准主要是指强制性安全生产标准,分为国家标准和行业标准,对生产经营单位具有同样的约束力。

第二节　安全生产法

《中华人民共和国安全生产法》于2002年6月29日经第九届全国人大常委会第28次会议审议通过,2002年11月1日起施行。《安全生产法》以中华人民共和国主席第70号令予以公布,它的颁布实施是我国安全生产法制建设的重要里程碑。

一、安全生产法的法律地位和立法宗旨

《安全生产法》是我国第一部安全生产基本法律,在我国安全生产法律体系中,《安全生产法》的法律地位和法律效力是最高的,是各类生产经营单位及其从业人员实现安全生产所必须遵守的行为规范,是各级人民政府和各有关部门进行监督管理和行政执法的法律依据,是制裁各种安全生产违法犯罪行为的法律武器。

立法宗旨就是立法的目的,就是法律所要解决的主要和基本问题。在《安全生产法》第一条明确规定了其立法宗旨,即"为了加强安全生产监督管理,防止和减少生产安全事故,保障人民群众生命和财产安全,促进经济发展,制定本法。"

二、安全生产法的适用范围

《安全生产法》是对所有生产经营单位的安全生产普遍适用的基本法律。《安全生产法》的第二条对适用范围作了规定,明确:"在中华人民共和国领域内从事生产经营活动的单

位(以下统称生产经营单位)的安全生产,适用本法;有关法律、行政法规对消防安全和道路交通安全、铁路交通安全、水上交通安全、民用航空安全另有规定的,适用其规定。"

三、安全生产法的基本规定

1. 安全生产管理的方针

《安全生产法》第三条规定:"安全生产管理,坚持安全第一、预防为主的方针。"

2. 生产经营单位安全生产责任制度

《安全生产法》第四条规定:"生产经营单位必须遵守本法和其他有关安全生产的法律、法规,加强安全生产管理,建立、健全安全生产责任制度,完善安全生产条件,确保安全生产"。该条规定主要是依法确定了以生产经营单位作为主体、以依法生产经营为规范、以安全生产责任制为核心的安全生产管理制度。

在《安全生产法》的第二章,具体规定了生产经营单位的安全生产保障的责任,主要包括从事生产经营活动应当具备的安全生产条件、安全生产资金投入、安全生产管理机构和安全生产管理人员的配置、生产经营单位主要负责人和安全生产管理人员安全资格、从业人员安全生产培训、特种作业人员范围和要求、建设项目安全设施"三同时"、安全警示标志、安全设备达标和管理、特种设备检测检验、生产安全工艺设备管理、危险物品管理、重大危险源管理、生产设施场所安全距离和紧急疏散、爆破吊装等作业现场安全管理、劳动防护用品规定、交叉作业的安全管理、工伤保险的规定等。

3. 生产经营单位主要负责人的安全责任

生产经营单位主要负责人是生产经营活动和安全生产工作中的决策者和指挥者,对于落实安全生产责任制,加强安全管理,确保生产安全至关重要。只有明确生产经营单位主要负责人在安全生产中的地位和责任,才能真正促使生产经营单位重视并抓好安全生产工作,防止和减少事故的发生。

《安全生产法》第五条规定:"生产经营单位的主要负责人对本单位的安全生产工作全面负责"。生产经营单位主要负责人是指直接领导、指挥生产经营单位日常生产经营活动、能够承担生产经营单位安全生产工作主要领导责任的决策人,如厂长、经理等。

按照《安全生产法》第十七条规定,生产经营单位的主要负责人对本单位安全生产工作负有下列职责:一是建立健全本单位安全生产责任制;二是组织制定本单位安全生产规章制度和操作规程;三是保证本单位安全生产投入的有效实施;四是督促、检查本单位的安全生产工作,及时消除生产安全事故隐患;五是组织制订并实施本单位的生产安全事故应急救援预案;六是及时、如实报告生产安全事故。

4. 工会在安全生产工作中的地位和权利

工会是代表从业人员对生产经营单位的安全生产进行监督、维护从业人员合法权益的群众性组织,是协助生产经营单位加强安全管理的助手,是政府监督管理的重要补充。《安全生产法》第七条规定:"工会依法组织员工参加本单位安全生产工作的民主管理和民主监督,维护员工在安全生产方面的合法权益。"

《安全生产法》在第五十二条明确了工会参加安全管理和监督的权利:"工会有权对建设项目的安全设施与主体工程同时设计、同时施工、同时投入生产和使用进行监督,提出意见。工会对生产经营单位违反安全生产法律、法规,侵犯从业人员合法权益的行为,有权要求纠正;发现生产经营单位违章指挥、强令冒险作业或者发现事故隐患时,有权提出解决的建议,生产经营单位应当及时研究答复;发现危及从业人员生命安全的情况时,有权向生产经营单位建议组织从业人员撤离危险场所,生产经营单位必须立即作出处理。工会有权依法参加事故调查,向有关部门提出处理意见,并要求追究有关人员的责任。"

5. 生产安全事故责任追究

《安全生产法》第十三条规定:"国家实行生产安全事故责任追究制度,依照本法和有关法律、法规的规定,追究生产安全事故责任人员的法律责任。"《安全生产法》规定要实行责任追究的,是指发生人为责任事故,对负有责任的单位或者人员进行责任追究。生产安全事故责任者所承担的法律责任的主要形式包括行政责任和刑事责任。

6. 安全生产标准

安全生产标准是法律规范的重要补充,《安全生产法》第十条规定:"国务院有关部门应当按照保障安全生产的要求,依法及时制定有关的国家标准或者行业标准,并根据科技进步和经济发展适时修订。生产经营单位必须执行依法制定的保障安全生产的国家标准或者行业标准。"依照法律规定,执行法定的保障安全生产的国家标准和行业标准,是生产经营单位的法定义务,生产经营单位必须执行安全生产方面的国家标准或行业标准,特别是强制性的标准。

7. 安全生产宣传教育

安全生产事关人民群众生命和财产安全,要实现《安全生产法》保护人民群众生命和财产安全的立法宗旨,做好安全生产工作,就必须依靠和发动广大员工群众乃至全民积极主动、自觉自愿地参与,从而提升全民的安全意识,弘扬安全文化,树立以人为本的理念。《安全生产法》第十一条规定:"各级人民政府及其有关部门应当采取多种形式,加强对有关安全生产的法律、法规和安全生产知识的宣传,提高员工的安全生产意识。"第六十七条规定:"新闻、出版、广播、电影、电视等单位有进行安全生产宣传教育的义务,有对违反安全生产法律、法规的行为进行舆论监督的权利。"

8. 安全生产科技进步和奖励

实现安全生产,必须依靠科技进步,先进的安全生产科学技术对提高安全生产水平具有不可替代的重要作用。只有重视和鼓励安全生产科学技术的研究,推广先进的安全生产技术,才能不断改善安全生产条件,不断装备先进可靠的安全设备设施,加强预防生产安全事故和消除事故隐患的手段和能力,实现科技兴安、科技保安。《安全生产法》第十四条规定:"国家鼓励和支持安全生产科学技术研究和安全生产先进技术的推广应用,提高安全生产水平。"在第十五条、第六十六条,明确了在改善安全生产条件、防止生产安全事故、参加抢险救护等方面作出显著成绩的个人或单位,国家给予重点奖励。

四、从业人员的权利和义务

生产经营单位的从业人员是各项安全生产经营活动最直接的劳动者,是各项法定安全生产的权利享有者和义务承担者。《安全生产法》第六条规定:"生产经营单位的从业人员有依法获得安全生产保障的权利,并应当依法履行安全生产方面的义务。"《安全生产法》第三章对从业人员的安全生产权利义务作了全面、明确的规定,并且设定了严格的法律责任,为保障从业人员的合法权益提供了法律依据。

1. 从业人员的权利

《安全生产法》规定了各类从业人员必须享有的、有关安全生产和人身安全的最重要、最基本的权利。这些基本安全生产权利,可以概括为以下五项。

(1)获得安全保障、工伤保险和民事赔偿的权利。《安全生产法》明确赋予了从业人员享有工伤保险和获得伤亡赔偿的权利,同时规定了生产经营单位的相关义务。《安全生产法》第四十四条规定:"生产经营单位与从业人员订立的劳动合同,应当载明有关保障从业人员劳动安全、防止职业危害的事项,以及依法为从业人员办理工伤社会保险的事项。生产经营单位不得以任何形式与从业人员订立协议,免除或者减轻其对从业人员因生产安全事故伤亡依法应当承担的责任。"第四十八条规定:"因生产安全事故受到损害的从业人员,除依法享有工伤社会保险外,依照有关民事法律尚有获得赔偿权利的,有权向本单位提出赔偿要求。"第四十三条规定:"生产经营单位必须依法参加工伤社会保险,为从业人员缴纳保险费。"

(2)得知危险因素、防范措施和事故应急措施的权利。《安全生产法》规定,生产经营单位从业人员有权了解其作业场所和工作岗位存在的危险因素及事故应急措施。在第四十四条规定:"生产经营单位与从业人员订立的劳动合同,应当载明有关保障从业人员劳动安全、防止职业危害的事项,以及依法为从业人员办理工伤社会保险的事项。"在第四十五条规定:"生产经营单位的从业人员有权了解其作业场所和工作岗位存在的危险因素、防范措施及事故应急措施,有权对本单位的安全生产工作提出建议。"

(3)对本单位安全生产的批评、检举和控告的权利。从业人员对生产经营单位的安全生产情况尤其是安全管理中的问题和事故隐患最了解、最熟悉,只有依靠他们并且赋予必要的安全生产监督权和自我保护权,才能做到预防为主,防患于未然。《安全生产法》第四十六条规定:"从业人员有权对本单位安全生产工作中存在的问题提出批评、检举、控告;有权拒绝违章指挥和强令冒险作业。生产经营单位不得因从业人员对本单位安全生产工作提出批评、检举、控告或者拒绝违章指挥、强令冒险作业而降低其工资、福利等待遇或者解除与其订立的劳动合同。"

(4)拒绝违章指挥和强令冒险作业的权利。《安全生产法》赋予了从业人员拒绝违章指挥和强令冒险作业的权利,不仅是为了保护从业人员的人身安全,也是为了警示生产经营单位负责人和管理人员必须照章指挥,保证安全,并不得因从业人员拒绝违章指挥和强令冒险作业而对其进行打击报复。

(5)紧急情况下的停止作业和紧急撤离的权利。由于生产场所存在不可避免的自然和人为的危险因素,这些因素将会或者可能会对从业人员造成人身伤害,《安全生产法》赋予了从业人员停止作业和紧急撤离的权利。第四十七条规定:"从业人员发现直接危及人身安全的紧急情况时,有权停止作业或者在采取可能的应急措施后撤离作业场所。生产经营单位不得因从业人员在紧急情况下停止作业或者采取紧急撤离措施而降低其工资、福利等待遇或者解除与其订立的劳动合同。"

从业人员在行使这项权利时,必须明确:一是危及从业人员人身安全的紧急情况必须有确实可靠的直接根据,个人猜测或错误判断而实际并不属于危及人身安全的除外,不得滥用该项权利。二是紧急情况必须直接危及人身安全,间接危及人身安全的不应撤离,而应采取有效的措施。三是出现危及人身安全的紧急情况时,首先是停止作业,然后要采取可能的应急措施;采取措施无效的,再撤离作业场所。四是该项权利不适用于某些从事特殊职业的从业人员,如飞行员、船舶驾驶员、车辆驾驶员等,根据法律、国际公约和职业惯例,在发生危及人身安全的紧急情况下,他们不能或不能先行撤离作业场所或岗位。

2.从业人员的安全生产义务

从业人员依法享有权利,同时也必须承担相应的义务。从业人员的安全生产义务主要有以下四项。

(1)遵章守规、服从管理。《安全生产法》第四十九条规定:"从业人员在作业过程中,应当严格遵守本单位的安全生产规章制度和操作规程,服从管理。"根据《安全生产法》等法律法规的规定,生产经营单位必须制定本单位安全生产的规章制度和操作规程,从业人员必须严格依照这些规章制度和操作规程进行作业。安全生产规章制度和操作规程是从业人员从事生产经营、确保安全的具体规范和依据,遵守规章制度和操作规程,实际上就是依法进行安全生产。

生产经营单位的负责人和管理人员有权依照规章制度和操作规程进行安全管理,监督检查从业人员遵章守规的情况。从业人员不服从管理,违反安全生产规章制度和操作规程的,由生产经营单位给予批评教育,依照有关规章制度给予处分;造成重大事故、构成犯罪的,依法追究刑事责任。

(2)正确佩戴和使用劳动防护用品。生产经营单位提供必要的、安全的劳动防护用品,从业人员应正确佩戴和使用劳动防护用品,这是避免或者减轻作业和事故中的人身伤害的条件,是从业人员人身安全的保障。因此,正确佩戴和使用劳动防护用品是从业人员必须履行的法定义务,这也是保障从业人员人身安全和生产经营单位安全生产的需要。

(3)接受安全培训,掌握安全生产技能。从业人员的安全生产意识和安全技能的高低,直接关系到生产经营活动的安全可靠性。必须对新招聘、转岗的从业人员进行专门的安全生产教育和业务培训,必须对从业人员定期进行安全生产培训。为了明确从业人员接受培训、提高安全素质的法定义务,《安全生产法》第五十条规定:"从业人员应当接受安全生产教育和培训,掌握本职工作所需的安全生产知识,提高安全生产技能,增强事故预防和应急处理能力。"

(4)发现事故隐患或其他不安全因素及时报告。发现事故隐患并及时报告是贯彻预防为主的方针,加强事前防范的重要措施。从业人员是事故隐患和不安全因素的第一当事人,发现事故隐患和不安全因素后没有及时报告,将会延误采取措施进行紧急处理的时机,错失避免事故的发生和降低事故损失的机会。为此,《安全生产法》第五十一条规定:"从业人员发现事故隐患或者其他不安全因素,应当立即向现场安全生产管理人员或者本单位负责人报告;接到报告的人员应当及时予以处理。"

《安全生产法》第一次明确规定了从业人员安全生产的法定义务和责任,具有重要的意义:第一,安全生产是从业人员最基本的义务和责任,从业人员必须具有高度的法律意识。第二,安全生产是从业人员的天职,安全生产义务是所有从业人员必须遵守的行为规范。从业人员必须尽职尽责,严格照章办事,不得违章违规。第三,从业人员如不履行法定义务,必须承担相应的法律责任。第四,安全生产义务的设定,为事故处理及责任追究提供明确的法律依据。

第三节 安全生产相关法律法规

一、《刑法》中有关安全生产的条款

严重的安全生产违法行为构成犯罪的,《中华人民共和国刑法》(以下简称《刑法》)规定

了相应的刑事责任。

1. 重大责任事故罪

《刑法》第一百三十四条规定,重大责任事故罪是指在生产、作业中违反有关安全管理的规定,或是强令他人违章冒险作业,因而发生重大伤亡事故或者造成其他严重后果的行为。

本罪的构成要件,客体是生产、作业的安全。客观方面表现为违反有关安全管理的规定,因而发生重大伤亡事故或者造成其他严重后果的行为。主体为一般主体,即从事生产、作业的一切人员,包括直接从事生产、作业的人员,生产、作业的指挥人员和生产、作业的技术人员,以及其他人员,也包括对安全事故负有责任的个体、包工头和无证从事生产、作业的人员。主观方面表现为过失,即行为人本应当预见自己的行为将导致发生危害后果,但是由于疏忽大意未能预见,或侥幸认为能够避免,以致发生严重后果。

犯本罪的,处3年以下有期徒刑或者拘役;情节特别恶劣的,处3年以上7年以下有期徒刑。强令他人违章冒险作业,因而发生重大伤亡事故或者造成其他严重后果的,处5年以下有期徒刑或者拘役;情节特别恶劣的,处5年以上有期徒刑。

2. 重大劳动安全事故罪

《刑法》第一百三十五条规定,重大劳动安全事故罪是指安全生产设施或者安全生产条件不符合国家规定,因而发生重大伤亡事故或者造成其他严重后果的行为。

本罪的构成要件,客体是劳动安全,即劳动者的生命、健康和重大公私财产的安全。客观方面是安全生产设施或者安全生产条件不符合国家规定,因而发生重大伤亡事故或者造成其他严重后果的行为。主体为所有从事生产、经营的自然人、法人及非法人实体直接负责的主管人员和其他直接责任人员,直接负责的主管人员包括生产经营单位的负责人、生产经营的指挥人员、实际控制人、投资人,其他直接责任人员包括对安全生产设施、安全生产条件负有提供、维护、管理职责的人。主观方面为过失,虽明知劳动安全设施不符合国家规定但并不希望事故发生。

犯本罪的,对直接负责的主管人员和其他直接责任人员,处3年以下有期徒刑或者拘役;情节特别恶劣的,处3年以上7年以下有期徒刑。

举办大型群众性活动违反安全管理规定,因而发生重大伤亡事故或者造成其他严重后果的,对直接负责的主管人员和其他直接责任人员,处3年以下有期徒刑或者拘役;情节特别恶劣的,处3年以上7年以下有期徒刑。

3. 危险品肇事罪

《刑法》第一百三十六条规定,危险品肇事罪是指违反爆炸性、易燃性、放射性、毒害性、腐蚀性物品的管理规定,在生产、储存、运输、使用中发生重大事故,造成严重后果的行为。

本罪的构成要件,客体是公共安全,即不特定多数人的生命、健康和重大公私财产的安全。客观方面表现为在生产、储存、运输、使用危险物品过程中,违反危险物品管理规定,发生重大事故,造成严重后果的行为。主体主要是从事生产、保管、运输和使用危险物品的员工,但在一定情况下,也可以是任何公民。主观方面表现为过失,过失是针对所造成的重大事故后果的心理态度而言,违反规章制度往往是明知故犯。

犯本罪的,处3年以下有期徒刑或者拘役;后果特别严重的,处3年以上7年以下有期徒刑。

4. 工程重大安全事故罪

《刑法》第一百三十七条规定,工程重大安全事故罪是指建设单位、设计单位、施工单位、工程监理单位违反国家规定,降低工程质量标准,造成重大安全事故的行为。

本罪的构成要件,客体是人民的财产和生命安全以及国家的建筑管理制度。客观方面表现为违反国家规定,降低工程质量标准,造成重大安全事故的行为。主体为特殊主体,即为单位犯罪。主体只能是建设单位、设计单位或者是施工单位及工程监理单位。本罪在主观方面表现为过失。可以是出于疏忽大意的过失,也可以是过于自信的过失。

犯本罪的,对直接责任人员,处5年以下有期徒刑或者拘役,并处罚金;后果特别严重的,处5年以上10年以下有期徒刑,并处罚金。

5. 消防责任事故罪

《刑法》第一百三十九条规定,消防责任事故罪是指违反消防管理法规,经消防监督机构通知采取改正措施而拒绝执行,造成严重后果的行为。

本罪的构成要件,客体是国家的消防监督制度和公共安全。客观方面表现为违反消防管理法规且经消防监督机构通知采取改正措施而拒绝执行的行为。主体是有关单位的直接责任人员,包括有关单位的负责人、管理人员、从业人员和其他有关人员。主观方面表现为过失。

犯本罪的,处3年以下有期徒刑或者拘役;后果特别严重的,处3年以上7年以下有期徒刑。

另外,《刑法》第一百三十九条规定,在安全事故发生后,负有报告职责的人员不报或者谎报事故情况,贻误事故抢救,情节严重的,处3年以下有期徒刑或者拘役;情节特别严重的,处3年以上7年以下有期徒刑。这里的安全事故并不仅是消防事故,而是指所有安全事故。

6. 铁路运营安全事故罪

《刑法》第一百三十二条规定,铁路运营安全事故罪是指铁路员工违反规章制度,致使发生铁路运营安全事故,造成严重后果的行为。

本罪的构成要件,客体是铁路运营的正常秩序和铁路运营的安全。客观方面表现为在铁路运输活动中违反规章制度,因而发生运营事故、情节严重的行为。主体为铁路员工,从事铁路运营业务与保证列车运营安全有直接关系的人员。主观方面表现为过失,包括疏忽大意的过失和过于自信的过失,至于违反规章制度则可以视为有意的。

犯本罪的,处3年以下有期徒刑或者拘役;造成特别严重后果的,处3年以上7年以下有期徒刑。

7. 交通肇事罪

《刑法》第一百三十三条规定,交通肇事罪是指违反交通运输管理法规,因而发生重大事故,致人重伤、死亡或者使公共财产遭到重大损失的行为。

本罪的构成要件,客体是公共交通运输安全,包括人的生命和健康与公私财产;客观方面表现为违反交通管理法规,以致发生重大交通事故,致人重伤、伤亡或者使公私财产遭受重大损失的行为。犯罪主体是一般主体,既包括从事交通运输的人员,也包括非交通运输人员。主观方面是过失。

犯此罪处3年以下有期徒刑或者拘役;交通运输肇事后逃逸或者有其他特别恶劣情节的,处3年以上7年以下有期徒刑;因逃逸致人死亡的,处7年以上有期徒刑。

二、消防法

《中华人民共和国消防法》(以下简称《消防法》)的立法目的是为了预防和减少火灾,保护公民人身、公共财产和公民财产的安全,维护公共安全,保障社会主义现代化建设的顺利进行。

消防工作贯彻预防为主、防消结合的方针,坚持专门机关与群众相结合的原则,实行防火安全责任制。

1. 火灾预防

(1)消防规划。城市人民政府应当将消防安全布局、消防站、消防供水、消防通信、消防车通道、消防装备等内容的消防规划纳入城市总体规划,并负责组织有关主管部门实施。公共消防设施、消防装备不足或者不适应实际需要的,应当增建、改建、配置或者进行技术改造。对消防工作,应当加强科学研究,推广、使用先进消防技术、消防装备。

(2)安全位置。生产、储存和装卸易燃易爆危险物品的工厂、仓库和专用车站、码头,必须设置在城市的边缘或者相对独立的安全地带。易燃易爆气体和液体的充装站、供应站、调压站,应当设置在合理的位置,符合防火防爆要求。原有的生产、储存和装卸易燃易爆危险物品的工厂、仓库和专用车站、码头,易燃易爆气体和液体的充装站、供应站、调压站,不符合前款规定的,有关单位应当采取措施,限期加以解决。

(3)建设工程的消防安全。按照国家工程建筑消防技术标准需要进行消防设计的建筑工程,设计单位应当按照国家工程建筑消防技术标准进行设计,建设单位应当将建筑工程的消防设计图及有关资料报送公安消防机构审核;未经审核或者经审核不合格的,建设行政主管部门不得发给施工许可证,建设单位不得施工。经公安消防机构审核的建筑工程消防设计需要变更的,应当报经原审核的公安消防机构核准;未经核准的,任何单位、个人不得变更。按照国家工程建筑消防技术标准进行消防设计的建筑工程竣工时,必须经公安消防机构进行消防验收;未经验收或者经验收不合格的,不得投入使用。

建筑构件和建筑材料的防火性能必须符合国家标准或者行业标准。公共场所室内装修、装饰根据国家工程建筑消防技术标准的规定,应当使用不燃、难燃材料的,必须选用依照产品质量法的规定确定的检验机构检验合格的材料。

(4)公众聚集场所和群众性活动的消防安全。歌舞厅、影剧院、宾馆、饭店、商场、集贸市场等公众聚集的场所,在使用或者开业前,应当向当地公安消防机构申报,经消防安全检查合格后,方可使用或者开业。举办大型集会、焰火晚会、灯会等群众性活动,具有火灾危险的,主办单位应当制订灭火和应急疏散预案,落实消防安全措施,并向公安消防机构申报,经公安消防机构对活动现场进行消防安全检查合格后,方可举办。

城市轨道交通属于公众聚集场所,需要遵守此规定,正式运营前需经公安消防机构申报,经消防安全检查合格。

(5)有关单位的消防安全职责。机关、团体、企业、事业单位应当履行下列消防安全职责:

①制定消防安全制度、消防安全操作规程。
②实行防火安全责任制,确定本单位和所属各部门、岗位的消防安全责任人。
③针对本单位的特点对员工进行消防宣传教育。
④组织防火检查,及时消除火灾隐患。
⑤按照国家有关规定配置消防设施和器材、设置消防安全标志,并定期组织检验、维修,确保消防设施和器材完好、有效。
⑥保障疏散通道、安全出口畅通,并设置符合国家规定的消防安全疏散标志。

居民住宅区的管理单位,应当依照前款有关规定,履行消防安全职责,做好住宅区的消防安全工作。

(6)消防重点单位的安全管理。消防安全重点单位除应当履行《消防法》第十四条规定的职责外,还应当履行下列消防安全职责:

①建立防火档案,确定消防安全重点部位,设置防火标志,实行严格管理。
②实行每日防火巡查,并建立巡查记录。
③对员工进行消防安全培训。
④制订灭火和应急疏散预案,定期组织消防演练。

(7)易燃易爆危险物品及火灾、爆炸危险场所的安全管理。生产、储存、运输、销售或者使用、销毁易燃易爆危险物品的单位、个人,必须执行国家有关消防安全的规定。生产易燃易爆危险物品的单位,对产品应当附有燃点、闪点、爆炸极限等数据的说明书,并且注明防火防爆注意事项。对独立包装的易燃易爆危险物品应当贴附危险品标签。进入生产、储存易燃易爆危险物品的场所,必须执行国家有关消防安全的规定。禁止携带火种进入生产、储存易燃易爆危险物品的场所。禁止非法携带易燃易爆危险物品进入公共场所或者乘坐公共交通工具。储存可燃物资仓库的管理,必须执行国家有关消防安全的规定。

禁止在具有火灾、爆炸危险的场所使用明火;因特殊情况需要使用明火作业的,应当按照规定事先办理审批手续。作业人员应当遵守消防安全规定,并采取相应的消防安全措施。进行电焊、气焊等具有火灾危险的作业的人员和自动消防系统的操作人员,必须持证上岗,并严格遵守消防安全操作规程。

(8)消防产品和电器产品、燃气用具的管理。消防产品的质量必须符合国家标准或者行业标准。禁止生产、销售或者使用未经依照产品质量法的规定确定的检验机构检验合格的消防产品。禁止使用不符合国家标准或者行业标准的配件维修消防设施和器材。公安消防机构及其工作人员不得利用职务为用户指定消防产品的销售单位和品牌。电器产品、燃气用具的质量必须符合国家标准或者行业标准。电器产品、燃气用具的安装、使用和线路、管路的设计、敷设,必须符合国家有关消防安全技术规定。

(9)消防设施、器材的管理。任何单位、个人不得损坏或者擅自挪用、拆除、停用消防设施、器材,不得埋压、圈占消火栓,不得占用防火间距,不得堵塞消防通道。公用和城建等单位在修建道路以及停电、停水、截断通信线路时有可能影响消防队灭火救援的,必须事先通知当地公安消防机构。

2.消防组织

(1)公安消防队、专职消防队。城市人民政府应当按照国家规定的消防站建设标准建立公安消防队、专职消防队,承担火灾扑救工作。镇人民政府可以根据当地经济发展和消防工作的需要,建立专职消防队、义务消防队,承担火灾扑救工作。公安消防队除保证完成本法规定的火灾扑救工作外,还应当参加其他灾害或者事故的抢险救援工作。

下列单位应当建立专职消防队,承担本单位的火灾扑救工作:
①核电厂、大型发电厂、民用机场、大型港口。
②生产、储存易燃易爆危险物品的大型企业。
③储备可燃的重要物资的大型仓库、基地。
④上述三项规定以外的火灾危险性较大、距离当地公安消防队较远的其他大型企业。
⑤距离当地公安消防队较远的列为全国重点文物保护单位的古建筑群的管理单位。

（2）义务消防队。机关、团体、企业、事业单位以及乡、村，可以根据需要建立由员工或者村民组成的义务消防队。

3.灭火救援

任何人发现火灾时，都应当立即报警。任何单位、个人都应当无偿为报警提供便利，不得阻拦报警。严禁谎报火警。公共场所发生火灾时，该公共场所的现场工作人员有组织、引导在场群众疏散的义务。发生火灾的单位必须立即组织力量扑救火灾。邻近单位应当给予支援。消防队接到火警后，必须立即赶赴火场，救助遇险人员，排除险情，扑灭火灾。

公安消防队扑救火灾，不得向发生火灾的单位、个人收取任何费用。对参加扑救外单位火灾的专职消防队、义务消防队所损耗的灭火剂和器材、装备等，依照规定予以补偿。

火灾扑灭后，公安消防机构有权根据需要封闭火灾现场，负责调查、认定火灾原因，核定火灾损失，查明火灾事故责任。对于特大火灾事故，国务院或者省级人民政府认为必要时，可以组织调查。火灾扑灭后，起火单位应当按照公安消防机构的要求保护现场，接受事故调查，如实提供火灾事实的情况。

4.消防安全违法行为应负的法律责任

（1）关于建筑工程和公众聚集场所。有关单位违反《消防法》的规定，有下列行为之一的，责令限期改正；逾期不改正的，责令停止施工、停止使用或者停产停业，可以并处罚款：

①建筑工程的消防设计未经公安消防机构审核或者经审核不合格，擅自施工的。

②依法应当进行消防设计的建筑工程竣工时未经消防验收或者经验收不合格，擅自使用的。

③公众聚集的场所未经消防安全检查或者经检查不合格，擅自使用或者开业的。

（2）关于举办大型群众性活动。有关单位违反《消防法》的规定，擅自举办大型集会、焰火晚会、灯会等群众性活动，具有火灾危险的，公安消防机构应当责令当场改正；当场不能改正的，应当责令停止举办，可以并处罚款。单位有前款行为的，依照前款的规定处罚，并对其直接负责的主管人员和其他直接责任人员处警告或者罚款。

（3）关于建筑构件和建筑材料。违反本法的规定，擅自降低消防技术标准施工、使用防火性能不符合国家标准或者行业标准的建筑构件和建筑材料或者不合格的装修、装饰材料施工的，责令限期改正；逾期不改正的，责令停止施工，可以并处罚款。单位有前款行为的，依照前款的规定处罚，并对其直接负责的主管人员和其他直接责任人员处警告或者罚款。

（4）关于营业性场所及公共场所。机关、团体、企业、事业单位违反本法的规定，未履行消防安全职责的，责令限期改正；逾期不改正的，对其直接负责的主管人员和其他直接责任人员依法给予行政处分或者处警告。

营业性场所有下列行为之一的，责令限期改正；逾期不改正的，责令停产停业，可以并处罚款，并对其直接负责的主管人员和其他直接责任人员处罚款：

①对火灾隐患不及时消除的。

②不按照国家有关规定配置消防设施和器材的。

③不能保障疏散通道、安全出口畅通的。

公共场所发生火灾时，该公共场所的现场工作人员不履行组织、引导在场群众疏散的义务，造成人身伤亡，尚不构成犯罪的，处15日以下拘留。

（5）消防重点单位的法律责任。《消防法》第四十六条、第四十七条、第四十九条规定，对有关单位违反《消防法》规定的违法行为，分别给予责令停止违法行为、警告、罚款或拘留的行政处罚;对直接负责的主管人员和其他直接责任人员给予警告、罚款或拘留。

(6)隐瞒起火原因,推卸责任,故意破坏现场或者伪造现场的法律责任。火灾扑灭后,为隐瞒、掩饰起火原因、推卸责任,故意破坏现场或者伪造现场,尚不构成犯罪的,处警告、罚款或者15日以下拘留。单位有前款行为的,处警告或者罚款,并对直接负责的主管人员和其他直接责任人员依照前款的规定处罚。

(7)公安消防机构的工作人员违法的法律责任。公安消防机构的工作人员在消防工作中滥用职权、玩忽职守、徇私舞弊,给国家和人民利益造成损失,尚不构成犯罪的,依法给予行政处分。构成犯罪的,依法追究刑事责任。

三、劳动法

《中华人民共和国劳动法》(以下简称《劳动法》)的立法目的是为了保护劳动者的合法权益,调整劳动关系,建立和维护适应社会主义市场经济的劳动制度,促进经济发展和社会进步,适用于在中华人民共和国境内的企业、个体经济组织(以下统称用人单位)和与之形成劳动关系的劳动者。国家机关、事业组织、社会团体和与之建立劳动合同关系的劳动者,依照执行。

1. 劳动者的权利与义务

(1)劳动者的权利。

①平等就业和选择职业的权利。劳动者享有平等就业和选择职业的权利是《劳动法》规定的一项重要法律原则。具有劳动能力的公民不仅应享有获得职业的权利,还应享有根据自己的意愿选择适合自己才能和爱好的职业。不因民族、种族、性别、宗教信仰和文化程度的不同而受歧视。

②享有取得劳动报酬及休息、休假的权利。劳动者付出劳动,依照合同及国家有关规定取得劳动报酬,是劳动者的权利,而及时足额地向劳动者支付工资是用人单位的义务。《劳动法》规定了工资应当以货币的形式支付给劳动者本人,并且不得克扣或无故拖欠工资。

③享有获得劳动安全卫生保护的权利。用人单位须建立、健全劳动安全卫生制度,严格执行国家劳动安全卫生规程和标准,对劳动者进行劳动安全卫生教育,为劳动者提供符合国家规定的劳动安全卫生条件和必要的劳动防护用品,对从事有职业危害作业的劳动者应当定期进行健康检查,防止劳动过程中的事故,减少职业危害。

④享有接受职业技能培训的权利。用人单位应当建立职业培训制度,按照国家规定提取和使用职业培训经费,根据本单位实际,有计划地对劳动者进行职业培训。从事技术工种的劳动者,上岗前必须经过培训。从事特种作业的劳动者必须经过专门培训并取得特种作业资格。

⑤享受社会保险和福利的权利。国家发展社会保险事业,建立社会保险制度,设立社会保险基金,使劳动者在年老、患病、工伤、失业、生育等情况下获得帮助和补偿。社会保险基金按照保险类型确定资金来源,逐步实行社会统筹。用人单位和劳动者必须依法参加社会保险,缴纳社会保险费。劳动者在退休、患病或负伤、因工伤残或者患职业病、失业、生育的情形下,依法享受社会保险待遇。

⑥享有提请劳动争议处理的权利。用人单位与劳动者发生劳动争议,当事人可以依法申请调解、仲裁、提起诉讼,也可以协商解决。劳动争议发生后,当事人可以向本单位劳动争议调解委员会申请调解;调解不成,当事人一方要求仲裁的,可以向劳动争议仲裁委员会申

请仲裁。当事人一方也可以直接向劳动争议仲裁委员会申请仲裁。对仲裁裁决不服的,可以向人民法院提起诉讼。

⑦法律规定的其他劳动权利。法律规定的其他劳动权利主要包括：依法参加和组织工会的权利，通过员工大会、员工代表大会或者其他形式，参与民主管理或者就保护劳动者合法权益与用人单位进行平等协商；依法解除劳动合同的权利；对用人单位管理人员违章指挥、强令冒险作业，有拒绝执行的权利；对危害生命安全和身体健康的行为，有权提出批评、检举和控告的权利。

(2)劳动者的义务。

①应当完成劳动任务。劳动者应当完成劳动任务，这是劳动者应尽的最主要的义务，是劳动关系范围内的法定的义务，也是强制性的义务。

②应当提高职业技能。提高职业技能是劳动者完成劳动任务的保证，也是劳动者的义务。劳动者应当努力提高职业技能，提高技术业务水平和实际操作能力，适用岗位工作的需要。

③应当执行劳动安全卫生规程。执行劳动安全卫生规程，按章操作、按章作业，是保证劳动者人身安全的需要，也是劳动者应当履行的法定义务。

④应当遵守劳动纪律和职业道德。遵守劳动纪律和职业道德是作为劳动者的起码条件，劳动纪律是劳动者在共同劳动中所必须遵守的劳动规则和秩序。

2.女员工和未成年工特殊保护

《劳动法》明确规定，国家对女员工和未成年工实行特殊劳动保护。

(1)女员工保护。禁止安排女员工从事矿山井下、国家规定的第四级体力劳动强度的劳动和其他禁忌从事的劳动。不得安排女员工在经期从事高处、低温、冷水作业和国家规定的第三级体力劳动强度的劳动。不得安排女员工在怀孕期间从事国家规定的第三级体力劳动强度的劳动和孕期禁忌从事的劳动。对怀孕7个月以上的女员工，不得安排其延长工作时间和夜班劳动。不得安排女员工在哺乳未满1周岁的婴儿期间从事国家规定的第三级体力劳动强度的劳动和哺乳期禁忌从事的其他劳动，不得安排其延长工作时间和夜班劳动。

(2)未成年工保护。未成年工是指年满16周岁未满18周岁的劳动者。不得安排未成年工从事矿山井下、有毒有害、国家规定的第四级体力劳动强度的劳动和其他禁忌从事的劳动。用人单位应当对未成年工定期进行健康检查。

3.有关劳动安全卫生监督检查的规定

(1)劳动监察。县级以上各级人民政府劳动行政部门依法对用人单位遵守劳动法律、法规的情况进行监督检查，对违反劳动法律、法规的行为有权制止，并责令改正。

县级以上各级人民政府劳动行政部门监督检查人员执行公务，有权进入用人单位了解执行劳动法律、法规的情况，查阅必要的资料，并对劳动场所进行检查。县级以上各级人民政府劳动行政部门监督检查人员执行公务，必须出示证件，秉公执法，并遵守有关规定。

(2)有关部门的监督。县级以上各级人民政府有关部门在各自职责范围内，对用人单位遵守劳动法律、法规的情况进行监督。

(3)工会的监督。各级工会依法维护劳动者的合法权益，对用人单位遵守劳动法律、法规的情况进行监督。任何组织和个人对于违反劳动法律、法规的行为有权检举和控告。

四、职业病防治法

《中华人民共和国职业病防治法》(以下简称《职业病防治法》)的立法目的是为了预防、

控制和消除职业病危害,防治职业病,保护劳动者及其相关权益,促进经济发展。职业病防治工作坚持"预防为主、防治结合"的方针。

1. 职业病的范围

《职业病防治法》规定,职业病是指企业、事业单位和个体经济组织(以下统称用人单位)的劳动者在职业活动中,因接触粉尘、放射性物质和其他有毒、有害物质等因素而引起的疾病。职业病的分类和目录由国务院卫生行政部门会同国务院劳动保障行政部门规定、调整并公布。

2. 劳动者职业卫生保护权利

劳动者依法享有职业卫生保护的权利。用人单位应当为劳动者创造符合国家职业卫生标准和卫生要求的工作环境和条件,并采取措施保障劳动者获得职业卫生保护。用人单位必须依法参加工伤社会保险。

对从事接触职业病危害的作业的劳动者,用人单位应当按照国务院卫生行政部门的规定组织上岗前、在岗期间和离岗时的职业健康检查,并将检查结果如实告知劳动者。职业健康检查费用由用人单位承担。

用人单位不得安排未经上岗前职业健康检查的劳动者从事接触职业病危害的作业;不得安排有职业禁忌的劳动者从事其所禁忌的作业;对在职业健康检查中发现有与所从事的职业相关的健康损害的劳动者,应当调离原工作岗位,并妥善安置;对未进行离岗前职业健康检查的劳动者不得解除或者终止与其订立的劳动合同。

用人单位应当为劳动者建立职业健康监护档案,并按照规定的期限妥善保存。职业健康监护档案应当包括劳动者的职业史、职业病危害接触史、职业健康检查结果和职业病诊疗等有关个人健康资料。

劳动者离开用人单位时,有权索取本人职业健康监护档案复印件,用人单位应当如实、无偿提供,并在所提供的复印件上签章。

劳动者享有下列职业卫生保护权利:

第一,获得职业卫生教育、培训。

第二,获得职业健康检查、职业病诊疗、康复等职业病防治服务。

第三,了解工作场所产生或者可能产生的职业病危害因素、危害后果和应当采取的职业病防护措施。

第四,要求用人单位提供符合防治职业病要求的职业病防护设施和个人使用的职业病防护用品,改善工作条件。

第五,对违反职业病防治法律、法规以及危及生命健康的行为提出批评、检举和控告。

第六,拒绝违章指挥和强令进行没有职业病防护措施的作业。

第七,参与用人单位职业卫生工作的民主管理,对职业病防治工作提出意见和建议。

3. 用人单位的职业病防治职责

(1)用人单位应当为劳动者创造符合国家职业卫生标准和卫生要求的工作环境和条件,并采取措施保障劳动者获得职业卫生保护。

(2)用人单位应当建立、健全职业病防治责任制,加强对职业病防治的管理,提高职业病防治水平,对本单位产生的职业病危害承担责任。

(3)用人单位必须依法参加工伤社会保险。

4. 职业病诊断和职业病病人保障

（1）职业病诊断。职业病诊断应当由省级以上人民政府卫生行政部门批准的医疗卫生机构承担。劳动者可以在用人单位所在地或者本人居住地依法承担职业病诊断的医疗卫生机构进行职业病诊断。职业病诊断,应当综合分析病人的职业史、职业病危害接触史和现场危害调查与评价、临床表现以及辅助检查结果等因素。

（2）职业病病人保障。医疗卫生机构发现疑似职业病病人时,应当告知劳动者本人并及时通知用人单位。用人单位应当及时安排对疑似职业病病人进行诊断;在疑似职业病病人诊断或者医学观察期间,不得解除或者终止与其订立的劳动合同。疑似职业病病人在诊断、医学观察期间的费用,由用人单位承担。

职业病病人依法享受国家规定的职业病待遇。用人单位应当按照国家有关规定,安排职业病病人进行治疗、康复和定期检查。用人单位对不适宜继续从事原工作的职业病病人,应当调离原岗位,并妥善安置。用人单位对从事接触职业病危害的作业的劳动者,应当给予适当岗位津贴。职业病病人的诊疗、康复费用,伤残以及丧失劳动能力的职业病病人的社会保障,按照国家有关工伤社会保险的规定执行。

职业病病人除依法享有工伤社会保险外,依照有关民事法律,尚有获得赔偿的权利的,有权向用人单位提出赔偿要求。劳动者被诊断患有职业病,但用人单位没有依法参加工伤社会保险的,其医疗和生活保障由最后的用人单位承担;最后的用人单位有证据证明该职业病是先前用人单位的职业病危害造成的,由先前的用人单位承担。职业病病人变动工作单位,其依法享有的待遇不变。

五、工伤保险条例

《工伤保险条例》自2004年1月1日起施行。《工伤保险条例》的立法目的是为了保障因工作遭受事故伤害或者患职业病的员工获得医疗救治和经济补偿,促进工伤预防和职业康复,分散用人单位的工伤风险。

1. 工伤保险及《工伤保险条例》的适用范围

（1）工伤保险。

①具有补偿性。工伤保险是法定的强制性社会保险,是通过对受害人实施医疗救治和给予必要的经济补偿以保障其经济权利的补救措施。从根本上说,它是由政府监管、社保机构经办的社会保障制度,不具有惩罚性。

②权利主体。工伤保险补偿权利的权利主体是特定的。享有工伤保险权利的主体只限于本企业的员工或者雇工,其他人不能享有这项权利。

③义务和责任主体。依照《安全生产法》和《工伤保险条例》的规定,生产经营单位和企业有为从业人员上工伤保险、缴纳保险费的义务,生产经营单位和企业是工伤保险的义务和责任主体。

④保险补偿的原则。工伤保险补偿实行"无责任补偿"即无过错补偿的原则,工伤保险不强调造成工伤的原因、过错及其责任,只要确认员工在法定情形下发生工伤,就依法享有获得经济补偿的权利。

⑤补偿风险的承担。按照无责任补偿原则,工伤补偿的第一承担者本应是企业或业主,但工伤保险是以社会共济方式确定补偿风险承担者的,因此不需要企业和业主直接负责补偿,而是将补偿风险转由社保机构承担,由社保机构负责支付工伤保险补偿金。

（2）《工伤保险条例》的适用范围。中华人民共和国境内的各类企业、有雇工的个体工商户应当依照本条例规定参加工伤保险,为本单位全部员工或者雇工缴纳工伤保险费。中华人民共和国境内的各类企业的员工和个体工商户的雇工,均有依照本条例的规定享受工伤保险待遇的权利。有雇工的个体工商户参加工伤保险的具体步骤和实施办法,由省、自治区、直辖市人民政府规定。

2. 工伤和劳动能力鉴定的规定

(1)工伤范围。《工伤保险条例》第十四条规定,员工有下列情形之一的,应当认定为工伤:

①在工作时间和工作场所内,因工作原因受到事故伤害的。

②工作时间前后在工作场所内,从事与工作有关的预备性或者收尾性工作受到事故伤害的。

③在工作时间和工作场所内,因履行工作职责受到暴力等意外伤害的。

④患职业病的。

⑤因工外出期间,由于工作原因受到伤害或者发生事故下落不明的。

⑥在上下班途中,受到机动车事故伤害的。

⑦法律、行政法规规定应当认定为工伤的其他情形。

(2)视同工伤。《工伤保险条例》第十五条规定,员工有下列情形之一的,视同工伤:

①在工作时间和工作岗位,突发疾病死亡或者在48小时之内经抢救无效死亡的。

②在抢险救灾等维护国家利益、公共利益活动中受到伤害的。

③员工原在军队服役,因战、因公负伤致残,已取得革命伤残军人证,到用人单位后旧伤复发的。

员工有前款第一项、第二项情形的,按照本条例的有关规定享受工伤保险待遇;员工有前款第三项情形的,按照本条例的有关规定享受除一次性伤残补助金以外的工伤保险待遇。

《工伤保险条例》规定,因犯罪或者违反治安管理伤亡的、醉酒导致伤亡的、自残或者自杀的,不得认定为工伤或者视同工伤。

3. 工伤认定申请

员工发生事故伤害或者按照职业病防治法规定被诊断、鉴定为职业病,所在单位应当自事故伤害发生之日或者被诊断、鉴定为职业病之日起30日内,向统筹地区劳动保障行政部门提出工伤认定申请。遇有特殊情况,经报劳动保障行政部门同意,申请时限可以适当延长。

用人单位未按上述规定提出工伤认定申请的,工伤员工或者其直系亲属、工会组织在事故伤害发生之日或者被诊断、鉴定为职业病之日起1年内,可以直接向用人单位所在地统筹地区劳动保障行政部门提出认定申请。员工或者其直系亲属认为是工伤,用人单位不认为是工伤的,由用人单位承担举证责任。

提出工伤认定申请的,应当提交工伤认定申请表、与用人单位存在劳动关系(包括事实劳动关系)的证明材料、医疗诊断证明或者职业病诊断证明书(或者职业病诊断鉴定书)。工伤认定申请表应当包括事故发生的时间、地点、原因以及员工伤害程度等基本情况。

4. 劳动能力鉴定

员工发生工伤,经治疗伤情相对稳定后存在残疾、影响劳动能力的,应当进行劳动能力鉴定。劳动能力鉴定是指劳动功能障碍程度和生活自理障碍程度的等级鉴定。劳动功能障碍分为十个伤残等级,最重的为一级,最轻的为十级。生活自理障碍分为三个等级:生活完全不能自理、生活大部分不能自理和生活部分不能自理。劳动能力鉴定标准由国务院劳动保障行政部门会同国务院卫生行政部门等部门制定。

六、生产安全事故报告和调查处理条例

《生产安全事故报告和调查处理条例》(国务院第493号令)于2007年4月9日公布,于2007年6月1日施行。

1. 制定条例的目的和依据

制定《生产安全事故报告和调查处理条例》的目的是,规范生产安全事故的报告和调查处理,落实安全生产责任追究制度,防止和减少生产安全事故发生。

制定《生产安全事故报告和调查处理条例》的依据为《安全生产法》和有关法律。《安全生产法》的第七十三条明确规定:事故调查和处理的具体办法由国务院制定。此外,现行有关其他法律如《消防法》、《道路交通安全法》等有关事故报告和调查处理的规定,也是立法的依据。

2. 适用范围

首先,适用于生产经营活动中的生产安全事故的报告和调查处理,不属于生产安全事故的社会事件、自然灾害事故、医疗事故等的报告和调查处理,不适用本条例。

其次,事故必须造成人身伤亡或一定的直接经济损失,如果没有造成人身伤亡或直接经济损失,不适用本条例。

此外,不适用于环境污染事故、核设施事故、国防科研生产事故的报告和调查处理,因为此三类事故的技术性、专业性或保密性比较强,其报告和调查处理有特殊性,而且有的已经有比较成熟的做法或相关法律法规已作出了规定。

3. 生产安全事故等级划分

根据生产安全事故造成的人员伤亡或者直接经济损失,事故一般分为以下等级:

(1) 特别重大事故。是指造成30人以上死亡,或者100人以上重伤(包括急性工业中毒,下同),或者1亿元以上直接经济损失的事故。

(2) 重大事故。是指造成10人以上30人以下死亡,或者50人以上100人以下重伤,或者5000万元以上1亿元以下直接经济损失的事故。

(3) 较大事故。是指造成3人以上10人以下死亡,或者10人以上50人以下重伤,或者1000万元以上5000万元以下直接经济损失的事故。

(4) 一般事故。是指造成3人以下死亡,或者10人以下重伤,或者1000万元以下直接经济损失的事故。

国务院安全生产监督管理部门可以会同国务院有关部门,制定事故等级划分的补充性规定。所称的"以上"包括本数,所称的"以下"不包括本数。

4. 事故报告

事故报告应当及时、准确、完整,任何单位和个人对事故不得迟报、漏报、谎报或者瞒报。

(1) 事故现场有关人员和单位负责人报告事故的规定。事故发生后,事故现场有关人员应当立即向本单位负责人报告;单位负责人接到报告后,应当于1h内向事故发生地县级以上人民政府安全生产监督管理部门和负有安全生产监督管理职责的有关部门报告。情况紧急时,事故现场有关人员可以直接向事故发生地县级以上人民政府安全生产监督管理部门和负有安全生产监督管理职责的有关部门报告。

（2）安全生产监督管理部门和负有安全生产监督管理职责的有关部门报告事故的规定。安全生产监督管理部门和负有安全生产监督管理职责的有关部门接到事故报告后，应当依照下列规定上报事故情况，并通知公安机关、劳动保障行政部门、工会和人民检察院：

①特别重大事故、重大事故逐级上报至国务院安全生产监督管理部门和负有安全生产监督管理职责的有关部门。

②较大事故逐级上报至省、自治区、直辖市人民政府安全生产监督管理部门和负有安全生产监督管理职责的有关部门。

③一般事故上报至设区的市级人民政府安全生产监督管理部门和负有安全生产监督管理职责的有关部门。

安全生产监督管理部门和负有安全生产监督管理职责的有关部门依照前款规定上报事故情况，应当同时报告本级人民政府。国务院安全生产监督管理部门和负有安全生产监督管理职责的有关部门以及省级人民政府接到发生特别重大事故、重大事故的报告后，应当立即报告国务院。必要时，安全生产监督管理部门和负有安全生产监督管理职责的有关部门可以越级上报事故情况。

安全生产监督管理部门和负有安全生产监督管理职责的有关部门逐级上报事故情况，每级上报的时间不得超过2h。

（3）报告事故的内容。报告事故应当包括下列内容：

①事故发生单位概况。

②事故发生的时间、地点以及事故现场情况。

③事故的简要经过。

④事故已经造成或者可能造成的伤亡人数（包括下落不明的人数）和初步估计的直接经济损失。

⑤已经采取的措施。

⑥其他应当报告的情况。

事故报告后出现新情况的，应当及时补报。

5. 事故的应急救援及现场保护

（1）事故应急救援。事故发生单位负责人接到事故报告后，应当立即启动事故相应应急预案，或者采取有效措施，组织抢救，防止事故扩大，减少人员伤亡和财产损失。

事故发生地有关地方人民政府、安全生产监督管理部门和负有安全生产监督管理职责的有关部门接到事故报告后，其负责人应当立即赶赴事故现场，组织事故救援。

（2）事故现场保护。事故发生后，有关单位和人员应当妥善保护事故现场以及相关证据，任何单位和个人不得破坏事故现场、毁灭相关证据。因抢救人员、防止事故扩大以及疏通交通等原因，需要移动事故现场物件的，应当做出标志，绘制现场简图并作出书面记录，妥善保存现场重要痕迹、物证。

6. 事故调查

（1）事故调查权。特别重大事故由国务院或者国务院授权有关部门组织事故调查组进行调查。重大事故、较大事故、一般事故分别由事故发生地省级人民政府、设区的市级人民政府、县级人民政府负责调查。省级人民政府、设区的市级人民政府、县级人民政府可以直接组织事故调查组进行调查，也可以授权或者委托有关部门组织事故调查组进行调查。未造成人员伤亡的一般事故，县级人民政府可以委托事故发生单位组织事故调查组进行调查。

(2)事故调查组。

①事故调查组的组成。事故调查组的组成应当遵循精简、效能的原则。根据事故的具体情况,事故调查组由有关人民政府、安全生产监督管理部门、负有安全生产监督管理职责的有关部门、监察机关、公安机关以及工会派人组成,并应当邀请人民检察院派人参加。事故调查组可以聘请有关专家参与调查。事故调查组成员应当具有事故调查所需要的知识和专长,并与所调查的事故没有直接利害关系。

事故调查组组长由负责事故调查的人民政府指定。事故调查组组长主持事故调查组的工作。

②事故调查组的职责。事故调查组的职责包括,查明事故发生的经过、原因、人员伤亡情况及直接经济损失;认定事故的性质和事故责任;提出对事故责任者的处理建议;总结事故教训,提出防范和整改措施;提交事故调查报告。

事故调查组成员在事故调查工作中应当诚信公正、恪尽职守,遵守事故调查组的纪律,保守事故调查的秘密。未经事故调查组组长允许,事故调查组成员不得擅自发布有关事故的信息。

7. 事故调查报告

事故调查组应当自事故发生之日起60日内提交事故调查报告;特殊情况下,经负责事故调查的人民政府批准,提交事故调查报告的期限可以适当延长,但延长的期限最长不得超过60日。

事故调查报告应当包括下列内容:

(1)事故发生单位概况。
(2)事故发生经过和事故救援情况。
(3)事故造成的人员伤亡和直接经济损失。
(4)事故发生的原因和事故性质。
(5)事故责任的认定以及对事故责任者的处理建议。
(6)事故防范和整改措施。

事故调查报告应当附具有关证据材料。事故调查组成员应当在事故调查报告上签名。事故调查报告报送负责事故调查的人民政府后,事故调查工作即告结束。事故调查的有关资料应当归档保存。

8. 事故处理

重大事故、较大事故、一般事故,负责事故调查的人民政府应当自收到事故调查报告之日起15日内作出批复;特别重大事故,30日内作出批复,特殊情况下,批复时间可以适当延长,但延长的时间最长不应超过30日。有关机关应当按照人民政府的批复,依照法律、行政法规规定的权限和程序,对事故发生单位和有关人员进行行政处罚,对负有事故责任的国家工作人员进行处分。事故发生单位应当按照负责事故调查的人民政府的批复,对本单位负有事故责任的人员进行处理。负有事故责任的人员涉嫌犯罪的,依法追究刑事责任。

事故发生单位应当认真吸取事故教训,落实防范和整改措施,防止事故再次发生。防范和整改措施的落实情况应当接受工会和员工的监督。安全生产监督管理部门和负有安全生产监督管理职责的有关部门应当对事故发生单位落实防范和整改措施的情况进行监督检查。

事故处理的情况由负责事故调查的人民政府或者其授权的有关部门、机构向社会公布,依法应当保密的除外。

9.法律责任

（1）事故单位。事故发生单位对事故发生负有责任的，依照下列规定处以罚款：

①发生一般事故的，处10万元以上20万元以下的罚款。

②发生较大事故的，处20万元以上50万元以下的罚款。

③发生重大事故的，处50万元以上200万元以下的罚款。

④发生特别重大事故的，处200万元以上500万元以下的罚款。

事故发生单位对事故发生负有责任的，由有关部门依法暂扣或者吊销其有关证照；对事故发生单位负有事故责任的有关人员，依法暂停或者撤销其与安全生产有关的执业资格、岗位证书；事故发生单位主要负责人受到刑事处罚或者撤职处分的，自刑罚执行完毕或者受处分之日起，5年内不得担任任何生产经营单位的主要负责人。

（2）事故单位有关人员。

①事故发生后，单位主要负责人不立即组织事故抢救、迟报或者漏报事故或在事故调查处理期间擅离职守的，处上一年年收入40%~80%的罚款；属于国家工作人员的，并依法给予处分；构成犯罪的，依法追究刑事责任。

②事故发生单位主要负责人未依法履行安全生产管理职责，导致事故发生的处以下罚款；属于国家工作人员的，并依法给予处分；构成犯罪的，依法追究刑事责任。

a.发生一般事故的，处上一年年收入30%的罚款。

b.发生较大事故的，处上一年年收入40%的罚款。

c.发生重大事故的，处上一年年收入60%的罚款。

d.发生特别重大事故的，处上一年年收入80%的罚款。

③事故发生单位及其有关人员有下列行为之一的，对事故发生单位处100万元以上500万元以下的罚款；对主要负责人、直接负责的主管人员和其他直接责任人员处上一年年收入60%~100%的罚款；属于国家工作人员的，并依法给予处分；构成违反治安管理行为的，由公安机关依法给予治安管理处罚；构成犯罪的，依法追究刑事责任。

a.谎报或者瞒报事故的。

b.伪造或者故意破坏事故现场的。

c.转移、隐匿资金、财产，或者销毁有关证据、资料的。

d.拒绝接受调查或者拒绝提供有关情况和资料的。

e.在事故调查中作伪证或者指使他人作伪证的。

f.事故发生后逃匿的。

第四节　城市轨道交通安全相关法律法规

一、城市轨道交通运营管理办法

为了加强城市轨道交通运营管理，保证城市轨道交通正常、安全运营，维护城市轨道交通运营秩序，保障乘客和城市轨道交通运营者的合法权益，原建设部制定了《城市轨道交通运营管理办法》，并于2005年3月1日经第53次部常务会议讨论通过发布，自2005年8月1日起施行。

城市轨道交通,是指城市公共交通系统中大运量的城市地铁、轻轨等城市轨道公共客运系统。《城市轨道交通运营管理办法》适用于城市轨道交通的运营及相关的管理活动。

1. 运营管理

(1)工程及安全设施验收的规定。新建城市轨道交通工程竣工后,应当进行工程初验;初验合格的,可以进行试运行;试运行合格,并具备基本运营条件的,可以进行试运营。城市轨道交通工程竣工,按照国家有关规定验收,并报有关部门备案。经验收合格后,方可交付正式运营。

安全设施不符合有关国家标准的新建、改建、扩建城市轨道交通工程项目,不得投入运营。

(2)运营单位保障正常安全运营的规定。城市轨道交通运营单位应当按照国家有关规定和特许经营协议,制定城市轨道交通运营服务规则和设施保养维护办法,保证城市轨道交通的正常、安全运营。

城市轨道交通运营单位应当为乘客提供安全便捷的客运服务,保证车站、车厢整洁,出入口、通道畅通,保持安全、消防、疏散导向等标志醒目。

城市轨道交通运营单位的驾驶员、调度员、行车值班员等岗位的工作人员应当经培训合格后,持证上岗。城市轨道交通运营单位应当在车站配备急救箱,车站工作人员应当掌握必要的急救知识和技能。

(3)发生故障后运营单位应急处理的规定。城市轨道交通运营过程中发生故障而影响运行的,城市轨道交通运营单位应当及时组织乘客疏散,并尽快排除故障,恢复运行。一时无法恢复运行的,城市轨道交通运营单位应当及时报告城市人民政府城市轨道交通主管部门。

城市轨道交通因故不能正常运行的,乘客有权持有效车票要求城市轨道交通运营单位按照单程票价退还票款。

(4)禁止乘客危害城市轨道交通正常运营和安全行为。《城市轨道交通运营管理办法》规定,禁止下列危害城市轨道交通正常运营的行为:

①在车厢内吸烟、随地吐痰、便溺、吐口香糖、乱扔果皮和纸屑等废弃物。
②在车站、站台、站厅、出入口、通道停放车辆、堆放杂物或者擅自摆摊设点堵塞通道。
③擅自进入轨道、隧道等禁止进入的区域。
④攀爬、跨越围墙、护栏、护网、门闸。
⑤强行上下列车。
⑥在车厢或者城市轨道交通设施上乱写、乱画、乱张贴。
⑦携带宠物乘车。
⑧危害城市轨道交通运营和乘客安全的其他行为。
⑨乘客携带易燃、易爆、有毒和放射性、腐蚀性的危险品乘车。

城市轨道交通运营单位可以对乘客携带的物品进行安全检查,对携带危害公共安全的危险品的乘客,应当责令出站;拒不出站的,移送公安部门依法处理。

(5)乘客投诉的规定。城市人民政府城市轨道交通主管部门和城市轨道交通运营单位应当建立投诉受理制度,接受乘客对违反运营规定和服务规则的行为的投诉。

城市轨道交通运营单位应当自受理投诉之日起10个工作日内作出答复。乘客对答复有异议的,可以向城市人民政府城市轨道交通主管部门投诉,城市人民政府城市轨道交通主管部门应当自受理乘客投诉之日起,10个工作日内作出答复。

2. 安全管理

(1)运营单位的安全管理责任。城市轨道交通运营单位应当依法承担城市轨道交通运营安全责任,设置安全生产管理机构,配备专职安全生产管理人员,保证安全生产条件所必需的资金投入。

城市轨道交通运营单位应当按照反恐、消防管理、事故救援等有关规定,在城市轨道交通设施内,设置报警、灭火、逃生、防汛、防爆、防护监视、紧急疏散照明、救援等器材和设备,定期检查、维护,按期更新,并保持完好。

城市轨道交通运营单位负责城市轨道交通设施的管理和维护,定期对土建工程、车辆和运营设备进行维护、检查,及时维修更新,确保其处于安全状态。检查和维修记录应当保存至土建工程、车辆和运营设备的使用期限到期。

城市轨道交通运营单位应当组织对城市轨道交通关键部位和关键设备的长期监测工作,评估城市轨道交通运行对土建工程的影响,定期对城市轨道交通进行安全性评价,并针对薄弱环节制订安全运营对策。

在发生地震、火灾等重大灾害后,城市轨道交通运营单位应当对城市轨道交通进行安全性检查,经检查合格后,方可恢复运营。

(2)控制保护区及安全防护。《城市轨道交通运营管理办法》规定地下车站与隧道周边外侧50m内、地面和高架车站以及线路轨道外边线外侧30m内和出入口、通风亭、变电站等建筑物、构筑物外边线外侧10m内均为城市轨道交通控制保护区。

在控制保护区内进行下列作业的,作业单位应当制订安全防护方案,在征得运营单位同意后,依法办理有关行政许可手续,作业穿过地铁下方时,安全防护方案还应当经专家审查论证;运营单位在不停运的情况下对城市轨道交通进行扩建、改建和设施改造的,应当制订安全防护方案,并报城市人民政府城市轨道交通主管部门备案。

①新建、扩建、改建或者拆除建筑物、构筑物。

②敷设管线、挖掘、爆破、地基加固、打井。

③在过江隧道段挖沙、疏浚河道。

④其他大面积增加或减少荷载的活动。

(3)危害城市轨道交通设施的行为。

①非紧急状态下动用应急装置。

②损坏车辆、隧道、轨道、路基、车站等设施设备。

③损坏和干扰机电设备、电缆、通信信号系统。

④污损安全、消防、疏散导向、站牌等标志及防护监视等设备。

⑤危害城市轨道交通设施的其他行为。

3. 应急管理

(1)制订应急预案的规定。城市人民政府城市轨道交通主管部门应当会同有关部门制订处理突发事件的应急预案;城市轨道交通运营单位应当根据实际运营情况制订地震、火灾、浸水、停电、反恐、防爆等分专题的应急预案,建立应急救援组织,配备救援器材设备,并定期组织演练。

(2)应急处置。城市轨道交通运营中发生安全事故,城市人民政府城市轨道交通主管部门、城市轨道交通运营单位应当依据应急预案进行处置。

当发生地震、火灾或者其他突发事件时,城市轨道交通运营单位和工作人员应当立即报警和疏散人员,并采取相应的紧急救援措施。

城市轨道交通车辆地面行驶中遇到沙尘、冰雹、雨、雪、雾、结冰等影响运营安全的气象条件时,城市轨道交通运营单位应当启动应急预案,并按照操作规程进行安全处置。

遇有城市轨道交通客流量激增危及安全运营的紧急情况,城市轨道交通运营单位应当采取限制客流量的临时措施,确保运营安全。

(3)停运公告。遇有自然灾害、恶劣气象条件或者发生突发事件等严重影响城市轨道交通安全的情形,并且无法采取措施保证安全运营时,运营单位可以停止线路运营或者部分路段运营,但是应当提前向社会公告,并报告城市人民政府城市轨道交通主管部门。

(4)人员伤亡处理的规定。城市轨道交通运营中发生人员伤亡事故,应当按照先抢救受伤者、及时排除故障、恢复正常运行,后处理事故的原则处理,并按照国家有关规定及时向有关部门报告;城市人民政府城市轨道交通主管部门、城市轨道交通运营单位应当配合公安部门及时对现场进行勘察、检验,依法进行现场处理。

城市轨道交通运营过程中发生乘客伤亡的,城市轨道交通运营单位应当依法承担相应的损害赔偿责任;能够证明伤亡人员故意或者自身健康原因造成的除外。

4. 法律责任

(1)城市轨道交通运营单位的法律责任。运营单位未执行价格主管部门依法确定的票价的,由价格主管部门按照价格法律法规的规定依法处罚。

运营单位未保证车站、车厢整洁,出入口、通道畅通,保持安全、消防、疏散导向等标志醒目的,或安排未经培训合格的工作人员上岗或者未在车站配备急救箱的,由城市人民政府城市轨道交通主管部门责令限期改正,并可处以5000元以下罚款。

在发生运营故障时未及时组织乘客疏散的,由城市人民政府城市轨道交通主管部门给予警告,并处以5000元以下罚款。

城市轨道交通运营单位对轨道交通进行扩建、改建和设施改造时,未制订安全防护方案的,由城市人民政府城市轨道交通主管部门给予警告,责令限期改正,并可处以1万元以上3万元以下罚款;造成损失的,依法承担赔偿责任;情节严重,构成犯罪的,依法追究刑事责任。

城市轨道交通运营单位有下列行为之一的,由城市人民政府城市轨道交通主管部门给予警告,责令限期改正,并可处以1万元以下罚款。

①未设置报警、灭火、逃生、防汛、防爆、防护监视、紧急疏散照明、救援等器材和设备,并保持完好的。

②未按照规定建立应急预案的。

③未按照规定定期检查和及时维护城市轨道交通设施的。

④遇有恶劣气象条件时,未按照应急预案和操作规程进行处置的。

⑤在客流量急增危及安全运营时,未采取限制客流量的临时措施的。

⑥停止运营时,未提前向社会公告和报告主管部门的。

⑦发生安全事故时,未按照应急预案进行处置的。

(2)作业单位的法律责任。在城市轨道交通控制保护区内进行作业的作业单位未制订安全防护方案,或者未征得城市轨道交通运营单位同意的,由城市人民政府城市轨道交通主管部门给予警告,责令限期改正,并可处以1万元以上3万元以下罚款;造成损失的,依法承担赔偿责任;情节严重,构成犯罪的,依法追究刑事责任。

(3)个人或者单位危害城市轨道交通的法律责任。个人或者单位影响城市轨道交通安全正常运营的,由城市人民政府城市轨道交通主管部门责令改正,并可处以50元以上500元以下罚款。

个人或者单位危害城市轨道交通设施的行为,影响城市轨道交通安全的,对个人处以500元以上1000元以下罚款,对单位处以1000元以上5000元以下罚款;造成损失的,依法承担赔偿责任。

(4)城市人民政府城市轨道交通主管部门工作人员的法律责任。城市人民政府城市轨道交通主管部门工作人员玩忽职守、滥用职权、徇私舞弊的,由其所在单位依法给予行政处分;构成犯罪的,依法追究刑事责任。

二、北京市城市轨道交通安全运营管理办法

为了规范城市轨道交通管理,保障城市轨道交通建设的顺利进行和安全运营,维护乘客的合法权益,根据有关法律、法规,北京市、上海市和广州市等城市已制定了轨道交通管理条例,一般包括总则、规划与建设、设施保护、运营管理、设施管理、安全与应急管理、法律责任、附则等内容。根据轨道交通管理条例,部分城市政府还制定了城市轨道交通运营安全管理规定和城市轨道交通乘坐守则等,对城市轨道交通的运营安全及其相关的管理活动、城市轨道交通乘坐规则进行了规定。

城市轨道交通安全管理法律法规体系

2004年4月28日,北京市人民政府第147号令公布了《北京市城市轨道交通安全运营管理办法》,根据2007年12月23日北京市人民政府第200号令作了第一次修改,根据2009年6月26日北京市人民政府第213号令作了第二次修改

北京市城市轨道交通安全运营管理办法的内容:总则、建设与运营的衔接、运营安全管理、应急和事故处理、法律责任、附则。

思考题

1. 简述安全生产法规定的从业人员权利。
2. 简述工伤范围和视同工伤的情形。
3. 列出城市轨道交通运营管理办法中禁止乘客危害城市轨道交通正常运营和安全的行为。
4. 安全生产法的立法宗旨是什么?

第十二章 城市轨道交通运营事故案例分析

第一节 工伤事故

案例一 杭州地铁湘湖站坍塌

1. 事故概况

2008年11月15日15:15左右,杭州地铁湘湖站"北2基坑"发生坍塌,造成死亡21人、重伤1人、轻伤3人,直接经济损失达4962万余元的重大事故。

2. 原因分析

(1)杭州地铁湘湖站北2基坑坍塌,是由于参与项目建设及管理的各单位在工作中存在一些严重缺陷和问题,没有得到应有重视和积极防范整改,多方面因素综合作用最终导致了事故的发生,是一起重大责任事故。

(2)环境因素。一是杭州的土质特殊,经勘测,发生事故的这段路属于淤泥质黏土,含水的流失性强。第二个原因是事故坍塌所在地点——风情大道一直作为一条交通主干道来使用,来往车流量大,包括不少负载量很大的大型客车、货车都来往于这条路上,这给基坑西面的承重墙带来太大冲击。另外一个原因是2008年10月份杭州出现的一次罕见的持续性降雨过程,使得地底砂土地流动性进一步加大。

(3)其直接原因是施工单位违规施工、冒险作业、基坑严重超挖;支撑系统存在严重缺陷且钢管支撑架设不及时;垫层未及时浇筑。监测单位施工监测失效,施工单位没有采取有效补救措施。

3. 防范措施

(1)要认真做好勘察工作,必要的钻探及所需要的地质和水文地质资料的收集工作,应详尽做好。隧道位置选择应尽量避免不良地质区段,洞口位置选择要慎重,施工设计、支护设计要合理,要符合实际情况。

(2)施工前要仔细核对设计文件,并需作必要的补测和验证。预防可能发生塌方的区段,事先做好必要的准备,并在施工中采取相应的措施,如在不良地质段采用先排水、短开挖、弱爆破、强支护、快衬砌、各工序紧跟的措施,消除不利因素,尽快修好衬砌,避免塌方发生。塌方似乎是突然发生的,但实际上是有一定征兆的,在施工中还需要加强观察分析。

案例二 上海地铁2号线发生乘客落轨并被撞击的事故

1. 事故概况

2011年6月3日10:39,上海地铁2号线世纪大道站发生一起乘客落轨并被进站列车撞击的事故。当时落入轨道的是一名女性乘客,坠轨前站在由世纪大道开往广兰路方向的站台上。女子落轨后,虽然站务员及列车司机都作出反应,按下紧急制动开关,但列车仍然与女子发生碰撞。用地铁运营方一名工作人员的话来说,列车"越过了坠轨的地方"。

2. 原因分析

(1) 发生事故的车站都没有安装屏蔽装置,仅安装了固定式的半身栏杆。没有做好安全防护工作。

(2) 地铁运营方曾表示,由于上海地铁2号线部分地下车站采用了开式的通风系统,因此,隧道本身就是通风系统的一部分,如果加装屏蔽门会导致通风不良等情况发生。

3. 防范措施

(1) 安装屏蔽门于地铁、轻轨等交通车站台边缘,将车站站台与行车隧道区域隔离开,可有效防止人员跌落轨道产生意外事故,为乘客提供舒适、安全的候车环境,提升地铁的服务水平。

(2) 屏蔽门的安装,降低了车站空调通风系统的运行能耗;同时减少了列车运行噪声和活塞风对车站的影响。

案例三 未按规定使用劳动防护用品造成的工伤事件

1. 事故概况

某日,当班房建检修工甲接到某站门体故障的报告,便与房建检修工乙前往处理。在维修门体过程中,甲把门推开,此时门后一条约4m长的50mm×50mm的角铁倒下,甲躲闪不及,左脚大拇指被角铁砸伤,无法走路,乙见状立即送甲去医院检查,照X光片发现甲左足第一趾骨骨折。

2. 原因分析

(1) 物料乱堆放,存在安全隐患。维修人员将废弃的角铁放在门的背后,当甲在维修门体过程中推开门时,门后的角铁倒下,砸中其左脚大拇指。

(2) 未按规定使用劳动防护用品。据调查,甲所在的班组已按规定给甲发放了护趾工作鞋,并要求员工在上班时按规定佩戴劳动防护用品,但甲安全意识不强,贪图方便,没有穿护趾工作鞋上岗作业,导致被砸伤了脚趾。

3. 防范措施

(1) 加强员工安全教育,提高安全意识。教育员工遵守有关规定,按规定正确佩戴劳动防护用品。

(2) 加强物品存放的管理,按规定存放好物品,物品堆放牢固,严禁随意堆放。

(3) 加强班组管理,加强劳动防护用品使用情况的检查,杜绝类似违章现象。

第二节 设备事故

案例四 简化作业流程,带电错挂地线

1. 事故概况

某日,接触网A班在车辆段配合机电检修作业,需在B1区两端挂接地线。甲接到电力调度命令后和乙去挂地线,为节省时间,甲、乙各自单独挂一组接地线。甲来到B1区的一端,用验电器验明接触线无电后,立即挂上接地线;此时,在B1区另一端的乙,为贪图方便,经问得知甲已经验明无电后。便直接挂接地线,当乙将地线的上端头往接触线靠近时,立刻

听见"砰"的一声响,同时出现火光。甲听到响声后立刻跑过来,经现场确认,乙越过了分段绝缘器,将地线错挂到带电的 A1 区接触网上,造成 A1 区短路跳闸。

2. 原因分析

(1)违反安全操作规程,简化作业流程。乙在得知甲验明无电的情况下,自认为接触网已停电,可以节省验电环节,简化了作业流程,将接地线错挂到带电的接触网上,造成事故,严重违反了安全工作规程。

(2)未执行"一人操作,一人监护"制度。甲和乙两人为贪快省事,各自独自去挂一组接地线,未执行"一人操作,一人监护"制度,违反了《接触网安全工作规程》。

(3)乙走错位置,越过了分段绝缘器,将接地线挂到了带电的接触网上。

3. 防范措施

(1)加强规章制度培训,提高员工安全意识,严禁简化作业流程,严格按停电、验电、挂地线的流程进行接触网挂地线作业。

(2)接触网挂地线和倒闸操作时,要严格执行"一人操作,一人监护"制度。

(3)全面进行作业安全检查和整顿,严禁违章作业,特别是对习惯性违章行为必须坚决查处。

案例五 违反操作规程,带接地线合闸造成供电事故

1. 事故概况

某日,某接触网工班在车辆段运用库 8、9 道进行接触网检修作业,完成作业时已超过计划时间,作业负责人甲为了快点送电,早点回去吃饭,在没有消除"接触网停电作业命令"、没有得到电力调度许可倒闸命令、没有监护人、没有确认接地线已撤除的情况下,要求作业组成员乙合上 D77 隔离开关,从而造成接触网对地短路事故。事故造成接触网两处轻微烧伤,钢轨与接地线接触处表面烧伤,两根接地线线夹烧伤。

2. 原因分析

(1)违章指挥。作业负责人甲简化了作业程序,严重违反了《接触网安全工作规程》,在未办理工作结束手续、没有撤除接地线、不具备送电条件且没有电调命令的情况下,违章指挥乙合闸送电,造成本事故。

(2)违章操作。作业组成员乙在没有电力调度命令的情况下,对作业负责人甲的违章指挥没有拒绝执行或提出异议,违章合闸送电,造成本事故,违反了《接触网安全工作规程》。

(3)作业组成员乙合闸送电时没有严格执行操作隔离开关时"一人操作,一人监护"制度,没有落实"自控、互控和他控"措施。其他作业人员对上述违章行为,未能及时制止。

3. 防范措施

(1)加强安全和业务学习,提高员工的安全意识和业务技能。

(2)加强《接触网安全工作规程》的培训,规范作业流程,严禁简化作业流程,拒绝违章指挥和强令冒险作业。

(3)作业过程中要严格执行"三控"(自控、互控、他控)规定,防止类似事故发生。

案例六 未做好安全防护,误送电导致设备烧毁

1. 事故概况

某日,区间泵房 1 号水泵出现故障报警,当班电工甲分开电源开关,和乙前往检查维修。

到了下班时仍没修好,甲和乙没有将电源线进行包扎处理和防护就返回车站,由于接班的丙和丁没按时到车站接班,甲和乙没交班便下班了。丙和丁到达车站后,发现区间泵房1号水泵电源开关在分位,又没有挂"有人工作禁止操作"标志牌,以为是跳闸,便随手合闸送电,开关立即跳闸,经检查,1号水泵烧毁。

2. 原因分析

(1)甲分开电源开关检修水泵时,没有按规定挂"有人工作禁止操作"标志牌,在没修好水泵的情况下,没有做好防护,没有将故障检修情况交给下一班,是造成本事故的主要原因。

(2)丙和丁看到电源开关在分位时,没有查清楚是什么原因,就合闸送电,是造成本事故的直接原因。

(3)员工安全意识淡薄,劳动纪律不强,没有执行交接班制度,没有将故障及处理情况记录在交班本上,没有将没完成且不具备送电使用的情况交给下一班。

3. 防范措施

(1)按"四不放过"原则分析事故原因,吸取教训,举一反三,杜绝违章违纪行为。

(2)加强业务和安全教育,增强员工的安全意识,检修作业时要严格落实技术措施和安全组织措施。停电检修时要挂"有人工作禁止操作"标志牌,并做好安全防护。

(3)强化劳动纪律,按规定做好交接班工作,交接班时要将发现的故障隐患、故障处理情况和未完成的工作交给下一班。

(4)部门、车间要加强作业安全和劳动纪律的检查,防止类似事故发生。

第三节　消　防　事　故

案例七　忽视动火安全造成火警事故

1. 事故概况

某日,某工程承包单位在A站进行组合空调器拆除施工。一组施工人员在拆卸空调器滤网后将滤网堆放在地上,另一组施工人员使用气焊切割组合空调机的出入口钢管,切割时飞溅的钢渣落到堆放在地上的空调器滤网上,造成滤网着火,车站火灾报警系统立即报火警。施工人员发现滤网着火后,立即跑出设备房外拿灭火器来救火,与赶来的车站人员一起及时把火扑灭,未造成事故扩大。事故造成两个控制箱和部分管线被烧坏,5张空调器滤网被烧毁。

2. 原因分析

(1)忽视动火安全,违章操作。某工程承包单位未严格遵守动火安全规定,未办理动火手续擅自动火,动火时防火措施不落实。

(2)现场安全负责人责任不明确,拆下空调器滤网未及时搬走,堆放在动火区域,也没有采取隔离等措施。

3. 防范措施

(1)强化作业安全培训,提高施工人员的安全意识。

(2)强化主体责任,加强作业安全的监管,认真落实作业安全防护措施,做好"三控"。

(3)需动火作业时必须严格遵守动火安全规定,办理动火手续,认真落实防火措施。

(4)动火区域内不得堆放易燃品,不能搬走的,要采取隔离措施。

案例八　擅自离岗，造成火警事件

1. 事故概况

某日，某地铁站设备区蓄电池室 FAS 系统报火警，车站行车值班员立即通知值班站长前往现场确认。值班站长和一站务人员到达蓄电池室后，闻到一股焦味，开门时发现钥匙不能插入匙孔，无法将门打开，马上返回车控室拿铁锤破门进入查看，发现充电机柜冒烟，立即组织人员将火扑灭。经检查发现充电机的一个滤波电容烧毁。

2. 原因分析

（1）事发时充电机正在对蓄电池进行充电，因充电电流较大，发热严重，加之电容器使用多年，已老化，绝缘下降，承受长时间的大电流和发热，导致起火烧毁。

（2）充电作业时，作业人员将充电机设置到充电状态后，擅自离开，没有监测设备充电情况。

3. 防范措施

（1）加强维护保养，加强充电装置的检查，对存在安全隐患的元器件进行更换。

（2）加强作业安全监管，严禁擅离职守，应严格按规程要求对充放电过程进行监护。

（3）加强钥匙管理和门锁的维护，更换门锁后要及时将钥匙交给车站。

第四节　行　车　事　故

案例九　上海地铁 1 号线供电触网跳闸故障

1. 事故概况

2009 年 12 月 22 日 5:50，上海地铁 1 号线突发供电触网跳闸故障，造成 1 号线停运。在运营调整恢复中，7:00 左右，两列车发生侧面碰撞，造成全线停止运营 4h 以上。

2. 原因分析

（1）12 月 22 日 5:50，上海地铁 1 号线陕西南路至人民广场区间突发供电触网跳闸故障，造成该区列车停驶。地铁运营管理部门立即启动应急预案，一方面派出抢修队伍，至现场排除故障，另一方面启动地面公交配套预案，调集 80 辆公交车辆到该区间短驳乘客。经初步检查，发现该区间隧道顶部的碳纤维脱落造成短路，并立即组织抢修更换。为确保运营不中断，采取 1 号线非故障段(富锦路至火车站，徐家汇至莘庄分段运营)两头小交路运行，7:06，故障基本排除，运营逐步恢复。

（2）在运营调整恢复中，7:00 左右，由中山北路至火车站下行的 1 号线 150 号车，运行至上海火车站折返站时，由于该车冒进信号，与正在折返的 117 号车侧面碰撞，所幸当时两车速度较慢，且 150 号车司机已立即采取紧急制动措施，被撞的 117 号车为空车，因此 150 号车上的乘客无人受伤，且客流立即被疏散。

3. 防范措施

（1）迅速开展设施设备整治，消除安全隐患。启动设施设备整治工作对全网络的供电、信号、车辆、轨道等各地铁系统的设施设备开展全覆盖检查。

（2）加强现场运营保障力量。各单位迅速抽调力量加强运营线路高峰时段现场值守和设备设施保障的水平；领导干部在早晚高峰时段到现场一线靠前指挥，加强运营指挥力量；

供电、车辆、信号等各专业系统应急抢险队伍 24 小时全天候待命响应。

(3)完善应急预案。地铁方面将在目前地铁电视、网站公告等的基础上,梳理并改进信息发布流程,区分不同等级故障的信息发布方式,推出新的信息发布渠道,让身处不同线路和非地铁范围的乘客及时获得列车运营信息。

案例十 未确认信号机和道岔造成挤岔

1. 事故概况

某日,一列车在洗车线进行洗车,洗车完毕,司机和副司机未与车厂信号楼值班员联系,未确认进厂信号机,亦未确认道岔,擅自动车(当时速度为 15km/h),将车厂 4 号交分道岔挤坏。信号楼值班员听到挤岔警示后,立即用电台呼叫司机停车,司机紧急停车,列车在越过 4 号岔尖轨 28~30m 时停稳,造成了挤岔。

2. 原因分析

(1)司机、副司机安全意识不强,动车前未确认信号、进路、道岔,又未与车厂信号楼的信号值班员联系,是造成这起事故的主要原因。

(2)当值司机、副司机简化作业程序,未认真执行呼唤应答制度。

3. 防范措施

(1)强调"安全第一"的指导思想,各工种密切配合,加强联系。如列车进、出车厂前,司机须与信号值班员联系,确认信号、进路、道岔后方可动车。

(2)司机驾驶中及动车前的呼唤应答不能流于形式,要落到实处。

(3)各级人员继续认真检查、监督规章制度落实情况,保证规章制度得到认真执行。

(4)车厂派班员向司机安排作业计划时,同时布置安全注意事项。

参 考 文 献

[1] 赵吉山,肖贵平. 铁路运输安全管理[M]. 北京:中国铁道出版社,1999.
[2] 劳动和社会保障部教材办公室,广州市地下铁道总公司. 城市轨道交通运营安全[M]. 北京:中国劳动社会保障出版社,2008.
[3] 肖贵平,朱晓宁. 交通安全工程[M]. 北京:中国铁道出版社,2004.
[4] 耿幸福,宁斌. 城市轨道交通运营安全[M]. 北京:人民交通出版社,2010.
[5] 李慧玲,刘冰. 城市轨道交通安全管理[M]. 北京:人民交通出版社,2011.